老龄化下我国城市社区商业转型研究

——社区商业与居家养老结合的模式、政策和建议

陈立平　著

中国商业出版社

图书在版编目（CIP）数据

老龄化下我国城市社区商业转型研究：社区商业与居家养老结合的模式、政策和建议／陈立平著．—北京：中国商业出版社，2020.11

ISBN 978-7-5208-1285-6

Ⅰ.①老… Ⅱ.①陈… Ⅲ.①养老-社区服务-研究-中国 Ⅳ.①D669.6

中国版本图书馆CIP数据核字（2020）第187717号

责任编辑：王　静

中国商业出版社出版发行
010-63180647　www.c-cbook.com
（100053　北京广安门内报国寺1号）
新 华 书 店 经 销
北京市京东印刷厂印刷

* * *

710毫米×1000毫米　16开　15.75印张　236千字
2020年11月第1版　2020年11月第1次印刷
定价：45.00元

* * * *

（如有印装质量问题可更换）

前　言

进入21世纪以来，我国快速步入人口老龄化社会。中国人口老龄化在呈现人口基数大、速度快，以及"未备先老、未富先老"等特征的同时，老年人口结构和家庭结构也发生了明显的变化，老年人高龄化、空巢化、独居化加剧，失能老人快速增加，家庭的养老功能日益弱化，邻里互助关系逐渐瓦解，社会养老设施严重不足，居家养老服务体系尚不完善，我国社区居家养老的社会环境面临诸多的压力和挑战。

近10年以来，人口老龄化的快速发展，消费行为和生活方式的变化，以及线上线下结合的新零售业态的多样化，我国城市社区商业环境发生了明显的变化。其中最显著的变化是，社区商业作为居家养老的支撑地位日渐凸显，居家养老服务向社区商业提出了更高的要求。近年来，随着健康老龄化理念的普及，以及人们对延长健康寿命的期待，使低龄老人外出购物、健康饮食、健康运动、学习与趣味培养、娱乐与文化、家政服务、送货上门等便利化服务有着广泛的需求。同时，随着增龄和身体的逐渐衰弱，老年人的出行半径逐渐缩小，购物和生活照料逐渐变得困难，社区商业服务业已成为不能回避的重大民生问题。

笔者申报的国家社会科学基金项目——老龄化条件下我国城市社区商业模式研究（项目批准号：14BJY137）正是出于这样的问题意识展开研究的。与日本等发达国家一样，未来中国城市社区商业主要服务对象是老年群体，满足他们居家养老生活服务需求是社区商业的主要责任。在健康老龄化理念的推动下，社区商业的主要目的一是为居家养老提供日常生活支持，二是保健预防，为培养健康生活方式，延长健康寿命创造良好的社会环境。其中，社区生鲜食品的有效供应成为延长老年人健康寿命，维系生活能力，预防慢性疾病，提高生活质量的重要基础。要重视城市老年人的生鲜食品购买难问题，为老年人提供经济上可支付、区位上可抵达、观念上可接受、品类充足、营养健康、安全保障的生鲜食品是政府和社区商业的重要责任。

我国人口老龄化给经济社会带来巨大压力的同时，老年消费市场也蕴藏着巨大的发展潜力。老年消费市场大多依托于社区商业，加快社区商业的转型，创新经营模式，开发银发市场需求，提高服务水平将成为未来相当长时期内社区商业的主要任务。要创新社区邻里中心、生鲜超市、便利店的经营模式，不断探索医疗、康复、护理等养老产业与购物、餐饮、娱乐、健身等生活服务业的融合，要积极探索"互联网+社区商业"模式，通过送货到家的增值服务为独居空巢老人提供基本生活照看。

本书在系统分析我国人口老龄化下城市社区商业转型必要性的基础上，通过定量研究、定性研究、实证研究等方法，对目前社区居家养老需求和社区生活服务供给之间的不平衡问题进行了分析，在借鉴日本、新加坡、美国等发达国家经验的同时，总结了近年来国内社区商业发展的经验，提出了相关的具体建议。本书主要包括以下四部分内容。

一、理论探讨

该部分侧重于汇集多学科的相关研究成果，从理论上解读社区商业的本质、含义、特征，以及各要素之间的关系，分析了老龄化下社区商业的环境、定位和任务，为社区商业与居家养老的结合提供理论支持。

首先，基于社区发展理论的探讨。该部分先梳理了社会学领域社区和社区发展相关概念，分析了西方社区建设中社区经济概念形成的社会背景和内涵，以及社区经济在我国特定环境下的演化过程和形成的重商主义特征。在此基础上梳理了西方社区发展理论中社区商业与社区经济的区别，分析了社区商业概念在日本的发展，着重探讨了日本老龄化环境下社区商业理念和功能的演化过程。然后对我国社区商业概念形成的特殊背景、发展历程和特征进行了归纳和分析。

其次，国内外相关文献综述。该部分先对欧美和日本老龄化下社区商业相关研究进行了梳理，分析了欧美社区"食品沙漠"问题的演化和治理，着重介绍了日本老龄化下对老年人购物问题的相关研究，以及社区商业与居家养老结合的研究成果。然后梳理了近10年来我国社区商业相关研究成果，提出了社区商业转型期的发展方向。

最后，基于我国社区商业转型方向的探讨。该部分对我国社区商业在不同历史时期的基本功能、任务和作用进行了系统的梳理，分析了我国老龄化的现状和发展趋势，探索以居家养老为基础的养老服务模式对社区商业提出的新的需求，为在新形势下探索社区商业的对象、功能和模式，建立适应居家养老需求的社区商业体系提供理论依据。

二、调研评估

该部分主要阐述相关实证研究的成果，通过问卷调查、深度访谈和实地调查等方法对老年人的购买状况、饮食状况、健康状况及其关联关系进行评估和分析。

首先，老年人食品购买及饮食状况调查研究。该调查是在老龄化不断加剧，空巢老人、独居老人快速增加的背景下，通过对老年人购买生鲜食品状况、日常生活中参与做饭状况、饮食营养平衡状况以及与人交流状况的把握，为以健康饮食生活为目标的社区商业体系提供实证研究的支持。

其次，老年人生鲜食品购买可达性调查研究。目前老年人生鲜食品购买难已经成为突出的民生问题。该项研究通过对城市老年人的深度访谈，应用扎根理论方法深入探究哪些因素抑制或促进了城市老年人生鲜食品购买的可达性。这项研究为政府针对老年人建设城市生鲜食品供应系统提供了有针对性的政策建议和思路。

最后，目前社区商业存在的问题分析。通过调查对目前我国城市普遍存在的社区商业政策不到位、社区商业与居家养老缺乏整合、社区基础商业组织缺失、对老年人购物难重视不够、社区商业品质有待提高等问题进行了归纳。

三、案例研究

该部分内容主要根据理论探讨和调查评估结果，通过深入企业进行实地调查和深度访谈的方法，对近年来社区商业实践中引人注目的几种模式进行总结，探讨互联网环境下社区商业的发展经验和趋势。

首先，社区便民服务综合体模式研究。近年来，北京和上海等大城市积极推进社区"15分钟生活服务圈"和一站式便民服务综合体的建设。我们基于对北京市海淀区超市发"社区商业e中心"的深入调查，对社区便民服务综合体的经营状况、运营模式和存在的问题进行了分析，对互联网与社区便民服务综合体的结合趋势进行了研究。

其次，贵阳市"惠民生鲜"模式研究。目前，在我国大城市发展社区生鲜超市面临的最大问题是选址难、租金贵。2015年贵阳市政府将PPP模式首先应用于民生领域，创造性地推出了"惠民生鲜"工程。这一举措为我国大城市发展社区商业提供了可借鉴的经验。我们通过对贵州合力超市进行深入调查，研究了在政府"惠民生鲜"政策的推动下，贵州合力创新社区生鲜超市的经营模式。

四、对策建议研究

该部分根据调研评估、实地调查的结果，结合美国和日本在社区商业建设方面的经验，提出了老龄化下我国城市社区商业发展的具体对策。该部分涵盖以下内容：转变观念，加快组织社区商业转型；完善社区政策体系，重视老年人购物难问题；重视社区商业规划，建立统一管理平台；加强基层社区商业组织建设，促进社区和商业协调发展；创新"商养结合"模式，开发社区老年消费市场；积极探索"互联网+社区商业"模式等。

笔者要特别感谢课题组成员以及首都经济贸易大学工商管理学院教师和所指导研究生对本书的贡献。其中，李研副教授协助撰写了第六章的部分内容；王夏博士，研究生刘威风、王子威、林峥琪、王芳、杜世杰、齐丹等为相关研究提供了宝贵的资料；研究生张俊雅、胡皓月、赵思瑄等为数据整理以及后期的书稿校对做了大量的工作，在此致以深深的谢意。要特别感谢零点有数的王亢老师对第五章城市老年人生活方式和生鲜需求相关调查的分析和整理，以及中国商业联合会商业养老分会的陈大庆先生对相关调查提供的帮助。另外，非常感谢中国商业出版社有限公司及王静编辑为本书最终出版所做的一切。

陈立平
2020 年 10 月 5 日于首都经济贸易大学

目 录

第一章 社区相关概念的考察 ………………………………… 1
  一、社区概念的演化 …………………………………………… 1
  二、社区服务概念的演化 ……………………………………… 6
  三、社区经济概念的演化 ……………………………………… 9

第二章 社区商业理念的演化：几种不同的发展模式 ……… 13
  一、欧洲的社区商业理念 ……………………………………… 13
  二、日本的社区商业理念：社会性与商业的平衡 …………… 15
  三、中国的社区商业理念：生活服务下的重商主义 ………… 21
  四、相关研究评析 ……………………………………………… 32

第三章 我国社区商业的转型：来自居家养老服务的需求 … 34
  一、我国人口老龄化的挑战 …………………………………… 34
  二、以社区服务为依托的居家养老模式 ……………………… 38
  三、加快老龄化下我国社区商业的转型 ……………………… 40

第四章 购物弱者：老龄化下的一个普遍问题 ……………… 45
  一、欧美的"食品沙漠"问题 ………………………………… 45
  二、日本老龄化下的"购物弱者"问题 ……………………… 49
  三、我国大城市老年人的购物难问题 ………………………… 57

第五章 城市老年人饮食生活状况与生鲜食品需求的研究 … 60
  一、老年人生鲜食品购买难为什么会成为问题 ……………… 60
  二、北京市老年人饮食生活状况与生鲜食品需求的调查 …… 63

第六章 城市老年人生鲜食品购买影响因素研究 …………… 94
  一、问题的提出 ………………………………………………… 94
  二、基于扎根理论的研究设计与方法 ………………………… 95
  三、研究模型的阐述 …………………………………………… 107

四、访谈的结论 ………………………………………………… 109

第七章　社区商业与居家养老结合模式　113
　　一、健康老龄化理念和战略 …………………………………… 113
　　二、老年人的健康评价标准 …………………………………… 120
　　三、延长健康寿命来自健康的饮食生活方式 ………………… 123
　　四、居家养老新模式：从"商养结合"到"医养结合" ……… 126
　　五、"商养结合"模式：对日本永旺集团"GG生活中心"的考察 … 132

第八章　国外的经验与借鉴　138
　　一、日本的经验与借鉴 ………………………………………… 138
　　二、新加坡的经验与借鉴 ……………………………………… 151
　　三、美国治理"食品沙漠"的经验与借鉴 …………………… 159
　　四、国外经验与借鉴总结 ……………………………………… 171

第九章　我国社区商业的促进政策与模式探索　174
　　一、北京市社区商业促进政策 ………………………………… 174
　　二、北京超市发的"社区商业e中心"模式 ………………… 186
　　三、贵阳市PPP模式推动社区"惠民生鲜"发展 …………… 190
　　四、经验与启示 ………………………………………………… 197

第十章　促进我国老龄化下社区商业发展的建议　199
　　一、加快老龄化下城市社区商业的转型 ……………………… 200
　　二、完善老龄化下社区商业政策体系 ………………………… 202
　　三、重视老年人购物难问题的解决 …………………………… 204
　　四、建立社区商业与居家养老衔接的统一管理平台 ………… 205
　　五、加强社区商业组织及社团组织建设 ……………………… 208
　　六、促进社区生活服务企业的经营创新 ……………………… 213
　　七、不断完善"互联网+社区商业"模式 …………………… 215

参考文献　218

附录一　北京市老年人健康饮食状况调查 ……………………… 231

附录二　《贵阳市进一步加快公益性惠民生鲜超市体系建设实施方案》
　　　　………………………………………………………………… 237

第一章 社区相关概念的考察

一、社区概念的演化

(一) 社区概念的形成和发展

"社区"(Community) 一词来源于拉丁语,原意是指共同和亲密的伙伴关系。1887年德国社会学家滕尼斯 (F. Tonnies) 在《社区与社会》一书中首次提出"社区"这一概念。随着社会、政治、经济的发展,社区研究日益成为社会学以及其他社会科学领域的研究重点。近20年来,随着社会经济的发展,以及城市问题的日益突出,社区问题研究的领域不断拓宽,社区的内涵和外延不断丰富,不同研究领域和研究学科对社区的概念做出了不同的界定。从滕尼斯的传统社区到现代社区,社区概念虽然随着社会经济的不断变化而出现不同的定义,但是众多定义分歧的焦点在于,社区是以共同体的价值取向为核心的概念,还是以地域为范围整合功能的概念。

以共同体的价值取向为核心的社区概念。滕尼斯认为,社区是指那些有着相同价值取向、同质化的社会共同体。社区是自由意愿结合的,建立在人们直接的联系、习惯、传统和宗教之上的,人们之间有着亲密联系,彼此团结并接受传统习俗的约束。美国国家调查委员会 (National Research Council) 的定义为:"社区是一群居住相近,具有共同利益并能够相互帮助的人。"毕德尔 (Biddle) 认为:"居民们的任何一种共同观念和认同都可以称为社区。

这种社区概念更强调共同目标，而不是同一地理位置的居民。这种社区不是固定的，它会随着发展发生变化，甚至会随着居民对于问题注意力的转移而发生变化。"麦克米兰（McMillan）和查韦斯（Chavis）认为："社区使人们有共同的归属感，是一种把人们的情感、理想和承诺联结起来的共同体。"可以说早期的社区研究大多是以乡村经验为对象，一直到20世纪30年代芝加哥学派的出现，城市社区问题的研究才被关注，社区的概念开始进入了一个以城市生活为基础的时代。

以地域为范围整合功能的社区概念。社区的另外一种定义则强调以地域为范围整合功能的社区系统，其中最具代表性的是帕克（R. E. Park）等以功能为主对社区做出的定义。帕克认为，社区的基本特点为：①按区域组织起来的人口；②这些人口不同程度地与他们赖以生存的土地有着密切的关系；③生活在社区的每一个人都处于一种相互依赖的互动关系。帕克的社区理念强调的是地域、人群及其之间的互动关系（潘泽泉，2014）。

1968年出版的《国际社会科学百科全书》第三卷将社区定义为以下三个方面：①社区是居住于特定范围的人口；②社区是以地域为界并具有整合功能的社区系统；③社区是具有地方性的自治、自决的行动单位。1979年出版的《新社会学词典》指出："社区是指人们的集体，这些人占有一个地理区域，共同从事经济活动、政治活动，基本上形成一个具有某些共同价值标准和相互从属感情的自治的社会单位，城市、城镇、乡村或教区就是例子。"

我国"社区"概念是费孝通先生于1933年在介绍帕克社会学思想时由"Community"一词翻译而成，后成为社会学的通用语。费孝通认为："以全盘社会结构的格式作为研究对象，并不是抽象的，必须是具体的社区，因为社区是联系各个社会制度的时空坐落。"1986年为了推进城市社会福利工作的改革，鼓励社会力量兴办社会福利事业，国家民政部正式提出了"社区服务"的理念，"社区"概念第一次进入政府城市管理的范围。2000年中共中央办公厅转发的《民政部关于在全国推进城市社区建设的意见》将社区定义为"集聚在一定的地域范围内人们所组成的生活共同体"。徐永祥（2000）认为，社区是指"由一定数量居民组成的，具有内在互动关系与文化的地域性的生活共同体"。丁元竹（2009）认为，社区的基础是人类生命个体之间相互需要，并依存于自己的周围环境和人群，从中获得物质、精神、社会等自己生存和发展所需要的资源，从社会学意义上讲，这种"生命生态系统"就称为社区。汪连新（2014）从我国社区的行政特点出发，认为"社区是基于社会管理和行政管理需要，由区政府、街道办事处、居委会三个层次管辖的共同体"。

回顾社区内涵的变化过程，我们可以从以下几个方面理解社区的本质属性。

1. 地域性

作为地域性的生活共同体，社区存在于一定的自然地理和人文地理的空间内，具有一定的空间边界以区分于其他社区。社区的规模应该限制在居民对本区域的日常生活有一种大致了解的范围内（霍利，Holly）。因此社区规模不应该太大，应限定在居民基本生活需要的服务设施、组织机构设施便于抵达，便于发挥作用的范围内。我国一般将城市中的街道、居委会、街区、小区等作为社区单位。

2. 人口要素

人口是社区生活的主体，一定数量的常住人口是构成社区的前提条件。人口要素主要包括三方面的内容：人口数量、构成和分布。数量是指一个社区的人口的多少，构成是指社区内不同类型的人口特点，分布是指社区人口及其活动在社区内的空间分布以及人口的密度。

3. 组织机构

社区的组织要素是指社区内的各种社会群体和组织之间的关系、社区制度和管理机构。作为具有多重功能的地域性生活共同体，社区是一个有组织、有秩序的实体。帕克认为，"社区不仅仅是人的汇集，也是组织制度的汇集"。帕克所讲的组织制度主要包括：①生态体制，即人口和组织的地理分布；②经济组织，即社区中的企业组织及其所构成的经济结构；③文化和政治体制，即约束社区成员、组织的规范体。在我国的社区地域范围内存在着诸多的社会群体和组织，包括居民委员会、业主委员会、政府职能部门的派出机构、党政机关、学校、商业服务业部门以及居民自发组织的各种非正式的组织等。

4. 文化要素

每个社区都有自己特定的文化特征。社区文化主要包括历史传统、信仰、风俗习惯、村规民约、语言、生活方式、认同感和归属感等。不同的社区由于历史传统、自然条件、宗教信仰、生活方式的不同，其社区文化也各异，呈现一定的地域性和特殊性。

5. 社区设施

社区既是人们生活的场所，也是生产的场所，因此必须具备一套完整、完善的生活服务设施和其他配套设施。其中包括：商店、学校、文化娱乐场所、饮食服务机构、交通设施等。

（二）社区功能与社区建设

社区功能是指社区在满足社会需要过程中所发挥的作用。关信平（2002）认为，"社区是我们解决各种社会问题，推动社会发展的重要平台，要通过社区强化城市公共事务管理"。唐钧（2004）提出"社会发展经由社区发展"的理念，强调"空间上的社会是由无数社区组成的，每个社区都得到充分发展，社会必然获得发展"。于显洋（2006）认为，社区功能主要有社会化功能、社会控制功能、社会参与功能、社会互助功能等。尹宝华（2011）认为，社区具有经济功能、社会化功能、社会控制功能、社会参与功能、相互支持功能等五个方面。潘泽泉（2014）强调西方发达国家已不再仅仅关注社区的经济功能，也不再把城市社区建设的目标仅限于经济目标，而更关注社区的多种功能的发挥，提出目前社区在西方发达国家主要发挥经济功能、教育功能、感情功能、社会参与功能、社会控制功能。

综上所述，社区是现代区域管理的基层管理单位，在发挥政府和企业社会管理职能，消除和缓解社会冲突和矛盾，满足居民基本生活需求，提高居民生活质量等方面发挥重要的作用。社区具有多种功能，其中最重要的功能有以下几个方面。

1. 经济功能

经济功能是发展的基础和存续的基本条件，主要表现在社区为居民提供工作，并进行各种商业活动。

2. 服务功能

由于社区生活的复杂性，市场经济条件下的商业活动并不能完全满足社区居民，特别是低收入者、残疾人、老年人、妇女和儿童等各种弱势群体的需求，因此作为市场条件下经济活动的一种补充，就需要在政府资助和政策扶助下，由社区组织机构、志愿者团体等提供有公益性质的社会服务，如社会救助、社区养老、职业培训、就业指导、地域文化传播、娱乐健身等。

3. 社会化功能

社区在培养人形成社会化意识和角色方面发挥着重要的作用，家庭、邻里、学校等正式或非正式组织对社区中人的行为规范和社会角色的形成产生很大的影响。

4. 人际交流功能

由于社区居民来自不同年龄、不同区域、不同职业，邻里人际交往稀少，关系淡薄是比较普遍的现象。在城市化和老龄化加剧的背景下，特别需要社区能够利用各种公益活动，为居民提供相互交流、相互交往的机会，增加邻里之间的了解，协调居民之间的各种关系，加强对空巢、独居老年人的关照，形成和谐有序的社区人际关系。

5. 社会参与功能

社会参与是社区的根本功能，是社区实践的核心，也是参与式民主的根本所在，只有当社区居民广泛参与决策时，社区的功能才能得到加强。社会参与可以改变社区管理机构及政策实施的效率，纠正社区管理中的问题，可以为社区生活中的弱者发声，消除社会歧视。如果居民放弃自己的权利和义务，拒绝参与社区管理，不监督社区运作，被排除在各种规则制定之外，不仅不利于社区的发展，影响居民凝聚力的形成，而且也会损害社区居民自身的利益。

6. 社会控制功能

社会控制是指社区居民对社会行为规范和法律法规的遵守。社区在维护社会秩序、促进社会稳定、化解社会矛盾等方面发挥着重要的作用。社区充当政府和个人、家庭、组织之间的中介，在政府指导下具体管理社区事务，完善社区服务，加强社区的治安保障。社区可以通过各种协调组织，为政府和社会建立一个可靠的缓冲带，使政府和居民之间能够及时、有效地沟通信息，加强了解、减少矛盾，预防犯罪，促进形成政治安定、社会稳定的环境。

二、社区服务概念的演化

（一）我国城市"街居制"的演化

社区是西方发达国家工业化以及城市化发展的产物，因此派生出社区的共同参与、民主自治、相互认同和共享的理念。与西方发达国家不同，我国的社区体制从一开始就定位为政府管理城市的重要手段，因此中国的社区建设具有强烈的政府主导色彩。

我国的社区是在"街居制"基础上逐步发展而来的。所谓"街居制"是指"单位+街居"的城市社会管理体制。"单位"是中国特有的社会组织现象，它是各种国营、集体性质的城市社会组织（如工厂、商店、学校、医院和党政机关等）的总称。在计划经济体制下，绝大多数有工作的居民均隶属于某个单位，被其工作的单位所管理，而对于那些不属于单位的城市中的少数居民，就全部由街道或居民委员会统一管理（尹宝华，2012）。

中华人民共和国成立后，人民政府为了尽快恢复国民经济和社会秩序，加强对城市和城市居民的管理，加强基层政权和居民群众的联系，积极探索群众有效参与城市管理的方式。1949年12月杭州市人民政府在全国率先发布了《关于取消保甲制度建立居民委员会的指示》，这是迄今我国最早的关于城市建立居民委员会的政令。该文件以"人民民主管理城市"为指导思想，明确规定了"它不是一级政权机构"，而是各阶层人民群众联合的组织，确定了居民委员会是居民自治组织这一基本原则。在此之后，天津、武汉等大城市先后成立了各种形式的居民委员会或工作委员会组织。这些居民组织虽然名称和工作不尽相同，但主要的职责是学习和宣传党和政府的政策方针、法律规定，反映基层群众的呼声，组织群众防特、防火、防盗，办理各种救济和公益活动。

随着城市政权建立工作的初步完成，基层组织的统一和规范问题被提上议事日程。1954年全国人大一届四次会议通过了《城市街道办事处组织条例》和《城市居民委员会组织条例》，第一次以法律条文的形式对居民委员会的性质、地位、作用、任务、组织结构、与有关部门的关系、工作方法以及经费来源等做了明确的规定。居委会组织条例规定居委会是自治性的居民组织。居委会按照居民的户籍管辖区域设立，一般以100户至600户居民为管理范围。居委会的主要任务为：①有关居民公共福利事项的管理；②反映居民的各种意见和诉求；③调节居民之间的矛盾纠纷；④动员居民响应政府号召，遵守各项法律规定；⑤指导群众性的治安联防保卫工作。1955年国务院第六次全体会议批准了全国民政工作计划，要求"在没有建立街道办事处和居委会的地方，民政部门应有计划地协助政府将街道办事处和居委会建立起来"。由此，我国城市便形成了由街道和居委会构成的"行政性"很强的街居管理体制。所谓的街居管理体制"实际上就是政府通过街道办事处和居委会对基层社区行使行政权力的管理体制"（万军，2011）。

这一时期的居委会作为"群众自治性组织"发挥了较好的作用，在动员居民响应政府号召，巩固新生政权，维护社会稳定，保障城市供给，加强政府与民众联系等方面发挥了积极的作用（潘小娟，2004）。

党的十一届三中全会之后，我国城市社区居民委员会的工作也得到了恢复和发展。1980年1月，全国人大常委会重新颁布了《城市街道办事处组织条例》《城市居民委员会组织条例》等有关居委会的法律，推动了居委会自治和居委会工作的开展。1986年在河北省石家庄市召开了第一次街道居民委员会座谈会，1987年国务院批复了民政部基于这次座谈会的意见起草的《民政部关于加强城市街道居民委员会工作的报告》，提出今后居民委员会的主要工作包括：①加强精神文明建设；②加强社会治安综合治理；③鼓励创办便民、利民的生产生活服务业；④教育居民遵纪守法，以及加强政府和人民的联系。

（二）社区制的转型和社区服务概念的形成

随着西方发达国家的社区建设和发展，社区服务出现了，它是工业化、城市化和现代化的产物。在计划经济时期，我国城市居民委员会虽然承担和从事不少社区服务性质的工作，但明确提出社区服务概念和建立社区服务体系，则始于20世纪80年代中期。

20世纪80年代之后，随着计划经济下"街居制"的解体，城市化的发展和人口流动的急剧增加，各种社会矛盾开始逐渐积淀在社区层次。随着20世纪80年代经济体制改革，大量失业人员、下岗待业人员的养老、医疗、生活服务问题；老龄化不断加剧下老年群体的照料等一系列问题；随着住房的商品化和大量现代居住区、小区的出现，业主、开发商、物业公司之间的各种矛盾和问题等开始在社区层面集中显现出来。传统的居委会管理体制已经远远不能满足城市社会管理发展的需求，急需社区管理体制的改革。

1989年全国人民代表大会通过的《中华人民共和国城市居民委员会组织法》明确规定，"居民委员会应当开展便民、利民的社区服务活动"，"社区服务"第一次被列入法律条文，成为之后社区发展的指导性纲领。进入20世纪90年代之后，随着社区服务观念的普及，民政部借鉴西方发达国家社区治理的经验提出了"社区建设"的概念，通过社区建设来促进城市社区服务和整个社区全面的发展。2000年之后，为了满足社区居民日益增长的多样化需求，创新适应新形势发展需要的社区治理体制成为一项重要的工作。这个时期创建文明社区模式成为一项重要的创新举措，重点解决社区服务、社区卫生、社区文化、社区环境、社区治安等五个方面存在的问题。通过解决现实社会问题来回应居民需求，促使社会与经济的协调发展。

近年来，随着人民生活水平的提高和城市化的发展，人们对社区服务提出了更高的要求，社区服务的内涵和功能不断得到发展。学术界对社区服务的内涵、性质、功能等展开了多方面的研究。关信平（2002）认为，社区服务具有公益性和非营利性，服务目的不只是满足普通居民的一般需求，而是满足全体社区居民的公共需求。童星（2006）认为，社区服务要根据服务对象的需求分层次推进，从最初针对"困难老人、残疾人、优抚对象等特殊群体"进行服务逐渐扩大到"为社区居民提供服务"，较高需求层次的服务应该由经营性的专业服务公司通过市场方式提供，建立多元的供给机制是提高社区服务效率，使之可持续发展的必然方向。尹宝华（2011）认为，社区服务是指社区开展的各种福利服务和便民利民的生活服务。他明确提出："社区服务属于社会福利事业。其主要内容是为各类特殊人群如老年人、残疾人、优抚对象、少年儿童、贫困居民等提供无偿或低偿服务，为本社区居民和企事业单位提供便民生活服务。"张默（2011）认为，社区服务有三个方面的特征：一是福利性，要以社区养老服务为基本出发点；二是地域性，社区是人们共同居住的一个区域，共同使用这个区域的公共服务设施；三是多元性，要满足老年人不同层次的需求，不仅在物质上，更要在精神层次上关注老年人的需求。沈千帆（2011）认为，社区服务是政府、社区居民委员会、企事业单位、社团组织、非正式组织及个人等为满足社区居民共同需求而开展的服务活动。他认为社区服务主要包括社区养老服务、社区就业服务、社区社会保障服务、社区救助服务、社区卫生服务、社区文化体育服务、社区流动人口服务、社区安全服务等。

综上所述，社区服务可以分为狭义的社区服务和广义的社区服务两个方面。狭义的社区服务主要是针对老年人、残疾人、贫困家庭等社会弱者的帮扶和福利；而广义的社区服务涵盖了社区养老、就业、卫生、文化、环境、安全等社区建设的全部。前者主要关注社区服务的对象，即社区弱势生活群体，后者则关注的是全体社区居民生活环境的改善。从我国社会未来老龄少子化发展的趋势看，社区服务将是以满足社区"一老一小"及其他社会弱势群体生活需求为目的，以政府、非营利性组织和志愿者为依托，提供便民利民服务的活动。

三、社区经济概念的演化

（一）西方社区经济（Community Economy）概念产生的背景

滕尼斯在1887年出版的社会学名著《社区与社会》一书中最早提出了社区的概念，并且把社区与社会做对照，对社会中人们的关系进行了两种极端的描述。他认为"社区"是一种具有共同习俗和价值观念组成的共同体。滕尼斯认为的"共同体"是持久的共同生活，"社会"只不过是一种暂时的、表面的共同生活。因此，共同体本身应该被理解为一种生机勃勃的有机体，而社会应该被理解为一种机械的、聚合的人工制品。

18世纪中叶随着欧洲工业革命以及城市化的急速发展，城市贫富差距不断扩大，对贫民的救济开始成为社区发展的主要问题。19世纪中后期，英国、美国等发达资本主义国家先后成立了慈善组织并建立了各种类型的社会福利设施与机构，与此同时，政府开始介入国家福利制度，参与社区建设。进入20世纪之后，伴随着城市化的快速发展，中产阶级开始大量迁往郊区，留在城市中的居民大多属于贫困者、低收入者、有色人种和外来移民。被称为"颓废地区"的城市地带不仅缺乏基本的生活设施，而且治安恶化，环境污染、交通混乱、健康普遍不良，成为潜在的社会不稳定因素。为了使这些颓废的社区避免离析，社区功能不致减少，政府和许多有识之士开始把复兴社区意识、推动社区建设看成矫正那个时代社会痼疾和其他许多社会弊病的重要途径。因此，20世纪30年代，作为社区服务和社区管理的一环，社区经济开始在社区建设中发挥重要作用。

第二次世界大战结束后，社区建设被普遍理解为解决当时社会问题，应对各种社会矛盾的主要途径。但是，当时发达国家政府苦于战后复兴，财政资源严重不足，于是便采取动员地方居民的方式实施社区发展计划。20世纪50年代之后，社区经济在政府扶持和社区自发的推动下得到快速发展。当时社区经济的主要任务是为社区居民提供工作，以及从事一些福利性的经济和商业活动。在此背景下，当时美国、英国、加拿大等发达国家的政府陆续推出了多种形式的"社区行动计划"，而这些计划主要落实在社区经济发展目标上，如兴办社区企业、创造就业机会、增加穷人收入，以及为弱势群体提供各种服务、职业培训和建设经济住房等。

（二）我国社区经济的特征

1. "街道经济"的概念

与欧美国家不同，我国社区经济建设是在特殊的经济和社会环境下发展起来的。中华人民共和国成立之后，随着城市街道和居民委员会陆续成立，以及社会秩序、经济秩序趋于稳定，社会主义建设有组织地在城市基层展开，我国的"街道经济"得到迅速发展。与西方发达国家不同，我国社区经济一开始就带有明显的行政色彩，街道经济虽然不是社区经济的全部，但是占有非常重要的地位。20世纪60年代初的"大跃进"高潮时期，在政府的直接推动下，我国城市的街道及居委会成立街道企业，组织家庭妇女和社会闲散人员从事生产福利事业，街道经济由此开始。20世纪80年代，随着大规模的知识青年返城，为了安置大量知青就业，几乎所有的街道都创办了大批集体企业，街道经济成为街道正常运转和有序发展的重要财源。20世纪90年代之后，伴随着我国城市社区定位开始向社区服务转型，社区建设不断深化，社区服务业逐渐兴起，涌现出许多民办经济实体。随着20世纪90年代我国城市化的快速发展，城市空心化的加剧，以及人口流动的急剧增加，中国城市的街道经济开始逐渐衰落，至今基本退出了历史舞台（毕伟，2000）。近年社区服务和生活支持开始成为社区经济的发展主流，并且随着移动互联网的发展不断推出新的发展模式。

2. 社区经济的概念

改革开放40多年，我国城市社区经济虽然取得了比较快速的发展，但学术界对社区经济的理解有不同的认识，主要包括以下四种定义：凡是属于社区范围内的一切经济活动均看作社区经济的组成部分；社区经济是归属社区并为社区提供经济收益的实体；社区建设的基本单位是街道和居民委员会，因此社区经济应该是街道经济；社区经济是以居民福利和服务效用最大化的一切活动，其中包括社区志愿者活动、社区服务活动、社区福利活动、社区慈善活动等。在以上四种定义中，前三种是从经济学角度，第四种是从社会学角度对社区经济进行的解释。另外，关于社区经济比较典型的定义还有，"社区经济应该是指，在一定的社区中物质形态和价值形态的资源变数通过市场机制的作用重新组合配置，创造新价值的一种经济现象"（叶金生，1997）。在当时国家财政极为紧张，对社区建设支持不足的情况下，该意义上的"社区经济"主要是作为税源经济被基层社区所重视。另外，由于大量下岗职工滞留在社区，因此在原有"街道经济"的基础上被注入新的内涵，即大力发展社区生活服务业，解决就业问题就成为部分城市发展社区经济的动力，有些人甚至将其称为"社区服务型经济"。当时任福州市副市长的翁福琳对社区经济这样定义，"社区经济是指区、街、居作为投资、经营和管理的主体，所举办的以社会服务项目为主要经营项目，依托本辖区服务于本辖区，以经济效益为中心，以社区服务为表现形式，兼具社区性与社会性，有偿、低偿服务为主的一种新经济形态"（陈岳，2000）。还有一种观点认为"街道经济是特定体制，特定经济发展阶段的存在形式，而新兴的社区经济是第三域经济（社会经济）的具体表现形式，因此社会经济的成因与属性也就是社区经济的成因与属性"。这种观点将社区经济从街居中跳出来，将着眼点转移到居民生活、公共利益上来（陈宪，2000）。

总之，与西方发达国家把社区经济作为第三域经济或社会经济不同，我国社区经济在当时特殊的经济、社会环境下更加注重营利性组织，注重社区的经济基础和财政实力。但是随着中国经济逐渐成熟化和人口老龄化加剧，一个更加注重社区服务与社区福利，关注社区弱者的、营利性组织与非营利组织共同发展的社区经济已经来临，这也是时代发展的要求。

第二章 社区商业理念的演化：几种不同的发展模式

一、欧洲的社区商业理念

（一）苏格兰的社区商业模式

从西方国家近30年的社区发展理论的演化看，社区经济（Community Economy）、社区商业（Community Business）、社会化商业（Social Business）等概念的产生有着基本相同的发展背景和诉求，其内涵既有普遍的共同性，又有一些区别。

20世纪80年代以来，随着经济的全球化发展，使西方福利国家的政策受到前所未有的挑战。以英国政府为首的城市管理开始转向新自由主义，即国家政府向私营企业授权进行公共管理，也即所谓的"全面私有化"。但由于"大政府"与"大企业"的结合，并没有从根本上解决公共服务、公共管理上的垄断以及由此带来的效率低下等问题，于是更广泛的竞争、授权、合作伙伴关系、社会参加等新的治理方式被提到议事日程上来。在此背景下社区商业（Community Business）这一概念开始在英国登场。

社区商业这一概念最早出现在苏格兰偏远的农村地区。20世纪80年代初，苏格兰农村社区存在普遍的失业问题，为此这些地区成立了以社区居民为主的"社区合作组织"，以解决当地邮局、商店、医院等生活服务基础设施严重不足的问题和就业问题。在英国政府地域振兴政策支持下，20世纪80年代社区合作组织在英国取得了快速的发展，短短数年间发展到数百个合作组织的规模。进入20世纪90年代，随着政府财政支持的减少和经济上的难以独立，社区商业在苏格兰地区的发展逐渐趋于衰落。

苏格兰的社区合作组织虽然没有取得完全成功，但进入20世纪90年代中期，社区合作组织及其服务理念得到了传播并取得了很大的发展。随着90年代全球化、信息化、工业化和城市化的不断加速，以及城市中心的衰退、种族冲突扩大、贫富差距加剧、食品鸿沟和健康鸿沟的加深、居住环境的恶化等社会问题的凸显，使原有的社区功能不能满足社区发展及居民的需求，从社区发展来谋求社会发展，将社区发展置于社会发展的目标日益成为社会的共识。"第三条道路"的主要倡导者安东尼·吉登斯提出，社区这一主题是新型政治的根本所在，只有社区建设才能解决社区素质衰落、贫富差距继续扩大等日益严重的社会问题，社区建设不但意味着重新找回已经失去的地方团结形式，它还是一种促进街道、城镇和更大范围的地方区域的社会和物质复苏的可行办法。社区建设必须重视支持网络、自助以及社会资本的培育，强调根据情况的不同，政府有时需要比较深入地干预公民社会事务，有时又必须从公民社会中退出来，倡导政府、市场和社会共同进行社区建设与发展，促进政府、社区、志愿者、公众、私人部门等多元力量参与的社区发展模式。

吉登斯在有关社区发展的论述中，多次提出以社区为中心的扶贫，他主张改变长久以来西方国家普遍实施的高福利救济政策，代之以经由社区经济和社区商业建设为贫困人口提供再就业的机会。因为单纯的自上而下的福利制度，不仅会给国家带来越来越沉重的负担，而且会造成人们对福利救济的严重依赖症，从而削弱个人的进取心与自立精神。因此，吉登斯建议新的社区扶贫工作应与社区服务、社区成员再就业相结合。吉登斯为此提出了许多建议：第一，政府要介入社区商业工作，要动员社区居民的参与，引导企业的支持和帮助；第二，政府应与改革者合作，要帮助每户最贫困的家庭都可以得到一份符合最低工资标准的社区服务工作，如开设一些托儿所，由社区内最低工资保障的志愿者管理，还可以开展小额放贷活动借钱给一些妇女购买缝纫机使之自食其力；第三，社区要大力发展"服务信用"，为人们提供接受培训和获得帮助的机会，参加慈善工作的志愿者可以从别的志愿者那里得到以时间为单位的报酬，并且可以积累起来以支付保健以及其他医疗卫生服务的费用；第四，私营企业的参与，在城市中心地区的持续投资可以创造相关的工作机会，使当地私营企业得到发展并为建筑物的维修提供资金，政府不仅可以直接投资，还可以创造相应的激励机制以引导私营公司进行投资，提供项目以及培育地方的主动性。

（二）欧美社区商业发展的特征

综上所述，西方国家社区商业发展主要有以下几个特征：第一，社区商业发展的主要目的是消除贫困、创造就业、预防犯罪、为弱势群体提供福利性服务，具体的做法包括创办小型企业以增加就业，成立生产和消费合作社，为居民提供所需的商品和服务等；第二，强调"区域地缘关系"，通过以社区为本的理念，使社区居民的技术、经验服务于社区居民，在改善居民生活质量的同时，使参与者获得生活的意义和尊严；第三，社区商业的发展需要政府、社区、公众、志愿者和私人组织等多元力量的参与。

二、日本的社区商业理念：社会性与商业的平衡

20世纪90年代以来，欧美发达国家的社区商业理念开始在日本、韩国、新加坡等东亚、东南亚国家和地区传播。在漫长的传统农耕文化和儒家思想的影响下，家族主义、集团主义以及地域文化在东亚社会有着根深蒂固的影响，因此当西方的社区商业理念传入东亚，并结合了这些传统思想、观念和习俗之后取得了新的发展，其中以日本最为典型。

（一）日本社区理念的演化

日本的社区观念最早产生于19世纪的"町内会"自治组织，其主要职责是以辖区内的卫生、治安等事务为主要活动内容。20世纪30年代，日本政府为了支持军国主义的对外侵略和扩张，开始认识到城市及乡村社区在战争动员方面的功能和价值，并以法律的形式承认"町内会"作为居住民的自主组

织，并进行积极的支持和指导。1945年日本投降之后，以美国为首的驻日联军认为"町内会"是日本军国主义存在的基础，因此在战后发布命令一度解散了日本国内所有的"町内会"组织。1947年之后，为了维持战后社会生活秩序，日本政府恢复了以"町内会"为主的社区组织活动，但在很长的时间内其功能只限于自发地从事一些区域内的基本公共活动。

20世纪60年代之后，伴随着日本经济的快速发展，旧的社区理念已经不能适应经济社会发展的要求。1971年日本政府发布《社区对策纲要》，开始在全国范围内提倡新型社区建设。20世纪80年代之后，为了适应经济的发展，以及生活方式的变化，日本政府相继推出了一系列促进社区发展的政策，并从财政上给予"町内会"等社区自治组织更多的支持。进入20世纪90年代，由于泡沫经济崩溃后日本经济发展停滞，以及少子老龄化的不断加剧，日本政府开始重视社区组织在老龄化社会中的重要作用，相继推出了"社区活性化"等一系列政策。1991年日本政府对社区自治法进行了修订，"町内会"等社区组织的法人资格得到了法律的承认，以此为契机，日本的社区建设取得了较大的发展。截止到2000年，日本国土面积的75%、人口的81%被社区"町内会"组织所覆盖。日本社区组织具有分散和小规模化的特点，据日本总务省统计，人口1000人以下的社区占64%，社区功能也基本以防灾、美化环境、垃圾分类、传统祭日活动、体育活动为主。

1995年1月，日本发生了造成5万人死伤的阪神大地震。地震发生后，以国家消防、警察为主导的救灾体系反应滞后，而民众及社区居民自发组成的志愿者组织在救灾及灾后重建中发挥了重要的作用，1995年也因此被称作日本"社区志愿者活动元年"。1998年，日本政府颁布了《特定非营利活动促进法》，以法律的形式肯定了非营利组织（Non-profit Organization，NPO）活动在促进社会服务方面的重要作用，大大推动了日本NPO团体在社区福利、教育、养老、文化、地域商业振兴等方面的发展。

阪神大地震使政府和民众重新认识到社区邻里间的情感连带、互帮互助精神的重要性。在灾后复兴时期，以"町内会"为主导的社区商业组织在增加就业机会、提供便民服务、为低收入者提供资助、为老弱病残提供照顾等方面发挥了独特的作用。2000年之后，在日本经济产业省、厚生省等政府相关部门的推动下，社区商业作为地域振兴的重要推动力量被政府和社会所重视，日本社区商业开始进入一个快速发展时期。

日本各级政府、企业和非营利组织重视社区商业发展有以下三个方面的原因。首先，社区商业成为振兴区域经济的重要抓手。随着日本产业结构的调整，以及劳动密集型产业向发展中国家的转移，日本国内部分以传统制造业为主的地域经济陷入严重衰退。在此背景下，地方政府希望通过发展社区商业、社会性商业增加就业机会，实现区域经济的振兴。其次，解决区域存在的各种社会问题。以往区域经济社会面临的各种问题基本是依靠政府的主导和支持加以解决，但是随着政府社会保障资金的增大和财政收入逐渐枯竭，对社区建设的财政支持力度不断降低，因此非常需要引入民间资本、社会资本参与社区建设，引导社区发展从完全依靠政府向社会化与市场化相结合的方向发展。特别是少子老龄化不断加剧的环境下，产生了居家养老、失能老人护理、育儿支持等一系列新的公共、公益服务需求，这就需要在政府、企业之间寻求第三方的社区商业和社会性商业的参与。最后，扩大社区就业，维持地区的社会稳定和发展。随着传统制造业的衰退和转移，社会秩序的维护和民生服务的提供都需要通过社区商业扩大就业来实现。

（二）日本围绕社区商业理念的争论

社区商业概念在日本并没有形成统一的认识。研究者从经济学、社会学、营销学等不同学科角度对社区商业的内涵做出了不同的解释。

1. 基于 NPO 角度的理解

日本 NPO 代表人物金子郁容（2002）认为，社区商业是以社区为中心，以解决社会问题为目的的活动。他认为社区商业有以下五个方面的特征：①以促进社区发展和服务社区为使命；②不以经济利益最大化为目的，坚持非营利性活动特点；③要做到可持续发展，有具体的成果；④坚持自愿参加的原则；⑤不以追求经济利益为动机，通过对社区发展的贡献，实现个人生活的满足感。藤江俊彦（2002）认为，社区商业是包括营利和非营利组织在内的，以地域居民为主体，以解决地域问题为目的，以服务社区为使命的商业活动。藤江虽然从 NPO 角度出发强调社区商业的社会性，但也承认营利性企业在社区商业中的作用。

2. 基于地域居民参与角度的理解

高寄升三（2002）认为社区商业要满足以下几个条件才能成立：①企业性，收入至少占三分之一以上；②地域性，以满足地域居民生活需求，解决地域居民的生活问题为使命；③创新性，以问题为导向，不断解决社区新问题；④市民性，社区居民拥有经营主导权；⑤公益性，企业收入的至少10%要用于公益性，为社区发展做贡献。日本市民投资发展研究会（1999）认为，社区商业是以地域家庭主妇、公司职员等普通居民为主体，为提高生活水平，在环境、福祉、教育、健康等新兴领域从事的商业活动。神原理（2011）认为，社区商业是以地域居民为主体，扎根于地域，并解决地域存在的问题的事业活动。他进一步强调社区商业的发展是经过一个不断积累和进化的过程。社区商业首先来自居民对地域问题的关注，即有明确的问题意识（个人水平），其次这种问题意识得到其他人的理解和赞同，从而使志同道合的人形成一个团体（集团水平），此后得到地域政府、企业、志愿者、捐助者的支持形成一个组织（社会化水平），最后在明确的使命驱动下，形成企业化和商业化（经济水平），实现营利性和社会性、使命性和收益性、社区居民的公益性和私益性的平衡与可持续发展。

3. 基于经济角度的理解

日本社区商业研究的先行者细内信孝（1999）认为，社区商业是地域居民具有企业家精神，在生活者意识和市民意识驱动下，从事以居民为主体的经营活动。社区商业是通过商业手段实现社区内部问题的解决和居民生活质量的提升，促进社区健康发展。细内信孝汲取了阪神大地震NPO活动的经验，强调社区商业中"商业"本身的意义，认为除了非营利活动之外，社区商业还可以创造工作岗位，增加就业机会。加藤惠政（2000）认为，社区商业是以地域居民为主体，通过经济手段解决地域存在的问题，实现社区与地域经济的共同发展的区域振兴方式。另外，谷本宽治（2002）认为，社区商业是以解决地域经济、社会问题为目的，由地域居民所有和经营的，通过整合地域资源进行活动的事业体。

日本经济产业省在发布的《2002社区商业调查报告》中提出，社区商是以地域居民为中心,通过以商业行为为手段持续不断地致力于地域问题的解决,在创造就业机会的同时,促进地域健康发展的事业。该报告进一步提出了社区商业的三个特征:①由地域居民主导;②以居民的积极参与和社区问题的解决为主要目的;③地域问题的解决是一项公共事业活动,除了志愿者支持之外,通过有偿的商业活动实现自立的、可持续的发展。

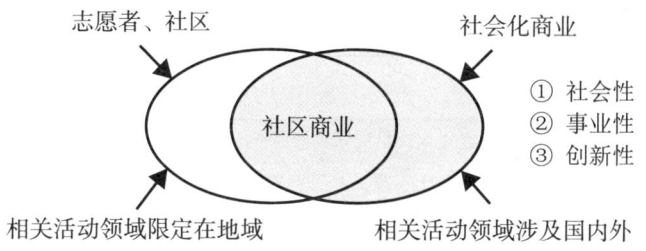

图 2-1　日本社会化商业与社区商业的区别

来源:経済産業省,《ソーシャルビジネス研究会報告書》,平成 20 年.

2000 年之后,吉登斯"第三条道路"所倡导的以社区建设促进社会发展的思想对日本社区发展产生了重大影响,社会经济、社会企业、社会化商业等新的理念被广泛传播。在这样的背景下,日本经济产业省开始出现在政府层面重视和推动社会化商业(Social Business)发展的倾向。2008 年经济产业省"社会化商业研究会"明确提出了社会化商业的定义,指出所谓社会化商业是地域居民、NPO 组织、企业相互协作,通过商业手段致力于解决地域中存在的环境保护、失能及残障者护理、育儿援助、商业街振兴、发展地域旅游、传承地域文化等社会问题。强调了社会化商业的三个主要特征:①社会性,以解决社会问题为使命;②事业性,用商业的手段实现社会问题的解决,推动事业的可持续发展;③创新性,开发适应社会变化的新的商品和服务,持续为社会创造新的价值。强调社区商业主要局限于地域内的活动,其创新性和社会性水平不高,因此要从更广泛的角度,通过经济手段解决社会问题(图 2-1)。

综上所述,日本国内虽然对社区商业的含义存在不同的理解,但是从这些不同的观点中也可以梳理出社区商业的一些共同的特征。第一，社区商业处于营利组织和非营利组织中间的位置；第二，社区商业以解决地域问题为使命；第三，家庭主妇、老年人和失业者是社区商业的主要服务对象；第四，社区商业通过企业化、事业化手段实现可持续发展；第五，不能否定社区商业的营利性功能。

表2-1　　　　　　　　　　日本社区商业的功能

社区商业功能	具体活动内容
福祉、医疗	面向老年人提供居家养老服务、餐饮服务；为老年人、残障者提供居住便利化、适老化改造，上门看护服务；提供老年人居家照料服务和医疗服务；对区域外国人服务，提供健康器械服务等
居民健康	开设健康食材的餐厅，健康食材的面包店等
教育、育儿支援活动	开设车站型托儿所、保育所，面向青少年开设各种培训教室，为失学儿童、厌学儿童提供帮助、指导等
创造就业机会	为妇女、残障者、老年人提供就业机会，为残疾人在家办公提供支持，促进老年人在社区的交流
环境保护	环境保护相关活动，家庭废弃食用油的回收，区域地沟油回收，家庭废弃医疗卫生用品回收，废家电、电脑回收，提供环境设备及相关器械服务等
振兴区域经济	振兴地域商业街，挖掘传统技能、重视技艺的传承和保护，开发地域独特的商品，加强旅游资源的挖掘和利用等
街区整治	挖掘地域历史文化资源，地域街区开发活动，街区改造咨询，古建筑的修缮、保护、开发，拥有特殊技能的工匠推介，人口、商业密集地区的改造，无家可归者、低收入者、高龄者、残障者等社会弱者的居住服务等
振兴地域文化	图书馆、阅览室的开设和运营，传统节日、民族节日的活动举办等
信息服务	发布地域信息的报纸和杂志，社区信息网络建设，地域电视广播的开设等
服务设施的运营	社区托老所的开设，社区聚会场所的确保，社区福祉、医疗设施的经营，社区澡堂的恢复和运营等
促进交流	城市与农村间，社区与社区间的交流
社区商业支持活动	社区居民创业支援活动等

来源：根据日本相关研究整理而成。

(三)日本社区商业的功能

细内信孝(1999)结合日本社区发展的现状,提出社区商业可以在福祉、环境、信息、旅游、文化交流、食品加工、商业街振兴、街区整治、传统工艺等诸多领域开展工作。今濑政司(1998)从更广泛的社区建设和发展的角度提出了社区商业涉及的领域(表2-1)。桥本理(2007)在总结了日本社区商业活动的经验后提出了社区商业发展的四个主要领域:①中心城区以及传统商业街的振兴。近年来,随着日本大城市人口及大型商业设施向郊外的转移,导致城市中心区,特别是传统商业街的普遍衰落。地方政府把振兴传统商业街作为发展社区商业的主要工作,鼓励民间资本和社区居民参与医院食堂、小型超市、食品店、菜店、面包店、物资回收、老年餐桌、社区酒吧、老年人便当宅配、清扫卫生等经营性活动。②环境友好型社区商业活动。2003年开始,日本经济产业省开始实施《环境友好型社区商业模范事业》,提出地域相关企业、NPO和居民通力合作,从环境友好型的角度振兴街区,实现有效率、可持续发展的以降低环境负荷为目的的社区商业活动。③农村地区的社区商业活动。在农村地区社区商业的重点是推广"一村一品"活动,动员老年人积极参加当地自产商品的制造和销售,鼓励开发乡村旅游等事业。④在社区福祉领域增加就业机会,促进社会活动的参与,特别在失能老年人护理、家庭的适老化改造、老年康复等领域通过社区商业活动创造更多的就业机会。

三、中国的社区商业理念:生活服务下的重商主义

(一)我国城市社区商业的发展历程

1. 1955—1985年:计划经济下的社区商业

中华人民共和国成立之后,我国城市社会管理体制采用的是"单位+街居"的管理模式。在计划经济下,北京市的社区形式基本上可以分为单位大院、传统胡同街区、苏联模式的小区三种,社区商业是在20世纪50年代北

京"单位大院"生活服务配套制和60年代生活用品配给制的基础上发展起来的。

(1) "单位大院"生活服务配套制

1949年10月1日,中华人民共和国成立。受到苏联城市规划思想的影响,我国将社会主义城市的特性归纳为"生产性",同时,将资本主义城市的特性归纳为"消费性"。基于此,在中华人民共和国成立初期,我国就提出了"将消费城市变为生产城市"的核心思想,这种指导思想对后来以北京市为主的城市产业结构和社会管理带来重大影响。

1952年,受苏联发展工科院校为工业生产服务思想的影响,全国高等学校进行了大规模的院系调整,国家投入巨资在北京市海淀区新建了各个生产领域的高等学校,即北京航空学院、北京钢铁工业学院、北京石油学院、北京地质学院、北京矿业学院、北京医学院、北京农业机械化学院、北京林业学院,统称"八大学院"。1954年中国科学院物理所等科研机构开始搬入中关村,标志着中国科学院等国家级各类科研院所开始在海淀区落户发展。在北京市西长安街复兴路到玉泉路的狭长地带聚集了众多的中央机关、各大军区总部,之后中央党校、军事科学院等一批培养党政军高级人才的院校也先后落户海淀区。与此同时,陆续在北京市酒仙桥、十里堡、古城、大郊亭等地兴建了大规模的电子、纺织、钢铁、化工等国营工厂。这些落户北京的高等院校、国家机关、解放军总部、科研院所、工矿企业都拥有各自相对独立的生活服务设施,在此基础上逐渐形成了一种独特的集工作、学习、生产、生活于一体的"单位大院经济"模式。据统计,到20世纪80年代末,北京市有多达2.5万个单位大院。

20世纪50年代初期,伴随着国家党政军机关和科研院所向北京市海淀区的集聚,在人口数量急剧增长的同时,人口结构和消费需求也发生了显著的变化。原有的机关大院内部的商品供应系统和社会供销社系统的商业网点根本无法满足数以万计的新增人口的消费需要。新建设的国家机关、大专院校、科研院所周边服务网点匮乏,生活用品缺乏,商业设施陈旧,消费者意见强烈。在此背景下,1955年北京市政府先后在海淀区域兴建了甘家口、五道口、翠微路、永定路四大商场,每家商场面积7600平方米,汇集了百货、副食、餐饮、粮店、综合修理、照相、理发、洗染、书店、银行、邮局等43个行业的商业服务，并由市级国营公司统一经营。在此之后，北京市又先后在厂矿企业密集的东郊十里堡、酒仙桥、光明楼、九龙山等地区建设了综合性商场，以解决企业单位大院的生活服务问题。

总之，兴起于20世纪50年代的单位大院商业生活服务配套设施建设，确立了政府对社区商业的领导地位，明确了以商品和服务提供为主的社区商业功能体系，对后来中国城市商业的发展产生了深远的影响。在此之后，生活服务配套设施建设、商业网点建设一直成为各级政府社区商业的主要工作，并一直延续至今。

（2）生活用品配给制

中华人民共和国成立初期，单位大院的生活服务除了基本由国营商业提供之外，胡同居民和小区居民的日常生活需求大多由国营商场、私营商店、游商、市集等通过市场调节完成。但是随着1956年后私营商店在社会主义改造下的逐渐消失，以及从事服务业的小商、小贩和手工业者被国营、集体所有制企业吸收，城市商业服务业开始进入了一个由国营商业占主导地位的时代。

20世纪50年代中后期，随着中央、省、市、区商业行政管理组织的形成，政府确立起对商业服务业的绝对领导地位。1958年北京市根据国务院颁布的《关于改组商业管理体制的决定》，在人民委员会下设立商业局，对区县商业行政和业务进行直接领导。1958年9月"海淀区商业局"成立，直属海淀区人民委员会领导，统管全海淀区商业企业。该机构设置了煤建管理处、百货管理处、蔬菜副食管理处、服务局、修理管理局、供销合作社、粮食局等管理部门（《海淀商业60年》，2009）。

1953年10月，中央决定在全国范围内实施粮食和油料（包括食用油）的统购统销政策，并于1955年发行了第一套全国粮票。1959年至1962年国家经济出现严重困难，商品极度匮乏，物价上涨，基本生活用品开始实行定额配给制。1962年，北京市凭票、证供应的商品从此前的8种增加到62种，涨幅达675%，其中包括诸多生活必需品，如粮食、食用油、糕点、糖、肉、火柴等。三年自然灾害结束后，除了粮、油、布、烟等10余种重要商品之外，其余票证逐渐消失。但是随着"文化大革命"时期国民经济的停滞，1970年之后，在全国又重新恢复了日用品的统购和农副产品的派购，商品流通和市场供应一直处于困难状态，票、证发行量达到空前的程度。

在生活用品配给制下，国营百货、副食、粮店、菜店等代行政府职能统购统销，并且与街道和居委会协调完成票证的发放等工作。粮食局负责粮票，副食品公司负责食品票证，蔬菜公司负责蔬菜票证，煤炭公司负责燃煤票证等。这些公司采取"收发两条线"的办法，与居委会协调入户到家，粮票按月发放一次，副食定量每月调整，手续十分烦琐。收回来的票证需要整理、贴好、作废、上交，不能有差错，每逢节假日，鸡、鸭、带鱼等商品票证繁多，副食品行业工作量巨大。

在计划经济和短缺商品经济下，社区商业的方方面面基本都是由商业主管部门进行统一的规划和设计，其中包括网点规划、商业设施配套、商品采购与供应等。与此同时，单位大院、胡同居住区构成了社区商业的载体，定量供应的商品按照居委会的管辖格局进行分配，副食店、粮店、菜店等按照居委会管辖人口和范围进行配置，生活服务经营网点按照市、区、街三个级别进行分布。

2. 1986—1994年："国退民进"时期的社区商业

计划经济时期，生活必需品凭证、票购买，而且严格限量供应；人民生活困苦，商业服务业发展停滞，商业网点萎缩；普遍出现购物难、吃饭难、住店难、修理难等问题，城市基本失去了综合服务功能。党的十一届三中全会之后，家庭联产承包责任制开始广泛推行到各地，极大地激发了农民的生产积极性，同时，逐步取消的农副产品统购限制更使农民获得了自由处置部分农副产品的权利。

1979年开始，为了方便群众生活，促进城乡物资交流，城乡逐步恢复了农贸市场、菜市场经营，之后各类专业性、综合性批发市场、贸易中心等逐步发展起来，人们购买商品的自由选择权有了很大提高。1980年之后，城乡集贸市场快速发展，国营商业经营自主权扩大，同时价格体制开始改革，这使得生活必需品供应日渐丰富起来，需要票证的商品逐步取消。市场多元供应体系日渐形成，打破了以往国营商业一统天下的局面，并引发了城市流通体制的改革。

计划经济时期，国家将国营商业企业纳入高度集中的计划经济体系，企业成为政府部门的附属单位，"责、权、利"不清，没有经营自主权。1984年，党的十二届三中全会通过了《关于经济体制改革的决定》（以下简称决定）。决定中明确指出，企业是"自主经营，独立核算，自负盈亏"的经济实体。在此之后，全国商业系统逐步推行经营承包责任制、租赁经营制，拍卖基层小型零售门店，计划经济时期建立起来的国营商业占主导地位的社区商业体系开始解体，国营商业网点在大城市社区逐渐退出，逐渐失去主导地位。

20世纪80年代初至90年代中期，是我国社区商业"国退民进"的时代。随着国营商业在社区的解体，个体经济开始大量进入城市社区填补国营商业退出留下的空白。20世纪80年代初，大批知青开始返城，导致城镇人口骤增，就业矛盾异常突出。为了缓解巨大的城市就业压力，政府按照各单位自行解决本单位返城、待业子女的就业原则，鼓励各单位通过兴办商业、服务业解决就业问题。在此背景下，各企事业单位开始成立劳动服务公司，街道和居委会成立了生产服务合作社，为了解决经营场地难的问题，各单位纷纷推倒临街院墙开设商店。与此同时，政府对"破墙开店"也给予充分重视，鼓励个体在社区经营粮油、禽蛋、肉食、烟草、蔬菜水果、文化用品、日用杂货等与居民生活息息相关的商品，并给予政策上的大力支持。

这个时期个体经济开始全面渗透到社区商业中，但由于缺乏商业规划、行业规制和市场管理，在城市和社区当中，改建、违建、私搭乱建等现象层出不穷，形成了数量庞大的简易商业网点。虽然这些个体经营者为市场提供了商品和服务、活跃了市场氛围，但是商业设施简陋、卫生状况差、安全隐患多、服务不全、经营管理落后等诸多方面的问题开始影响社区商业的发展。

进入20世纪90年代之后，随着大量农村务工人员进入城市谋生，产生了大量个体食品加工作坊、餐馆等，使得社区商业环境不断恶化。由于普遍缺乏基本的卫生设施，同时商品和原料的来源渠道不明，经营水平和管理手段落后，食物中毒、火灾等事件层出不穷，给社区居民生活造成了很大的安全隐患。与此同时，大量以进城农民为主的"游商"队伍充斥城市街道，他们没有固定的经营场所，往往穿梭或盘踞在社区当中，占道经营现象严重，成为滋生缺斤短两、以次充好、假冒伪劣等不良商业现象和行为的源头。这种混乱无序的社区商业一方面影响了城市、社区的形象，另一方面影响了当地居民的正常生活。经营无序、低端重复、良莠不齐、管理缺失是这一阶段我国城市社区商业的基本特点。

3. 1995—2004年：城市化发展中的社区商业

进入20世纪90年代，随着城市外来人口的激增和城市建设的需要，房地产开发逐渐成为推动国家经济增长的支柱产业，住宅小区开始进入一个大规模开发的时期。与传统的居住区不同，新型住宅小区具有规模大、人口众多、封闭性强、阶层划分明显、服务需求多样化的特点。城市的"小区化"进程使得人们在居住、出行、生活等诸多方面发生了很大的变化，以新型小区为载体的社区商业呈现出以下几方面的特点。

首先，城市人口开始向郊外转移，社区商业成为基础生活设施。据统计，北京市中心区的人口由1990年的233.7万人减至2000年的211.5万人；近郊区人口在1990年为398.9万人，2000年达到638.9万人，增长了大约60%，居住的郊区化倾向成为20世纪90年代北京居住空间最大的变化。与此同时，随着城市边缘小区不断增加，许多新的小区商业配套设施缺失，服务功能单一，居民日常生活极为不便。为此，1993年建设部颁布的《城市居住区规划设计规范》对居住区内商业、银行、卫生、邮政等公共服务设施的配置提出了明确的要求。2002年住建部重新修订的《城市居住区规划设计规范》中，依据居住小区容纳的人口规模与千人指标限定社区商业设施的占地面积与总建筑面积，并把社区商业分为综合食品店、综合百货店、餐饮店、中西药店、菜市场、便民店、其他服务业等八类，规定了各种业态的服务半径和配置要求，并成为之后住宅小区配套商业设施的指导性文件。

其次，居住的郊区化和私家车的普及带来的社区服务需求的分化。居住的郊区化使人们工作和居住的距离不断拉长，尤其是居住在郊区的人们，每天往返上班地点和居住地之间，对时间和体力都是一种消耗，在很大程度上影响了人们的生活质量。因此居住郊区化促进了私家车的普及，在方便人们出行的同时，还改变了人们的生活方式和购物习惯，加大了社区的"购物鸿沟"。有车一族可以超越距离的限制到较远的生活中心、大卖场、会员店购物，在一站式购齐的同时还能享受相对低廉的价格。而居住在郊外新型小区的不会开车的中老年人、残疾人等"交通弱者"，对离家距离近的社区商业的依赖性较高，逐渐成为社区商业服务的主要人群。

再次，小区商业模式的多样化。20世纪90年代中期之后，以开发商主导的小区商业日渐成熟，形成了以满足居民基本生活需求为目的，以社区底商、社区商业街和大型超市为模式的邻里型商业。与传统社区商业不同，新型小区商业通常在交通比较方便的地方建有标准化的大型超市或生活中心，汇集餐饮、药店、银行、邮局、修理、美容、洗染、教育、娱乐等便民服务业态，形成层次有致，满足需求多样化的社区商业体系。

最后，中国零售业的转型和连锁业的发展。进入20世纪90年代，中国零售业发生了巨大变化。1992年中国政府放宽对外资零售业的限制，批准在北京、上海、天津、广州等城市成立外资合资企业试点。1995年对外资开放的政策进一步放宽。1995年之后，日本的伊藤洋华堂、法国的家乐福、美国的沃尔玛、德国的麦德龙、马来西亚的百盛、泰国的易初莲花，以及中国台湾的大润发和中国香港的新世界等大举进入中国的一线城市抢占市场。为了培育中国的民族连锁经营集团，1995年国内贸易部发布了《全国连锁经营发展规划》，该规划明确提出了发展连锁经营的原则、计划、任务和发展措施。1996年之后，中国连锁业进入快速发展的阶段。据统计，1995年全国仅有150家连锁企业，1996年就激增到700家；连锁店铺也从1995年的2500家，急剧增加到1996年的1万家以上。连锁经营的快速发展，激发了零售业业态的创新浪潮，其中连锁超市、便利店、大卖场、综合超市、仓储超市等发达国家主要零售业态短短数年在中国都有了巨大的发展。与此同时，连锁化经营开始渗透到美容、修理、健身等服务业，以及中式、西式等餐饮业。中国连锁业的发展，推动了中国的流通革命，为社区商业的发展和经营的现代化创造了重要的条件。

4. 2005—2015年：老龄化下服务型的社区商业

进入新千年后，国民经济快速发展，城市居民的消费需求进一步发生变化，消费结构也随之改变，居民开始对城市的社区商业提出更高的要求。

在此背景下，2005年4月，商务部颁布了《关于加快我国社区商业发展的指导意见》（以下简称指导意见）。指导意见明确指出，争取利用3—5年的时间，在全国主要城市形成满足基本生活消费的社区服务网络体系。作为具体措施，商务部同时发布了《开展全国社区商业示范社区评审工作的通知》，要求在国内人口超过百万的地级市确定50个国家级社区商业示范社区，在地方建立300个左右的省级示范社区。2006年，商务部又实施了社区商业的"双进工程"，鼓励购物、餐饮等与居民生活密切相关的企业，以连锁化经营的方式进入社区。2008年国务院办公厅发布了《关于加快发展生活性服务业促进消费结构升级的指导意见》，提出重点发展贴近服务人民群众生活、需求潜力大、带动作用强的生活性服务领域，大力发展社区商业，引导便利店等进入社区。

  2005年之后，中国社区商业在城市化加速、消费结构升级和互联网科技发展的基础上，经历了从商品向生活服务，从线下向线上线下，从小区商业向街区商业的三次转变。

  第一，从方便购买商品向满足居民生活服务的转变。

  20世纪80年代之后，我国城市社区商业从以传统百货商场、农贸市场、食杂店为主，向90年代以大卖场、菜市场、食品超市等现代零售业态转变。随着"80后"一代（即出生于1980—1989年的消费群体）逐渐成为消费的主体，城市居民已经不满足于"温饱型"的物质消费，对高品位休闲娱乐、高品质商品和生活服务的需求与日俱增，这种广泛的消费升级推动了社区商业的转变。

  2005年之后，社区商业功能逐渐向丰富零售业态、完备服务功能、提升服务水平的方向转变。在购物功能方面，大卖场、标准化菜市场、生鲜食品超市、24小时便利店、特色餐饮店、早餐店、咖啡店、面包店、零食店、水果店、药妆店等能够满足不同层次需要的零售业态店、业种店在社区蓬勃发展，经营模式创新不断加快。在服务功能方面，在发展和升级原有的美容、美发店、修理店、洗衣店的同时，随着少子老龄化社会的到来，家政服务、养老服务、家教服务、医疗康复服务、社会服务等新兴服务业开始迅速发展，成为社区商业中的重要业态。在社区休闲功能方面，健身、书店、花卉店、宠物店、旅游服务等新型休闲、娱乐产业开始快速向社区集聚，与其他商业服务业态一起，构成功能齐全的社区商业生态体系。在发展完善原有小区商业模式、街坊商业模式的同时，呈现出社区邻里商业中心、社区便民服务综合体、社区服务中心、社区商业市集等多种社区商业模式。

第二，从以实体店为主向"互联网+社区商业"方向转变。

2015年3月，李克强总理在政府工作报告中将"互联网+"提升到国家发展战略的高度。之后，社区O2O作为一种新的商业模式，在政策支持和资本助力的双重推动下，逐渐形成规模化发展趋势。与传统社区商业服务内容单一、服务效率低下、服务成本较高相比，社区O2O将线上与线下相结合，对线上线下进行优势互补，有着服务人群精准、服务方式便捷、服务范围更加广泛的优势。近年来，商业服务企业通过App平台，实现了家政服务、洗衣、家电维修、送餐、送药、医院预约、教育、生鲜商品、生活用品的快速配送，打通了"最后一公里"的障碍，大大方便了社区居民的生活。与此同时，万科、保利、绿地等房地产开发商和物业管理公司通过社区App向居民提供物业服务、修理服务、管家服务、商品代购、煤气水电缴费、机票火车票订购等多种服务，打造线上线下结合的物业管理体系。

第三，从小区商业向街区商业转变。

近年来，在城市建设和社区发展中，小区商业存在的各种问题不断凸显。首先，小区商业的封闭性和排他性使其难以适应社会变化，定位不清、商业模式单一、供需不平衡等问题突出。其次，小区商业管理粗放，服务水平参差不齐，社区居民参与程度低。再次，封闭式小区和封闭式商业模式造成土地资源、道路资源、商业资源的浪费。最后，小区商业偏重购物和生活服务功能，忽视了教育、养老、医疗、卫生等社区生活的全面发展和邻里关系的建立。

2016年2月，《中共中央国务院关于进一步加强城市规划建设管理工作的若干意见》提出，要推广街区制，原则上不再建设封闭住宅小区；同时，已建成的既有住宅小区和单位大院要逐步打开，实现内部道路公共化，解决交通路网布局问题，促进土地节约利用。这是国家第一次将"街区制"上升到国家政策层面，具有深远的战略意义。街区制不仅有利于缓解大城市日益严重的交通拥堵问题，有利于打破封闭式小区居民自成一统的封闭性，加强人的社会交往，而且有利于集约、节约利用城市土地和促进社区商业的发展。

2017年新版《城市居住区规划设计标准（征求意见稿）》将2016年版的居住区、居住小区、居住组团的居住分级，修改为十五分钟生活圈、十分钟生活圈、五分钟生活圈、居住街坊四个层级，将街区制与居民的基本生活服务结合起来，为社区商业及相关服务的共享创造有利条件。

从2015年开始，北京市大力推广"一刻钟社区服务圈"，提出居民步行一刻钟就能享受医疗卫生、文化健康教育、购物、娱乐、生活等各方面服务，使广大居民就近能享受到生活的便利与实惠。

2016年8月，上海市发布了《上海市15分钟社区生活圈规划导则（试行）》（以下简称规划导则）。该规划导则指出，"社区生活圈"成为上海社区公共资源配置和社会治理的基本单元。其中，"15分钟社区生活圈"让市民在以家为中心的15分钟步行可到达的范围内，享有较为完善的衣食住行等全方位的基本公共服务设施，最终构建一个宜居、宜业、宜学、宜游的社区服务圈，提高社区居民的生活品质。

总之，在少子老龄化背景下，我国社区商业环境正发生着重要的变化。在物质生活极大丰富，线上线下购买商品和服务日趋便利化的今天，社区商业逐渐从以购物、餐饮等零售业为主，向购物、健康运动、娱乐、医疗、学习、养老等生活支援产业方向转变，一个兼顾经济性与社会性，营利性与公益性，政府主导与居民积极参与的社区商业是未来的主要发展趋势。

（二）我国社区商业的基本特征

我国对社区商业的研究起步于20世纪90年代。2005年在商务部推出指导意见之后，比较系统的社区商业研究才逐渐开始。

1. 社区商业观念的理解

李定珍（2004）在《社区商业理论探索》一文中提出，社区主要是指城市住宅小区，社区商业是指以住宅小区为载体，以地域居民为服务对象，以便民利民为宗旨，以满足和促进居民综合消费需求的属地型消费。文中指出社区商业具有以下特征：①地域性强；②以日常生活用品为主；③交易时间短、频繁；④运营成本相对低廉；⑤商业功能、业态多样性；⑥经营目标多元化等。

第二章 社区商业理念的演化：几种不同的发展模式

2005年商务部首次在政府层面对我国社区商业的发展提出了指导意见，要求在全国大中城市有资质、有计划、有步骤地先行开展社区商业试点活动，该指导意见认为"社区商业是一种以社区范围内的居民为服务对象，以便民、利民，满足和促进居民综合消费为目标的属地型商业"。这种对社区商业的解释，成为目前我国社区商业相关文件和研究中引用最为广泛的概念。

目前政府和学术界对社区商业定义的理解和表述虽然存在一定差异，但对其内涵和特征的认识基本上是一致的。归纳起来社区商业有以下四个方面的共同点：①以地域范围为特征的属地型商业；②以社区居民为主要服务对象；③以便民利民为服务宗旨；④提供满足居民生活需求的商品和服务。

2. 社区商业的功能和属性

2000年之后，胡柏翠（2007）、丰志勇（2008）等从社区建设和发展的角度提出社区商业应该具有购物功能、服务功能、休闲功能等三项基本功能，社区商业在满足居民基本生活需求的同时，也要注重人性化、个性化的服务，强调主体价值观的实现，社会价值的提高，环境价值的改善，文化价值的升华。

2005年国务院提出要因地制宜地重点发展社区商业，完善社区功能，让老百姓在家门口就能解决日常生活所需的基本购物、早餐、娱乐、美发、修理、家政等多方面生活需要。

2006年商务部提出以"便利消费进社区，便民服务进家庭"为主题的"双进"工程，提出争取利用3—5年实现我国大多数城市居民在购物、早餐、修理、美发、洗衣、家政、再生资源回收等方面的基本生活需求在社区内得到满足，建立较完备的生活保障型社区商业服务体系。

国务院和商务部的政策表明，中国城市社区商业开始从过去单纯的以满足社区居民购买日常生活用品便利为主，向满足居民生活服务方向转变。2010年之后，全国主要城市不断推出各种社区商业功能服务，但总体看主要有以下六种功能：①购物功能；②修理功能；③餐饮功能；④综合服务功能；⑤再生资源回收功能；⑥家政服务功能。

社区商业属性研究一直是学术界关注的重点。我国对社区商业研究基本上可以分为从民政角度出发的社区建设理念，从城乡建设角度出发的社区开发理念，以及从流通角度出发的社区商品和服务提供理念，前者偏重社区商业的社会性和服务性，而后两者更加突出社区商业的经济性、经营性和营利性。

刘建湖（2008）在《城市社区商业发展模式的定位思考》一文中强调了发展社区商业要重视其社会服务属性的作用，提出在发展社区商业经济功能的同时，不能忽视社区商业所具有的社会属性功能，强调社区商业的社会属性主要体现在社区便民利民服务，以及促进邻里交往和社区感情交流。并指出重视社区商业的社会属性，打造消费安全放心的社区商业环境，对维护市场秩序、提高社会诚信意识、促进社会稳定具有重要的意义。

四、相关研究评析

社区商业最早产生于 20 世纪 70 年代的苏格兰，是原有的社区经济理念的延续。在西方国家，社区商业是以消除贫困、创造就业、预防犯罪、为弱势群体提供福利性服务为主要任务，强调社区为本的理念，发挥社区居民的技术、经验服务于社区居民，在改善居民生活质量的同时，使参与者获得生活的意义和尊严。

日本社区商业在秉承了欧洲社区商业的基本观念的基础上，结合日本老龄化严重的国情和地域文化的特点，从发展地域和社区服务的角度，通过居民的积极参与和商业化手段，解决居家养老、失能老人的护理、环境整治、扩大就业、地域工商业振兴、传统文化传承等社区面临的问题。日本社区商业的主要特征是不以追求经济利益为主要目的，通过居民的积极参与，共同解决社区面临的经济问题、社会问题，而有偿的商业活动也只是为了实现社区建设的自立和可持续发展。

与欧洲和日本社区商业观念不同，中国的社区商业有以下几个方面的特征。首先，社区商业作为社会管理的重要环节，长期受到政府商业主管部门的直接领导，因此始终带有强烈的政府主导的特征。其次，社区商业是着眼于居民生活的便利化，以零售、餐饮和服务业态的提供和配置为功能，以经济效益或者营利性活动为目的的商业活动。最后，我国的社区商业基本上是与社区发展和建设割裂开的，社区商业与居民的关系基本上是经营者与顾客的关系，侧重的是经营性收益的获取，而不是侧重地域福祉、地域发展方面的贡献。

随着中国社会人口少子老龄化的加剧，空巢家庭的急速增加，人们生活方式的改变，以及移动支付、人工智能、大数据的普遍应用，中国社区商业功能正发生着重大的转变。一个更加注重居民参与和社会问题的解决，关注公共福利和环境友好，注重地域文化传承，经济效益与社会效益更加平衡，突出以人为本的社区商业将成为新的发展方向。

第三章 我国社区商业的转型：来自居家养老服务的需求

一、我国人口老龄化的挑战

人口老龄化是 21 世纪全球的共同现象和发展趋势。人口老龄化通常是指达到既定年龄的老年人口数占总人口的百分比。由于不同国家的国情不同，对人口老龄化的界定也并不统一。一些西方国家沿用了 1956 年联合国提出的 65 岁以上人口占总人口 7% 作为老龄化社会的标准，而大多数国家则采用 1982 年联合国"世界老龄大会"界定的 60 岁以上老年人口占总人口的比例超过 10% 作为老龄化社会的标准。

2000 年我国 60 岁及以上人口超过 10%，开始步入老龄化社会。截至 2018 年年底，我国 60 周岁及以上人口为 2.49 亿，占总人口的比例为 17.9%，其中 65 岁以上人口为 1.66 亿，占总人口的比例为 11.9%。随着进入 2020 年 1963—1973 年出生的人口开始步入老龄化，我国将进入一个老龄人口爆发式增长时期。老龄化持续发展，将成为我国 21 世纪的基本国情，积极应对人口老龄化是国家一项长期战略任务。与西方发达国家不同，中国人口老龄化具有以下几个特征。

（一）人口老龄化基数大、发展速度快

我国是世界上唯一老年人口总数超过 1 亿的国家，老年人口规模巨大。

第三章 我国社区商业的转型：来自居家养老服务的需求

据全国老龄工作委员会（以下简称全国老龄委）测算，从 2011 年到 2017 年全国 60 岁以上老年人口从 1.78 亿增加到 2.4 亿，平均每年增加 885 万，老年人口比例由 13.3% 增加到 17.3%，平均每年递增 0.57 个百分点。2017 年新增 60 岁以上人口首次超过 1000 万，并且未来几十年都会按照每年新增 1000 多万的规模迅速扩大。如果按照这样的增速发展下去，2025 年我国老年人口将超过 3 亿，2033 年将突破 4 亿，2050 年老年人口规模将达到峰值的 4.8 亿，占总人口比例将达到 34.9% 左右。我国老龄化的速度之快、规模之大，世界前所未有。

人口老龄化通常是指 60 岁及以上老年人口占总人口的比例不断增加。国际上一般将 65 岁以上人口超过 7% 称为老龄化社会，超过 14% 称为老龄社会，超过 21% 则称为超级老龄社会。从 7% 到达 14% 的老龄社会的年限，实际上意味着应对老龄社会来临所需的准备时间。从这个角度看，美国用了 72 年，瑞典用了 85 年，法国用了 126 年的时间才缓慢地进入了老龄社会，这也意味着西方发达国家为了应对老龄社会的到来做好了充分的准备。而亚洲国家韩国只用了 18 年，新加坡用了 20 年，日本用了 24 年，拥有 13.8 亿人口的中国只用了 25 年的时间。更为严重的是，据预测，65 岁以上人口从 14% 到达 21%，进入超级老龄社会的年限，瑞典是 49 年，美国是 34 年，法国是 33 年，日本是 13 年，而中国仅仅为 12 年。这也意味着，中国必须在较短的时间内构筑起全世界规模最大的社会保障制度、福利制度和养老体系才能应对超级老龄化社会的挑战，这是人类发展史上从未有过的异常艰巨的任务（参考表 3-1）。

表 3-1　　　　　　　主要发达国家人口老龄化的比较

	65 岁以上人口比例、到达的年份								经过的年数（年）	
	7%	10%	14%	15%	20%	21%	25%	30%	7%—14%	14%—21%
韩国	1999	2007	2017	2019	2026	2027	2033	2041	18	10
新加坡	1999	2013	2019	2020	2026	2027	2033	2043	20	8
日本	1970	1985	1994	1996	2005	2007	2013	2024	24	13
中国	2000	2015	2025	2028	2035	2037	2049	2063	25	12
德国	1932	1952	1972	1976	2009	2013	2025	2034	40	41

续表

	65 岁以上人口比例、到达的年份								经过的年数（年）	
	7%	10%	14%	15%	20%	21%	25%	30%	7%—14%	14%—21%
西班牙	1947	1973	1991	1994	2024	2026	2034	2043	44	35
英国	1929	1946	1975	1982	2027	2030	2060	—	46	55
俄罗斯	1968	1979	2017	2020	2040	2045	2055	—	49	28
意大利	1927	1964	1988	1991	2008	2013	2027	2037	61	25
加拿大	1945	1984	2010	2013	2024	2026	2052		65	16
美国	1942	1972	2014	2017	2031	2048	2093		72	34
瑞典	1887	1948	1972	1975	2015	2021	2054		85	49
法国	1864	1943	1990	1995	2020	2023	2053		126	33

来源：東京大学高齢社会総合研究機構. 東大がつくった確かな未来視点を持つための高齢社会の教科書［M］. 北海道：ベネッセコーポレーション北海道支社，2013。

（二）高龄老人的快速增加

我国人口快速老龄化的主要原因之一是老年人口逐渐趋于长寿化，以及高龄老人死亡率不断降低所形成的。由于生活水平的提高、医学技术的进步、公共卫生的发展、健康意识的增强、饮食及居住环境的显著改善等，中国人的人均预期寿命已经从中华人民共和国成立之初的 35 岁，提高到 2019 年的 77 岁，接近发达国家的平均水平。随着高龄人口的相对增加，老年人口死亡率的降低，以及年轻人出生率的下降，加快了我国人口老龄化的发展。

日本一般把 65—75 岁的老年人称为"前期低龄老年人"，把 75 岁以上的老年人称为"后期高龄老年人"。随着我国人口老龄化的加快，75 岁以上的后期高龄老年人呈现快速增长的趋势。截止到 2016 年年底，我国 75 岁及以上人口达到了 4800 万人，占总人口的比例为 3.5%，占 65 岁以上人口的 34.8%。据预测，到 2030 年我国 75 岁以上人口将增加到 9300 万人，2045 年将达到 1.8 亿人，占总人口的比例也将上升到 12.9%，占 65 岁以上人口的 50% 左右。与此同时，我国 80 岁以上高龄老年人口每年以 5% 的速度增加，到 2020 年年底将达到 2900 万人，2030 年将增长到 4300 万人，2040 年将进一步增长到7400万人左右。我国老年人口结构开始呈现出"老年人中的老龄化现象"。

（三）空巢化老人、失能老人的数量急剧增加

我国人口老龄化快速发展进程中，老年人的家庭结构也在发生显著的变化，空巢老人、独居老人、失能老人数量呈现持续增加的趋势，成为我国老龄化进程中面临的最大挑战。

首先，由于受计划生育政策的影响，随着1963—1975年出生高峰期的一代人陆续步入老龄化行列，可以预计中国的空巢老人、独居老人数量将会快速增长。据国务院公布的《"十三五"国家老龄事业发展和养老体系建设规划》的预测，到2020年我国的空巢和独居老人将达到1.18亿，到2030年将达到1.8亿左右，空巢老人家庭比例将接近90%，并呈现进一步提高的趋势。空巢和独居老人规模的持续攀升，对他们的基本照看和护理，以及由此带来的社会孤立导致的"孤独死"问题，将成为社会面临的严重问题。

其次，随着75岁以上后期老年人的增加，以及由于身体功能的退化和老年慢性疾病的普遍性，可以预计，失能和半失能老年人的大量增加将是一个不可逆的趋势，对他们的护理将成为一项十分艰巨的社会工作。2015年我国失能老人已经超过了4000万人，据预测，2030年将增加到6100万人，2050年将达到9700多万人。据中国疾病预防控制中心的统计，目前我国老年痴呆症的发病率为5.56%，按照这个比例计算，全国老年痴呆症患者数量达到了900多万人，预计2050年将达到4000万人左右。随着家庭内赡养功能的弱化，以及邻里关系的淡漠，行动不便、缺乏基本情感交流的老年弱势群体的生活照料将成为重大的社会问题。

（四）少子化和家庭养老模式的弱化

伴随着高龄老人的增长，我国0—14岁人口总量在快速下降。由于长期受计划生育政策的影响，我国0—14岁人口一直呈现下降趋势。据国家统计局的数据显示，0—14岁人口在总人口中的占比从1982年的33.6%下降到2000年的22.9%，2018年进一步下降到16.9%，并呈现持续下降的趋势。总

和生育率是衡量一个国家或地区生育水平最常用的指标之一。我国的总和生育率从1949—1969年的5.8%，下降到1977年的3.0%以下，2017年又下降到1.6%左右，不仅远低于联合国提出的总和生育率2.2%的世代更替的水平，而且低于大多数发达国家水平。我国生育率长期而且持续的低水平趋势，加剧了人口的老龄化，给生产和消费造成巨大的负面影响，供养系数不断上升，给家庭及社会赡养带来非常大的负担。

在中国漫长的农业社会发展过程中，家庭的伦理观念是建立在农业社会自给自足生产方式基础之上的，老年人在大家庭中的权威地位维系了家庭养老传统的延续，"养儿防老"是社会默认的基本养老伦理和方式。但是，由于城市化的发展、生活方式的变化、计划生育政策的影响、生育观念的变化等因素，我国的家庭规模和代际数不断下降。2010年全国家庭平均人口仅为3.09人，代际数为1.85；由1—2人构成的小家庭由2000年的25.34%上升到2010年的38.90%；一代家庭户由1/5上升到1/3；2010年单人家庭占14.5%。这种家庭结构的变迁，意味着传统的家庭养老功能逐步弱化，养老方式面临巨大的转变。

(五) 传统邻里关系的解体

在传统家庭养老功能弱化的同时，传统的邻里扶助关系也正在解体。最近30年以来，城市化的急速发展、房地产开发的泛滥、城市传统居住区的消亡、人们向郊外的转移，打破了传统的邻里关系结构，新型居住区人员流动大，邻里关系极为淡薄，对老年人基本生活的关照变得越发困难。人与人之间往来的稀少，必然加深独居老年人的社会孤立感，如果没有社会组织的帮助，高龄独居老人的晚年生活将非常暗淡。

二、以社区服务为依托的居家养老模式

随着我国人口高龄化的加剧，以及空巢化的快速发展趋势，传统的以家庭为单位、以血缘为纽带，由家庭或家族成员向上一辈老人提供衣、食、住、行等一系列生活照料的养老方式已难以应对老龄化社会的挑战，发展社区居

家养老服务已成为我国应对人口老龄化的重要战略。

我国自2000年开始步入老龄化社会，在"未备先老、未富先老"的环境下，以居家养老为基础，社区养老为依托，机构养老为补充的"9073"模式构成了我国积极应对老龄化的基础。"9073"模式是指90%的老人居家养老，7%的失能或家庭照顾困难的老人社区养老，3%的老人在养老院等社会养老机构养老。居家养老服务也被称为社区居家养老服务，是指在政府主导下，以家庭为基础，以社区为依托，以社会保障和社会服务制度为支撑，由政府提供基本公共服务，企业、社会组织提供专业化服务，基层群众性自治组织和志愿者提供公益互助服务，满足居住在家的老年人社会化服务需求的养老服务模式。我国的居家养老模式概括起来有以下几方面特征。

（一）以居家老年人为中心

与机构养老、传统的家庭养老不同，社区居家养老是以社会保障体系为基础，在社区养老服务和生活服务支持下，为居住在家的老年人安度晚年提供生活照料的新型养老模式。

（二）提供多层次养老服务

养老服务不同于一般社会化的服务，是针对老年人居住特点、生活特点、心理特点开展的有针对性的服务。从近些年全国各地推出的养老服务条例规定的服务内容来看，居家养老服务主要包括医疗服务、护理服务、康复服务、精神慰藉服务、照看服务、预防服务，以及维持老年人日常基本生活的出行、饮食、购物、餐饮、家政、修理、送货等服务。

（三）居家养老的经济支持和服务的多样化

社区居家养老的经济支持和服务，除老年人从社会及其赡养人、抚养人处得到的经济供养外，还包括更多的家庭之外的政府提供的服务、企业提供的服务、社区提供的服务、志愿者提供的服务等。概括起来，社区居家养老的经济支持和服务提供包括公助、共助、互助、自助和商助5个方面。公助指的是政府通过财政补贴或购买服务提供养老服务；共助是指从社会保险、护理保险等机构得到的养老服务；互助是指从街坊近邻、社区组织、志愿者组织处获得的服务；自助是指用自己的养老金从市场中购买的服务；商助是指从社区商业、服务性企业中获得的服务。

(四) 居家养老必须依托于社区服务

居家养老必然要面临"送到家"和"走出去"的问题，因此要求服务设施、服务人员在一定的合理范围内布局。目前国内许多城市实施的"15分钟生活服务圈"就是基于社区居家养老需求而进行的规划。目前依托社区组织、社区设施、社区商业企业、社区志愿者组织网络而建立起来的多层次服务融合、多渠道资源配置的社区养老服务，符合中国城市居住区人口密度大、老年人居住相对集中、社会服务提供成本相对较低的特点。

三、加快老龄化下我国社区商业的转型

(一) 社区生活服务业对居家养老的支撑作用

国内外的经验表明，社区居家养老服务体系基本上是由社区诊疗服务、社区护理服务、社区生活服务三个支柱组成（图3-1）。

1. 社区诊疗服务

据调查，目前我国失能和半失能老人已经超过4000万人，90%的城市老年人患有一种以上的慢性病，老年人对医疗服务和生活照料的需求呈现叠加增长的趋势。由于家庭结构的小型化（4—2—1家庭结构）、空巢化，导致家庭养老功能明显弱化，特别是在老年人罹患疾病时，家庭成员在时间投入、经济负担、精神慰藉等方面都显得力不从心，迫切需要建立社会化养老医疗照护体系。2013年以来，国家先后出台了一系列促进医养结合的政策，对养老服务与医疗卫生服务的结合提出了明确的意见，力求探索出一套符合中国国情的医养结合模式和体系。目前国内医养结合主要有医疗机构定期派医护人员到养老机构或家庭巡诊模式，社区养老服务中心和社区卫生服务机构开展合作，共同为居家老年人提供生活照料、医疗保健服务模式等。

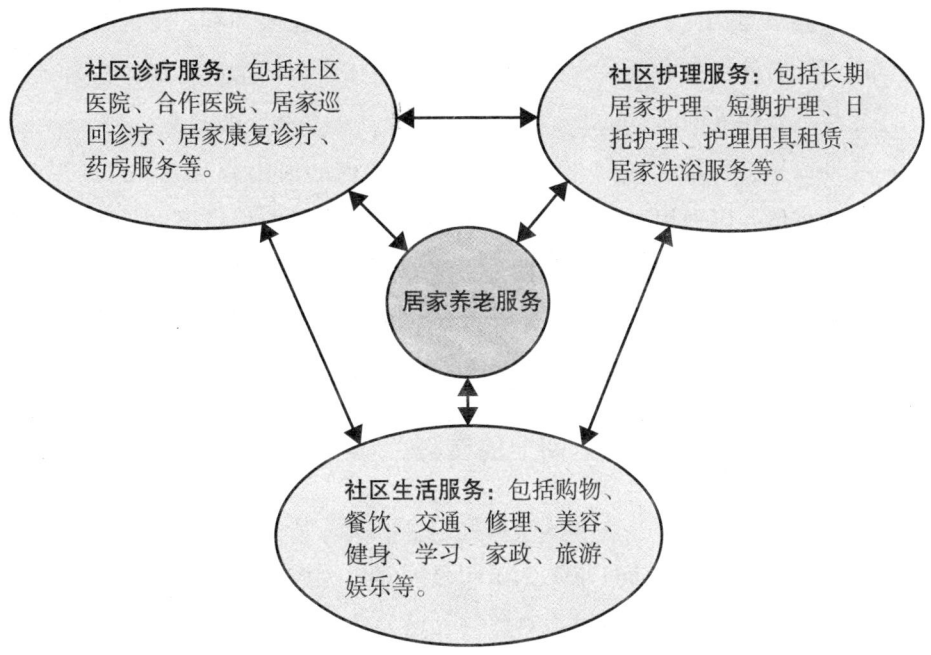

图 3-1 社区商业在居家养老中的支撑作用

2. 社区护理服务

老年人长期护理是介于老年人生活照料服务和专业医疗机构提供的医疗服务之间的一种照料服务,旨在让那些不具备完全自理能力的老年人获得所需要的生活照料、康复护理、精神慰藉和临终关怀等服务,从而使他们能保持较高的生活质量。据测算,老年人从失能到离世,平均持续 5 年左右的时间,随着阿尔茨海默病的快速增加,长期护理已经成为老龄化社会巨大的不安因素。因此,对失能和半失能老年人的居家生活照料和护理照料,可以使老年人生活在熟悉和舒适的环境中,有助于提高老年人的生活质量,延长其生命。

3. 社区生活服务

居家生活服务和保健预防既是居家养老体系中自助和互助的重要环节,同时也是社区商业的主要责任。近年来,随着健康老龄化理念的普及,以及人们对延长健康寿命的期待,使外出购物、健康饮食、健康运动、学习与趣味培养、娱乐与文化、家政服务、送货上门等便利化服务有广泛的需求。与此同时，随着社区各种老年俱乐部、沙龙、趣味学习活动的增加，在为老年人增添生活乐趣的同时，也加深了社区邻里交往关系和互助关系。

长期以来，我国社区商业一直以社区范围内的居民为对象，以零售业、服务业为主体，以便民、利民促进居民消费为目的，向居民提供日常生活所需的商品和服务的属地型商业。但是，随着人口老龄化日趋严峻的趋势，社区商业必然要从目前以零售企业为主的商品供给观念，向以适应老龄化需求，为社区居家养老服务提供生活服务支持的观念转变。

（二）要加快我国社区商业的转型

1. 要重新认识老龄化下发展社区商业的重要作用

老龄化下社区商业的对象发生了明显的变化。线上线下结合的购物便利化，使原有的以属地所有居民为对象的社区商业发生了很大的变化，出行不便的老年人开始成为社区商业服务的主要对象。与此相关联，社区商业的功能也从原有的以购物、餐饮等商品服务为主，向与保健、运动、学习、娱乐、交往等生活服务相结合的方向发展，加快从社区商业向社区生活服务业的转变。

近年来的实践证明，社区生活服务业是居家养老的重要支撑，社区商业与社区养老的结合是积极应对人口老龄化、实现健康老龄化的重要基础，因此加强老龄化下社区商业理论和模式研究对于丰富居家养老服务理论，特别是探索老龄化下"商养结合"与"医养结合"的有机联系具有重要的理论意义。

2. 要加快老年消费市场的开发

社区商业既是居家养老的重要支撑，同时也是老年消费的主要市场。在人口老龄化给社会带来巨大压力的同时，我们也应该看到，我国老年消费市场也蕴藏着巨大的发展潜力。未来几年，随着改革开放进程中拥有较多财富的"60后""70后"步入老龄化行列，可以预见未来30年将是我国老年消费市场高速增长的时期。据研究显示，2011年到2018年，我国养老产业规模从1.4万亿元增长到6.6万亿元规模，增长幅度达到371.4%。预计到2030年，我国的养老产业规模将超过22万亿元，成为推动国民经济发展的重要力量。

老年消费市场涵盖产业众多，既包括医疗、护理、康复、家政等养老产业，也包括零售、餐饮、健康食品、功能性用品、老年辅助用品、健康管理、知识和学习、旅游和娱乐、健康检测、运动健身、保险服务、住宅和家居等生活服务产业。老年消费市场大多依托于社区商业，加快社区商业的转型，促进企业不断开拓老年市场，创新服务模式就显得特别重要。

3. 要积极探索社区商业新的业态和模式

近年来，在政府一系列促进社区商业发展政策的推动下，各地涌现出许多社区商业与居家养老结合的商业模式，如北京超市发社区商业便民服务综合体，苏州社区邻里中心，太原黎氏阁生活广场，合肥生鲜传奇小区便民菜市场等。另外，近年来线上线下结合的新零售模式为社区居家养老服务提供了新的解决方案。长期以来，中国社区商业主要依靠实体店为居民提供服务。但是随着智能手机的普及，以及支付系统的成熟，线上线下结合的便利化购物模式急速发展，"线上线下结合+高效物流+大数据分析"的"新零售"模式开始成为商品和服务流通的大趋势。社区商业是新零售发展的基本平台，新零售的效率主要取决于后两个内容，即高效物流和基于大数据的顾客需求的识别，可以预见精准化的到家服务将是推动老龄化下社区商业发展的主要力量。

与欧美国家和日本社区不同，中国居住小区规模巨大，老年人口相对集中，正是这个西方国家难以比拟的优势，才使新零售模式变得高效便捷，大大推动了社区商业的发展。中国老龄化的超大规模、超快速度和超重负担，以及面临的"未富先老、未备先老"的现实决定了中国的养老模式只能在低成本和市场化的矛盾中寻求出路，而新零售在居家养老所需的信息透明化、低成本、高效率、市场化这些难以兼顾的矛盾中取得了平衡，为未来通过市场化解决居家养老问题开辟了新的路径。

4. 要加快政府职能的转变

我国社区商业从形成之初起，就是在各级政府主导和管理之下发展起来的。目前政府主管部门对社区商业为居家养老提供支持的观念淡薄，认为社区商业与居家养老服务关系不大的观念非常普遍，缺乏相关政策与规划，社区商业与居家养老服务资源没有得到整合。要加快政府社区商业发展观念和职能的转变；政府要加快制定促进社区商业与居家养老融合的政策，鼓励社区商业模式的创新，推进社区商业与居家养老的结合；要提高政府对老年人购物难的认识，加大对老年人购物难问题的政策支持，加快政府对城市"食品沙漠"区域的治理；要加快和完善"15分钟生活服务圈"规划，完善生活服务圈内生活服务业业态的配置，建立健全由政府职能部门牵头，商业服务企业、社会组织、志愿者组织、民间机构等共同参与的统一管理平台。

5. 要促进社区商业与社区建设的融合

长期以来，我国社区商业只注重商业，忽视社区建设和社区发展；只注重营利模式，忽视社区服务；只注重经营效率，忽视经营效果的观念非常普遍。随着社区商业与居家养老服务的结合，需要社区商业树立与社区共生的理念，社区商业要积极参与社区建设与发展，加深商业与社区的融合，促进社区与商业的协调发展。

加快资源的整合，促进社区居委会、社区物业管理委员会等社区组织参与社区商业规划和管理；加快社区商业街管理委员会、社区商会等基层组织的建立和运营，促进社区商业企业与社区居民的联系，社区商业在为社区居民提供优质服务的同时，社区商业组织也要为商业企业经营提供便利和帮助。

第四章 购物弱者:老龄化下的一个普遍问题

一、欧美的"食品沙漠"问题

食品供应系统是现代城市生活最重要的组成部分,它不仅影响着城市经济、就业、消费、交通等各方面,而且关乎每个人的生存发展权利和健康,是维护社会稳定、和谐最基本的公共利益。20世纪90年代之后,随着欧美城市社区食品供应体系中弱势群体被社会排斥等一系列公共问题的日益显现,政府机构和不同学科的学者开始将更多的目光投向社区食品供应系统存在的问题及解决对策。这些问题最早被英国研究者冠以"食品沙漠"的概念出现。

"食品沙漠"(Food Desert)是用来描述那些生鲜食品供应匮乏的社区和区域。1996年英国卫生部发布了"低收入人群课题组研究报告"。该课题组在调查伦敦贫困社区食品供应状况时发现,随着超市、购物中心等大型店向郊外的转移以及城市中小食品零售店相继倒闭,使生活在城市中心的老年人、低收入者、不会开车的人群在购买水果、蔬菜等健康食品时变得非常困难。由于残留在城市中心的杂货店(Corner Shop)只能提供一些种类有限而且价格昂贵的食品,大大降低了城市居民在食品采购上的可选择性。该报告还表明,生鲜食品的缺失与营养不良、社会排斥、贫富差距之间存在着复杂的联系,是造成贫困阶层营养状况恶化,癌症、心血管疾病的发病率不断上升的重要原因。

在美国大都市同样存在严重的"食品沙漠"问题。20世纪90年代中期之后，美国政府和相关领域学者对发生于低收入地区的"食品沙漠"问题，以及引发的潜在的健康问题进行了广泛的研究。Alwitt（1997）对芝加哥地区的调查表明，贫困阶层出于经济的理由通常难以到离家较远的超市购物，他们经常不得不选择离家近的杂货店购买价格较贵的食品。美国农业部提出，在一英里范围内如果买不到新鲜的肉、蔬菜水果和奶制品，该地域就可以被指定为"食品沙漠"地区。据美国农业部推测，目前全美约有2350万人生活在"食品沙漠"地区。生鲜食品空白区往往使低收入人群很难吃到新鲜肉类、蔬菜和水果，更加依赖加工食品和快餐，结果营养过剩导致的过度肥胖成了严重的公共健康问题。

2005年之后，"食品沙漠"逐渐成为全球性的问题，社会学、地理学、城市规划学、营养学、市场营销学等从不同角度对"食品沙漠"问题进行了广泛的研究。

（一）什么是"食品沙漠"

Guy、David（2004）最早提出了购买距离、零售设施与社区居民饮食需求之间存在的关联关系。他们认为，"食品沙漠"是指在城市社区500米服务范围内缺少生鲜食品零售设施的地区。其中"缺少"并不是指该地区没有生鲜零售设施，而是指这些设施不能满足社区居民的需求。社区居民需要的是经济上能够支付、观念上可以接受、距离上可以到达、安全上可以追溯、品类充足、营养健康的食品供应系统。Karen E. 等人（2006）认为判定"食品沙漠"跟获取食物所付出的行走距离密切相关，如果社区缺乏一个在500米至800米范围内的全品类生鲜超市，那么该社区就属于"食品沙漠"。在其研究中，首次利用地理信息系统（Geographic Information System，GIS），并结合最短访问路径，证明了加拿大某些高密度的贫困社区确实存在"食品沙漠"现象。在此基础上，Jesse Mcentee（2010）等人改进了GIS标记方法，通过确定食品零售商和住宅单元的位置关系，来精确测量居民的购买行走距离，创造性地提出了一套评估"食品沙漠"现象的重要方法，以此来评估农村社区"食品沙漠"现象。而Richard C. Sadler（2011）等人在GIS标记方法研究中执行网络分析技术，以确定住宅单元与不同类型的食品零售商店（超市、杂货店、水果店和蔬菜店等）之间的距离，这种方法规避了全品类超市的限制，把所有零售商店都囊括进来，提高了 GIS 标记方法的适用范围。而 Teresa A. Hubley（2010）等人把研究重点放在了距离的标准上，认为 500 米的距离并不是一个固定的标准，应该参考调查区域居民可接受的距离，作为评估调研区域"食品沙漠"的标准。通过对美国缅因州农村居民的调查发现，该地区可接受的距离为 10 英里，在这个标准下，结果显示美国缅因州农村不存在"食品沙漠"现象。Junfeng Jiao（2012）等人把研究重点放在了零售商店上，在研究中把零售商店分为低成本、中成本和高成本三种，分别对应生活中心、杂货店和便利店。结论表明，当把到达食品商店定义为到达低成本的生活中心时，"食品沙漠"的程度明显加重。

总之，在目前对"食品沙漠"界定和识别的相关研究中虽然不同学科和不同研究方法存在差异性，但大多数研究都认为，在城市地区 500 米半径范围内缺少生鲜食品店即可认定该地区为"食品沙漠"地区。

（二）"食品沙漠"与健康风险的关系研究

有关购物困难与健康之间关系的研究最早始于英国，并引发了一系列的争论。争论围绕个人健康饮食及营养平衡产生了"客观因素派"和"主观意愿派"两种不同的观点。

以 Martin White（2004）为代表的"主观意愿派"认为，健康饮食主要取决于个人的膳食知识、较好的经济条件和健康的生活方式等个体因素。David Marshall，Annie S. Anderson（1994）等人认为家庭传承的饮食观念和模式与青少年成年后的健康状况有着密切的关系。M. E. Barker（1995）等人认为个体的饮食观念、态度对健康有着更大的影响。

与上述观点相反，以 Acheson D.（1998）、Martin Caraher（1998）、Hillary J. Shaw（2006）、Guy, David（2004）等为代表的"客观因素派"则认为，健康饮食获取的客观条件才是营养平衡的主要因素。Acheson D.（1998）认为，应该把关注点放在英国一些社区日益恶化的食物获得渠道上。他发现城市内大型超市大多搬迁至郊外交通更加便利的地区，然而这种便利只是相对于那些拥有私人汽车或者能够支付得起公共交通费用的人群，而对于贫困社区获取廉价、健康的食物变得更加困难。Martin Caraher（1998）等人认为除食物获取渠道的缺失外，经济因素也对低收入群体产生了较大的影响，经济因素迫使低收入社会群体在食物采购上更加关注成本而非食物健康，除此之外，食物变质、食物储存、生鲜购买困难和烹饪技巧也是导致低收入人群营养不平衡的重要原因。Bristol City Council（2013）在《Food Poverty》中提出，生鲜食品购买困难与低营养和健康损害存在直接关系。调查表明，生活于"食品沙漠"地区的人们由于维生素、植物纤维和矿物质摄取的减少，患慢性病、心脏病、糖尿病、中风和癌症的风险大大提高。报告中引用的英国政府保险调查数据表明，由于低营养饮食每年导致7万人死于相关疾病，而每年英国用于营养不良导致的各种疾病的健康保险达20亿英镑左右。

（三）"食品沙漠"问题的治理研究

"食品沙漠"问题的治理研究一直是政府和学术界关注的重点领域，相关研究主要集中在社区商业体系建设和零售渠道改进两个方面。关于社区商业体系建设问题，具有典型性的观点是"食品沙漠"问题的形成有着复杂的原因，不能希望通过某个单方面的措施来解决，而是要通过社区商业相关责任方的通力协作加以解决。Tim Lang（1998）等人认为政策对个人层面的过度关注并不能解决问题，可以尝试通过社会干预和个人引导来解决"食品沙漠"问题，比如增加收入和救济补助等。Vmt Reisig、A. Hobbiss（2000）等人认为，过度依赖社区自身发展、缺乏策略性的多部门联合，并不能解决"食品沙漠"问题，而应该采用更加整体性的解决方法，包括救济贫困和社区菜篮子供应系统，这需要相关的社区组织、公共部门和私营部门统筹协作。Kami Pothukuchi（2004）认为要把社区食物评估系统纳入社区商业制度建设和规划，这样可以有效确认社区食物供应的整体状况，提高效率和准确度，这对于解决"食品沙漠"至关重要。Marcia Caton Campbell（2004）则进一步认为，社区食物系统规划者应该对社区利益相关方进行分析，通过平衡各方利益来解决"食品沙漠"问题。Richard Casey Sadler（2016）等人认为利用GIS系统可以帮助社区组织和零售商解决门店选址问题，这样有助于实现"食品沙漠"问题的解决。

除了制度建设之外，由于食品零售渠道在社区居民生活中扮演着重要角色，零售渠道的改善对于解决"食品沙漠"问题有直接的作用。Neil Wrigley（2002）等人通过对英国利兹社区渠道干预前后的状况进行比较后发现，零售渠道的改善可以在一定程度上缓解"食品沙漠"问题，尤其是对于贫困社区低收入家庭来说。但是 Clifford M. Guy、Gemma David（2004）等人通过对英国城市加的夫零售渠道的研究发现，由于健康食物对一般消费者来说性价比较低，价格超过了合理的水平，这种零售渠道的改善并不能对解决加的夫地区"食品沙漠"问题产生积极的效果。同样，Anne Short（2007）等人对美国旧金山湾区进行了生鲜食品供应调查，结果发现全品类食品超市并不能完全解决"食品沙漠"问题，商店定位、商品质量、食品价格等因素是生鲜食品超市难以发挥作用的主要因素。Lisa Markowitz（2008）在对美国路易斯维尔一个新型农民配送企业的案例研究中发现，帮助那些正在起步的小农户和当地城市居民建立起合作关系，也是解决"食品沙漠"问题的一种有效途径。Michael J. Widener（2012）等人认为应在城市低收入社区发展移动分销系统，通过降低目标人群交通成本，增加"食品沙漠"中的居民获得新鲜食品的机会。

二、日本老龄化下的"购物弱者"问题

（一）老龄化下日本的"购物弱者"问题

日本对老年人购物难问题的关注，最早起源于2008年日本带广畜产大学杉田聪教授的《购物难民：老年人面临的另一个问题》一书。作者在书中提出，受到城市商业街的衰落以及部分超市不断关店的影响，一些不会开车或由于身体原因需要就近购买日常生活用品的老年人群在生活上遇到了很大的困难。他把这些不具备私家车等交通手段，而且在身体上、经济上难以应对远距离购物的老年群体称为"购物难民"。

2010年日本经济产业省把"购物弱者"定义为"以老年群体为主的感到购物困难的人群"。2011年日本农林水产政策研究所的调查报告把"购物弱

者"进一步定义为"距离生鲜食品店 500 米以上,而且没有私家车的人群"。2014 年日本经济产业省把"购物弱者"统一定义为"随着流通功能和交通网络的弱化,包括购买生鲜食品等在内的处于日常购物困难状态的人群"。

2010 年日本经济产业省发表的对全国"购物弱者"状况的调查结果显示,在日常生活中感到购物不便的 60 岁以上老年人的比例达到 16.6%,推测全国购物弱者的总人数达到了 600 万人左右。2015 年发表的同样调查结果表明,2014 年感到日常购物不便的 60 岁以上人口的比例上升为 17.1%,推测全国有 700 万人左右,6 年间"购物弱者"增加了 100 万人左右,日本"购物弱者"问题随着老龄化的不断加剧有快速发展的趋势。

另外,据日本农林水产政策研究所对全国都道府县的调查表明,2011 年从家到生鲜食品店距离超过 500 米,并且没有汽车或不会开车的人口在日本全国有 910 万人左右,其中 65 岁以上人口达到 350 万人,占全国 65 岁以上人口的 13.5%。另有调查表明,东京、名古屋和大阪三大城市圈是购买弱势群体主要集中的区域,对他们的救助已经成为老龄化下大都市公共政策的重要问题。

药师寺哲郎(2014)认为"购物弱者"基本上有三个特征,①到生鲜店铺的道路距离超过 500 米;②没有私家车;③65 岁以上。他根据日本农林水产省的调查数据推算,2010 年距离生鲜食品店超过 500 米的 65 岁老人为 382 万人,到 2025 年会增长 56.4%上升到 598 万人,其中城市"购物弱者"将增长 93.1%。特别是东京城市圈的"购物弱者"数量将由 2010 年的 76 万人,增加到 2025 年的 156 万人,大幅增长 105.4%。日本的"食品沙漠"和"购物弱者"问题随着老龄化的加剧而有进一步恶化的趋势。

表 4-1　　　　　　　　日本"购物弱者"的基本状况

	地域划分	人口(万人)	占总人口比例(%)	65 岁以上(万人)	占 65 岁以上人口比例(%)
到生鲜食品商店的距离超过 500 米	全国	910	7.1	350	13.5
	三大都市圈	420	6.6	140	12.1
	东京城市圈	200	5.8	64	10.6
	名古屋城市圈	77	6.9	25	12.2

续表

地域划分		人口（万人）	占总人口比例（%）	65 岁以上（万人）	占 65 岁以上人口比例（%）
到生鲜食品商店的距离超过 500 米	大阪城市圈	140	7.8	51	14.4
	地方城市圈	480	7.6	210	14.8

表 4-2　　　　日本城市"购物弱者"的发展变化

地域划分	2010 年（万人）			2025 年（万人）			变化率（%）		
	全地域	城市	农村	全地域	城市	农村	全地域	城市	农村
全国	382	101	202	598	349	249	56.4	93.1	23.6
三大都市圈	163	115	48	294	231	63	80.1	100.5	30.8
东京城市圈	76	58	18	156	131	25	105.4	126.3	38.6
名古屋城市圈	29	15	14	43	26	18	51.3	73.1	28.2
大阪城市圈	58	43	16	94	75	20	61.4	75.1	24.2
地方城市圈	219	65	154	305	118	187	38.8	79.9	21.4

来源：薬師寺哲郎. 超高齢化社会における食料品アクセス問題［J］. 農林水産省政策研究所，食品システム研究，2014，21（2）：93。

注：东京城市圈包括东京、琦玉、千叶、神奈川；名古屋城市圈包括名古屋、岐阜、三重；大阪城市圈包括大阪、京都、兵库。

（二）日本"购物弱者"问题产生的社会背景

1. 日本人口快速老龄化

据日本总务省发表的"2016 国势调查统计"结果显示，2016 年日本 65 岁以上的老年人口为 3459 万人，占总人口的 27.3%（老龄化率）。其中 65—75 岁前期老年人口为 1768 万人，占总人口的 13.9%；75 岁以上后期老龄人口为 1691 万人，占总人口的 13.3%。据日本总务省预测，2030 年日本老龄化率将上升到 31.2%，2040 年将上升到 35.3%，到 2050 年将进一步上升到 37.7%，达到平均每 3 人就有 1 人为 65 岁以上老年人，日本将成为世界上老龄化程度最严重的国家。在老龄化急剧发展的同时，日本 65 岁以上老龄家庭的结构也在发生显著的变化。2016 年日本总务省调查显示，日本 65 岁以上空巢家庭占38%，单人家庭占17.5%，而且随着年龄的增大鳏寡家庭数量急速增长，生活环境不断恶化。

首先，老年群体贫富差距扩大。近年随着日本社会贫富差距的扩大，低收入老年群体不断增加。据统计，目前享受最低养老金（平均每人每月6万日元）的老年人口在日本全国已达到1187万人并且还在不断增长。特别是，近年日本政府不断消减社会保障支出，低保家庭补助的减少和个人交付护理保险比例的增加给低收入老年群体的生活带来很大的影响。

其次，家庭抚养关系的解体，传统邻里照看关系的崩溃，社区人与人交流和交往的淡薄是社会弱者数量不断增加的重要原因。其中最典型的是近年引起社会关注的日本老年独居群体中的"孤独死"问题。据统计，日本每年"孤独死"的老年人高达3万多人，并且呈快速增长的趋势。在高龄独居人群中断绝了血缘、地缘、亲缘，没有亲戚、朋友、邻居和社区帮助，孤立无援被社会所孤立地挣扎于食品沙漠中的"购物弱者"成为最需要社会关注和照料的人群。

最后，交通工具的减少。近年随着日本城市中心区零售商业的减少和向郊外的转移，消费者购买的距离不断加大。特别是，随着人口的减少和公共交通线路的减少，使不会开车或者由于年龄和身体的原因不能开车的老年人的购物变得非常困难，这也是"购物弱者"不断增加的主要原因。

2. 日本食品零售业的衰退

首先，城市中心区零售商业的空心化和衰落。近20年来随着大型购物中心向郊外的发展，导致城市中心商业街的逐渐衰落，中小零售店铺大量倒闭。其背后的原因与20世纪90年代末政府对大型零售店铺的规制缓和有着密切的关系。1974年，日本政府为了保护中小零售商的利益制定了《大规模零售店铺法》（以下简称大店法）。该法律不仅对大型商店的经营面积、选址有着极为严格的限制，而且对已开业的大型零售店铺每天的营业时间和每周休息日等有着严格的规定。20世纪90年代迫于当时美国对日本开放市场的压力，日本政府1998年废除了大店法，随后取而代之推出了《大规模零售店铺选址法》（以下简称大店选址法）。与过去的大店法相比，大店选址法是以环境保护为中心，对大型店铺的选址、经营面积、用途没有强制性的限制，因此该法案一经推出使郊外大型购物中心得到急速的发展。大型商业设施向郊外的转移，在迎合了汽车社会购物便利性和消费行为变化的同时，也导致了城市内部以车站为中心的传统商业街的萧条，依存于商业街的大量中小生鲜食品商店开始倒闭，使居住于老城区的大量老年人的购物成为问题。

其次，消费市场的萎缩和食品零售店铺的急剧减少。随着 20 世纪 90 年代日本泡沫经济崩溃后的经济长期低迷，以及老龄化的加剧和人口的减少，日本消费市场开始进入一个不断萎缩的过程。1997 年日本社会零售总额在达到战后顶峰的 112 兆日元之后一直呈下降趋势，2007 年比 1997 年下降了 6.3%。随着消费市场的萎缩和传统商业街的衰落，大型购物中心向郊外发展，使日本城市中小食品零售店铺急剧减少。据日本经济产业省统计，日本全国中小食品店从 1997 年的 52.6 万户，减少到 2007 年的 39 万户，10 年间减少了 26%，其中综合超市减少了 5.1%，食品超市减少了 4.5%，食品专门店减少了 29.2%。由于供给侧的食品零售店铺的急剧减少，造成日本城乡老年"购物弱者"的不断增加。

3. 城市结构的变化

岩间信之（2013）在《食品沙漠问题》一书中将"食品沙漠"地域类型化。他认为"食品沙漠"在日本的发展可以分为大城市、卫星城、地方城市、农村地区共四种类型。其中大城市的"食品沙漠"的发生主要有以下几种原因。

在 20 世纪 60 年代高速经济成长时期，日本政府在东京郊外修建了许多大规模廉租住宅小区，如东京高岛平团地、常盘平团地等。这些小区是以美国核心家庭生活为模本，以年代相同的职工为主体建设起来的住宅区。但是随着时间的推移和下一代人口的逐渐流失，这种规模巨大的职工老旧住宅小区逐渐成为老龄化程度严重的区域，由于购买力的下降，追求利润和效率的超市不断关店撤出，这些区域逐渐沦为典型的大城市"食品沙漠"区域。

近年来，东京郊区卫星城和工业开发区也逐渐成为"食品沙漠"高发的地区。随着经济的低迷、经营成本的上升，以及主要工厂向海外的转移，大城市的卫星城、工业开发区逐渐陷入衰落的境地。随着年青一代向城市中心的流入，居住在卫星城和郊外工业开发区的老年人群的购物变得越发困难。

1997年后，随着东京、大阪等大都市中心区写字楼和高级住宅的不断开发，使城市核心区域成了相对贫困的原住民与外来流入的富裕新贵共处的地区。为了迎合富裕人群的生活需要，城市中心高级购物中心和专卖店不断兴建，地价和店铺租金暴涨，结果迫使原有的低毛利的食品超市和生活服务业不得不关店撤退，以低收入为主的原住民的生活环境变得恶化。城市中心区高档食品店的大量出现，廉价生鲜食品商店的急剧减少，社区人际交往和沟通的减少使原住民中的"购物弱者"不断增加。

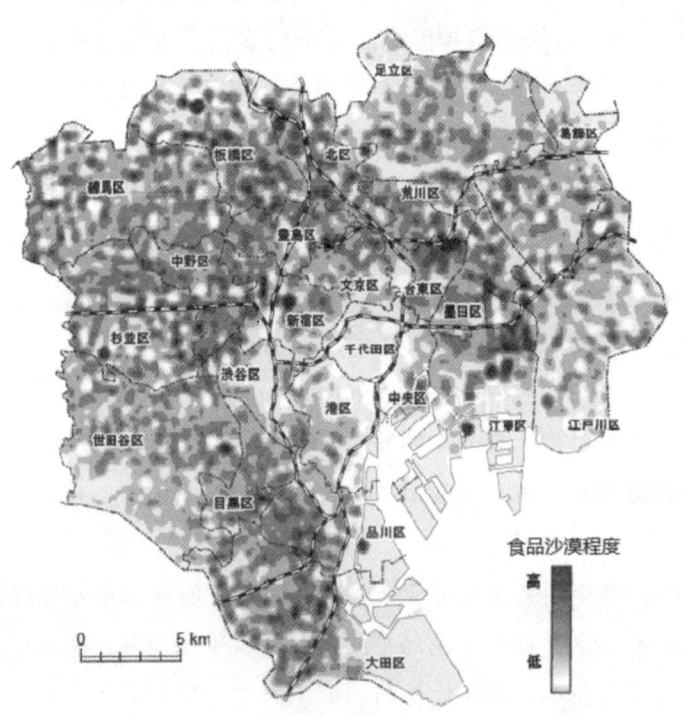

图 4-1　东京都 23 区"食品沙漠"分布状况示意图

来源：岩间信之编. フードデザート問題-無縁社会が生む「食の砂漠」[M]. 東京：農林統計協会，2011。

（三）日本的"购物弱者"与欧美的"食品沙漠"的区别

2009年后，日本茨城基督教大学地理学教授岩间信之从地理学视角把欧美流行的"食品沙漠"的概念和分析方法引入日本国内，对以老年群体为主要对象的"购物弱者"的生活状况，以及由于生鲜食品缺失造成的营养失衡状况进行了分析。岩间信之（2013）从三个方面对日本的"食品沙漠"做出了界定：一是社会弱势群体（老年人群、低收入人群等）集中的地区；二是伴随着商业街衰退购物环境急剧恶化的地区；三是家庭、社区人际交流稀少而且缺乏生活援助的地区。只要符合其中的两项就可以将该地区判定为"食品沙漠"地区。岩间信之（2013）认为，日本"食品沙漠"问题有空间和社会两个方面的原因。空间原因是指城市中心商业街的空心化、生鲜食品零售店的减少、公共交通系统的滞后等因素导致的"生鲜食品供给体系的崩溃"。社会原因是指市中心地区少子老龄化、老年人群的低收入和贫困化、社区和家庭照料体系的弱化，形成了"社会弱者的集中居住"。当上述两个要素叠加时使社会弱者的生活环境不断恶化，并由此导致生鲜食品的购买困难以及引发潜在的健康风险。

日本的"购物弱者"问题与欧美的"食品沙漠"问题虽然存在诸多相同的地方，但也有明显的区别。

药师寺哲郎（2015）认为，欧美的"食品沙漠"问题与日本"购物弱者"问题之间存在以下三方面的区别。首先是对象不同。欧美的食品沙漠关注的主要对象是缺少汽车等交通工具的低收入阶层，而日本的"购物弱者"主要是指不会开车又体弱多病的高龄老年群体。其次是关注的焦点不同。欧美"食品沙漠"关注的是低收入者的健康问题，特别是由于营养不平衡导致的肥胖、糖尿病、心脏病等给社会医疗体系带来负担的问题。而日本的"购物弱者"更多地关注老年人饮食和精神健康等老龄化社会的普遍问题。最后是问题性质不同。"食品沙漠"在欧美主要表现为贫富差距、社会排除、种族歧视等社会问题，而日本主要是围绕老龄化下改善社区生鲜食品供应的环境问题。日本经济产业省《购物弱者及食品沙漠问题的现状和对策调查报告书》（2015）对欧美"食品沙漠"和日本"购物弱者"的研究视角和产生原因进行了比较，认为日本"食品沙漠"和"购物弱者"的主要对象是高龄老年人问题，但是在健康损害的结果上欧美和日本具有相似性（表4-3）。

表4-3 欧美的"食品沙漠"与日本的"购物弱者"研究视角的比较

	研究视角	地域	对象	产生的社会问题	形成的原因
英国	• 大型商业功能向郊外转移所产生的城市空心化，使生存于城市中心的贫困阶层只能依靠残存的杂货店、食品店购物 • 贫困阶层导致的营养不良使各种疾病的发生率上升成为社会问题 • 生鲜食品供应成为焦点	大城市中心	• 社会弱者（低收入者、低学历者、失业者、老年人群、残疾人群等）	• 健康损害（包括心血管疾病、癌症、糖尿病等疾病的增加） • 犯罪和恐怖活动的温床	• 大型店铺等商业功能向郊外转移 • 治安恶化及成本高昂使开店困难
美国	• 商业功能向郊外的转移导致城市中心食品零售业的废弃，与此同时商业空白区域快餐店的大量开业 • 营养过剩使肥胖人群大量增加，特别是儿童肥胖率的快速上升成为社会问题 • 贫富差距和种族歧视		• 社会弱者（低收入者、低学历的黑人及其他有色人种移民等）	• 人际交往和沟通的困难 • 生活困境使社会弱者聚集	• 廉价垃圾食品的泛滥 • 贫富差距及种族歧视 • 对营养和健康生活的无知
日本	• 随着老龄化的急速发展，购物弱势群体从大城市中心向郊外、中小城市和农村地区蔓延 • 不仅是购买生鲜食品问题，其背后的社会沟通和交往也成为被关注的问题	大城市中心、郊外、中小城市和农村地区	• 社会弱者（以老年人群为中心）	• 健康损害	• 大型店铺向郊外转移导致城市中心商业街的衰落 • 不同地域的原因

出处：日本经济产业省《购物弱者及食品沙漠问题的现状和对策调查报告书》（2015）。

三、我国大城市老年人的购物难问题

目前我国正处于老龄化不断加速的时期,"购物弱者"带来的一系列问题正在城市日趋显现,加强对老年人购物难问题研究,推动"购物弱者"问题的治理,是积极应对人口老龄化的一项重要工作。研究表明,目前我国城市老年人的购物难问题主要表现为以下三个方面。

(一)郊外新型社区的购物难问题

20世纪90年代以来,随着城市化的发展,人口向郊外的快速转移,一些地区生活配套设施的不完备,以及公共交通网络的滞后,形成了居民购物难问题。随着城市边缘小区不断增加,许多新的小区商业配套设施缺失,服务功能单一,居民日常生活极为不便。特别是居住的郊区化使工作和居住的距离不断拉大,尤其是居住在郊区的人们,每天往返上班地点和居住地之间,对时间和体力来说都是一种消耗,在很大程度上影响了人们的生活质量。因此居住郊区化促进了私家车的普及,在方便人们出行的同时,还改变了人们的生活方式和购物习惯,加大了社区"购物鸿沟"的出现。有车一族可以超越距离的限制到较远的生活中心、大卖场、会员店购物,在一站式购齐的同时还能享受相对低廉的价格,而居住在郊外新型小区的不会开车的中老年人、残疾人等,由于新型社区公共交通设施规划和建设的滞后,形成了为数众多的购物难群体。

(二)城市治理带来的购物难问题

进入21世纪以来,我国城市在快速发展的同时,也面临着人口膨胀加剧、地价暴涨、交通拥堵严重、空气污染恶化、市场秩序混乱等一系列严重的城市管理问题。北京市从2014年开始,启动了对临街民宅非法改造店铺的治理工作。在拆除违法建设和治理"开墙打洞"的同时,也将疏解区域性专业市场等作为"疏解整治促提升"专项行动的主要内容。从2017年开始,先被疏散的是大型批发市场,之后城区的菜市场、农副产品市场也陆续被关停。

一些与百姓生活息息相关的小商品市场、菜市场、早餐店、修理店等社区商业被大量清理搬离，老百姓的日常生活受到很大影响，其中对老年群体日常生活的影响最为突出。据统计，在"疏解整治促提升"的专项行动中，仅北京城六区在治理"开墙打洞"行动中就拆除和关停了1.56万处临街店铺，其中大部分是地处社区的杂货店、早餐店、菜店、理发店、洗染缝补店、修理店、打印照相店等与居民生活密切相关的生活服务性商业。短时间内关停大量社区生活服务网点，给社区居民，特别是老年人的生活造成了非常大的影响。

疏解整治中社区生活服务性店铺和菜市场的关停，对于不同年龄和家庭的影响差异性较大。中青年人既可以通过京东到家、每日优鲜、美团等电商平台购物，也可以通过大型商超App平台享受线上线下结合的便利化购物，还可以周末开车到郊外大型生活中心购物。疏解整治行动对于他们的家庭日常生活基本没造成太大的影响。但是，对于年老体弱、出行困难，高度依靠公共交通的老年群体，特别是生活在城市中心区、老旧厂矿宿舍区、城乡交界处社区的老年人来说，随着社区生活服务性商店的减少，特别是菜市场的关停，他们的日常生活受到了非常大的冲击。近年来，政府高度重视城市老年人的购物难问题，虽然推出了一系列促进社区便民服务业发展的政策，但由于社区商业模式、社区管理方式及老年人自身经济和心理的原因，老年群体的购物难问题并没有得到根本的解决，一些妨碍老年人购物的因素仍然困扰着他们的日常生活。

（三）食品供应不能满足需求的问题

近年来，北京市社区商业在市、区两级政府的大力扶植下，社区商业网点的密度和供应均有了较大的改观。但是社区商业发展中的一些深层次问题还有待解决，社区业态发展不平衡、发展质量不高是普遍问题，社区商业服务范围狭窄、服务水平参差不齐、规模化、专业化、连锁化的社区商业企业稀少，优质服务企业较少，居民需求得不到满足。由于近几年的财政补贴的刺激，蔬菜网点开始在社区大量出现，除了大型连锁商超企业之外，邮电、农业、供销、批发市场，以及个体经营的小菜店一齐涌入社区市场，造成相当多的社区菜店数量过剩。部分社区菜店亏损运营,经济效益差,必须依靠补贴或者其他收入勉强维持。一些菜店靠极低成本、低价格扩张,店铺设施简陋,体验感差,商品不全,食品安全没有保障。这种低质量、低层次、低服务,重复建设的社区生鲜店、菜市场难以满足居民的需要,已成为影响社区商业发展的主要问题。

据首都经济贸易大学与零点有数科技公司对北京市房山区社区商业发展现状的调查表明,在1672名调查者中,43.7%的消费者对居家500米范围内生鲜食品供应不满意。受访者的不满主要集中在水果、鲜肉、水产品、加工食品、主食厨房的供应上,不满的原因主要有商品不新鲜、质量差、价格高、商品丰富度差等。调查还发现,大中型超市、社区连锁超市和便利店是消费者购买生鲜食品的主要渠道。超过60%的消费者出于食品安全的考虑,每天入口的肉蛋菜奶、加工食品、米面粮油等食品大部分在正规品牌连锁超市购买。在60岁以上老年人群中,由于出行不便的原因,不得不选择离家近的路边市场、夜市、菜市场和个体小超市购物。大多数老年人对居住地周边的便利店、"夫妻店"的商品质量、商品种类、购物环境表示不满意,老年人在购买鲜肉、水果、蔬菜、熟食等食品时不得不到距离更远的大型超市,增加了他们购物的负担。

第五章　城市老年人饮食生活状况与生鲜食品需求的研究

一、老年人生鲜食品购买难为什么会成为问题

(一) 令人担忧的老年人健康问题

我国是世界上人口老龄化速度最快的国家之一。在人口老龄化、高龄化、空巢化不断加快的同时，老年人的健康状况也不容乐观。据全国老龄委调查数据显示，在我国老年人口中，自评健康状况"好"的比例仅有32.8%，慢性疾病已成为影响我国老年人健康的首要原因。据中国疾病预防中心发表的调查数据显示，我国60岁以上老年人群中，75.8%的人被一种及以上慢性病困扰，而且一人身患多种慢性病的现象严重。在被调查的60岁及以上居民中，58.3%患有高血压，19.4%患有糖尿病，37.2患有血脂异常（王敏等，2019）。中国死因监测数据表明，慢性疾病占中国老年人群死因的91.2%，脑血管疾病、恶性肿瘤、心脏病、糖尿病、高血压等是造成60岁以上老年人群死亡的重要原因。

老年慢性疾病也可以称为生活习惯病，其主要特征为病程长、并发症多、复发率高，不仅严重影响老年人的身体健康和心理健康，而且也是社会医疗支出占比最高的疾病。国内外经验表明，随着人口老龄化的加快，医疗护理支出将急剧增大，其中老年慢性病治疗费用的快速增加是主要原因。据国务院发布的数据显示，2018年全国财政卫生支出已经达到15291亿元；2013年

至2017年全国财政医疗卫生累计支出59502亿元,年均增幅11.7%,比同期全国财政支出增幅高出2个百分点。据日本厚生省的统计,恶性肿瘤、心血管疾病、脑血管疾病、糖尿病、高血压等老年慢性病占老年人口死因的60%以上,老年人用于慢性病的治疗费用占全部医疗支出的55%,快速增长的医疗护理费用给日本财政支出带来巨大的压力。

大量研究证明,老年慢性疾病与健康饮食存在着密切的关系。据世界卫生组织估计,2018年中国60岁以上老年人死亡中,超过一半要归因于饮食风险(营养过剩或营养不良)和高血压。所谓健康饮食是指个体持续保持一种能够维系身心健康所需的以营养平衡为基础的饮食生活状态,而营养平衡的关键在于生鲜食品摄入的多样性。根据《中国居民膳食指南(2016)》,为了实现健康生活,正常人一天应该至少摄取12种食物才能保证基本的营养平衡,而这12种食物中最重要的就是生鲜食品(中国营养学会,2016)。日本老年营养专家熊谷修等人(2003)通过对老年人食品摄入多样性与高水平生活能力之间关系的实证研究证明,对肉、海产品、蛋、奶、大豆及豆制品、黄绿色蔬菜、水果、芋头类、海藻类、油脂类等10个生鲜食品群的摄入品类越多,老年人的认知能力和社会责任能力就越高。

老年人的营养平衡与其个人饮食生活能力有着密切的关系。所谓个人的饮食生活能力主要包括饮食观念与嗜好、健康信息的收集与学习、生鲜食品的挑选与烹饪、营养的搭配与分享等,涉及个体购物、做饭、吃饭、学习、运动、生活趣味和人际交往等诸多方面。因此,可以说老年人饮食生活能力与生鲜食品购买环境有着密切关系,生鲜食品购买困难将对老年人的身心健康产生直接的影响。

(二)加大了老年人的健康风险

诸多研究表明,生鲜食品购物困难与老年人的健康存在直接的关系。药师寺哲郎(2014)的调查结果表明,生鲜食品购物难和孤独吃饭给高龄老年人的健康带来不利的影响。由于生鲜食品购物难,导致老年人过度依靠加工食品和外卖盒饭,结果使营养摄入不平衡,极易形成健康风险。岩间信之(2013)对东京社区老年人购物状况与健康之间关系的相关调查结果表明,购物难和低营养之间存在明显的关联关系。日常生活中购买频度高或者有人帮助购物的老年人群营养失衡的风险相对较低；相反，活动能力有限，或者不会做饭的男性老年人营养失衡的风险最高。岩间信之（2013）对日本茨城县水户市的调查表明，没有私家车的老年夫妇中，营养失衡比例高达60%以上，这主要是由于缺少对鱼、肉、水果、黄绿蔬菜等多样性的生鲜食品的摄取。

（三）加大了老年人的心理和精神风险

购物和到医院看病是维系老年人健康及生命的"两个轮子"，购物的减少将导致老年人的自我封闭和生活意愿的丧失。村山洋史（2011）的调查结果表明，65—75岁老年人外出的第一目的是购物，如果外出购物频率大幅减少，极易使老年人产生自我封闭和生活意愿的丧失。岩间信之（2013）指出，外出购物、亲自挑选食材、亲自动手做饭是解决老年人健康饮食和精神健康的根本所在。确保老年人方便地购买到生鲜食品将有助于其定期出行和与他人保持社交联系，从而对老年人的精神健康产生积极的影响。日本营养学家熊谷修（2007）提出，老年人购物问题与维持老年人较高生活能力之间存在双向的循环关系。生鲜食品购买环境的改善不仅可以提高老年人摄取食物的多样性，而且在延迟老年人的老化，维持较高的生活能力，在提高老年人的独立生活能力方面也能发挥重要的作用。

（四）加大了老年人的出行风险

购物距离远增加了老年人跌倒和发生交通事故的风险。据调查，公共交通网的不完备，以及路面交通秩序的混乱，是老年人外出购物面临的主要问题。杉田聪（2008）在对日本交通事故综合分析中心的数据进行分析后提出，日本徒步、骑自行车遭遇交通事故死亡的老年人每年达到2560人左右，伤者更是高达每年5万人以上，其中大多数事故发生在老年人外出购物途中。老年人认知能力、判断能力、反应能力的下降，以及商店距离远、购物时间长是导致老年人外出容易跌倒和发生交通事故的主要原因。

二、北京市老年人饮食生活状况与生鲜食品需求的调查

(一) 调查目的

我国已经进入老龄化社会，目前大多数老年人的社区购物环境令人担忧。这主要表现为老年人居住的社区购物不方便，离菜市场、大型生活超市距离太远。另外，社区便利店或小超市不能很好地满足日常生鲜食品供应，价格贵、鲜度差、没有安全保障是普遍的问题。老年人随着年龄的增大和身体衰弱，出行半径不断减小，购买生活必需品逐渐成为一件困难的事情。调查表明，65 岁以上老年人外出购物最大的出行半径在 500 米范围之内，往返行走时间在 20 分钟左右。但是据 2017 年零点有数科技公司对居住在北京市东部地区的 9520 人的抽样调查结果表明，北京东部地区消费者购买生鲜食品的出行半径为 794.6 米，其中 50 岁以上中老年人群的出行半径为 901.9 米，老年人的购物问题非常突出。

在此背景下，本次调查试图采用问卷调查法、消费者访谈等研究方法获取一手质性资料，分析以北京市为代表的大城市中老年人饮食生活状况和购买生鲜食品的难点和需求，深入考察影响生鲜食品购买的主要促进和抑制因素，并通过分析社区商业中生鲜食品的供给状况，发现目前社区商业中存在的问题。

(二) 调查方案设计

1. 抽样方法与样本收集方式

本次调查面向北京市国资委某局离退休人员，共发放调查问卷 500 份，收回问卷 460 份，其中有效问卷为 438 份。

2. 数据处理及统计分析方法

本次研究数据统计采用 SPSS 25.0 软件进行分析。

针对不同年龄、性别和收入段上的数据差异分析采用卡方检验，显著性

采用 abc 标注方式。

针对健康度与购物不便程度、饮食重视度与健康度的组间差异分析采用 ANOVA 分析。

本研究数据处理精确至 0.1，故会产生百分比加总不足 100% 或略超过 100% 的情况。

(三) 调查结果分析

1. 调查对象的人口学特征

此次调查中，65 岁以上受访者占比最高，为 70.8%；60—65 岁的受访者占比为 23.4%；不到 60 岁的受访者占比为 5.7%（图 5-1）。

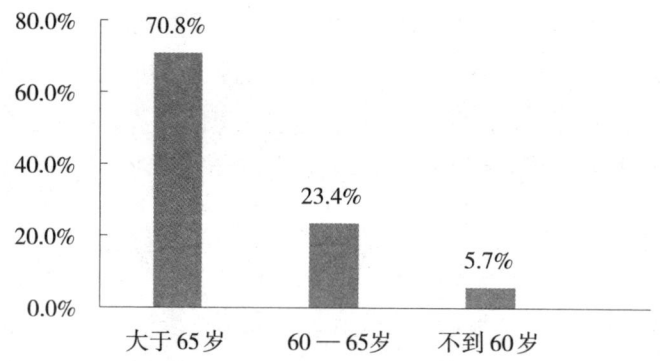

图 5-1　受访者年龄分布（N=435）

此次调查中，女性比例为 47.3%；男性比例为 52.7%（图 5-2）。

(1) 调查对象的居住状况

此次调查中，"仅与伴侣同住"的比例最高，为 46.6%；其次是"与子女同住"，比例为 33.3%；独自居住与住养老机构或养老社区的比例分别是 19.6% 和 0.5%（图 5-3）。可以注意到，老年人结伴或独自居住的比例高达 66.2%，也就是通常所说的空巢老人群体。

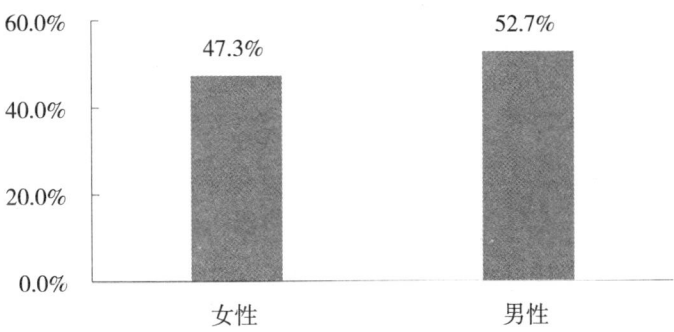

图 5-2 受访者性别分布（N=438）

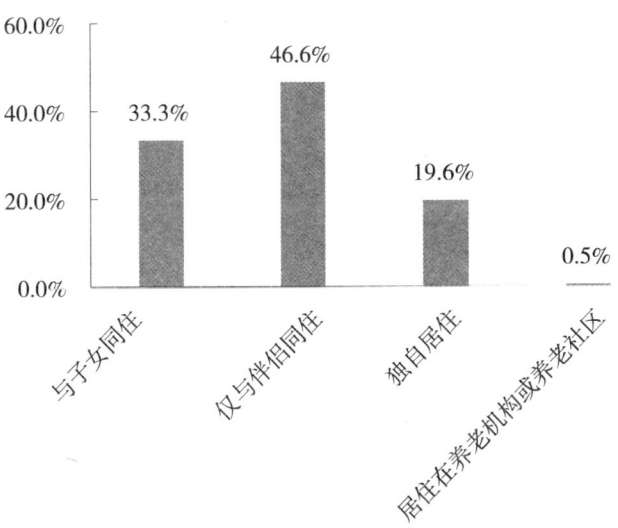

图 5-3 受访者居住状况分布（N=438）

（2）调查对象的收入情况

此次调查中，个人月收入在 7000—9999 元的比例最高，为 41.1%；其次是不到 6000 元，比例为 40.0%；10000 元及以上的比例为 18.9%。

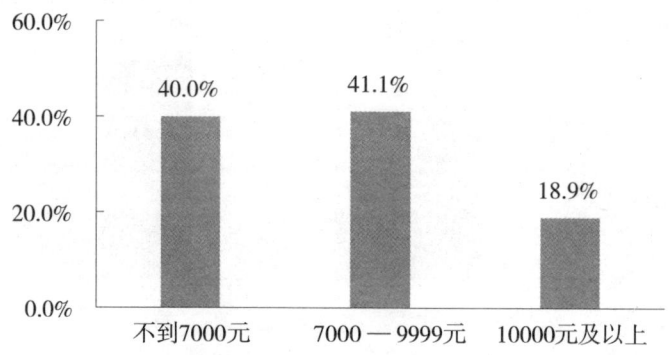

图 5-4　受访者个人收入情况分布（N=438）

2. 老年人的健康与饮食现状

（1）老年人的健康状况

此次调查中，有 29.5% 的受访者评价自己身体 "健康状况良好"，另外有 49.1% 的受访者表示 "有些健康问题"，超过两成的受访者表示健康状况不佳（有较为严重的健康问题，健康状况不好或健康状况差）（图 5-5）。

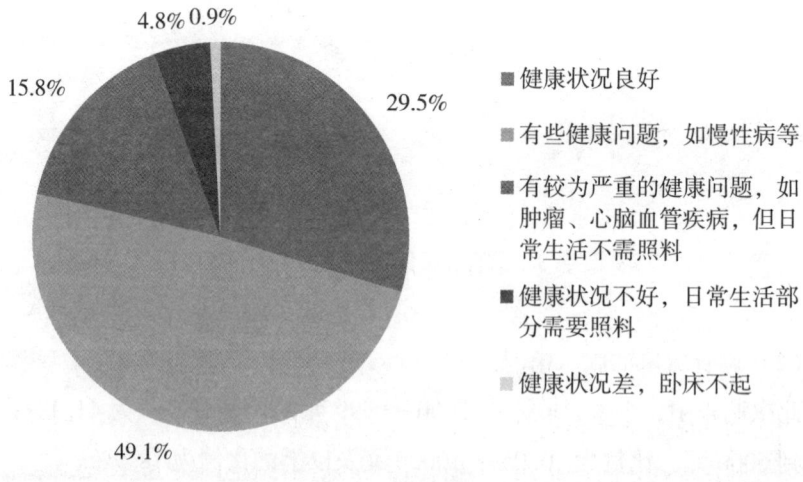

图 5-5　受访者身体健康状况（N=438）

从年龄差异角度来看，65 岁以下群体身体"健康状况良好"的比例均高于 65 岁以上的比例，显示出年龄越大健康比例越低的趋势（表 5-1）；从性别差异角度来看，男性自评"健康状况良好"的比例（27.7%）低于女性（31.4%）（表 5-2）；从收入差异角度看，个人收入越高，身体"健康状况良好"的比例越高的趋势明显，个人收入 10000 元及以上的比例（41.0%）高于收入不到 7000 元（26.3%）的受访者（表 5-3）；从居住状况差异来看，与子女同住的老人"健康状况良好"的比例更高（表 5-4）。

表 5-1　　　　　　　受访者身体健康状况年龄差异（N=435）

年龄段 健康状况	大于 65 岁（a）		60—65 岁（b）		不到 60 岁（c）	
	频数	占比	频数	占比	频数	占比
健康状况良好	72	23.4%	44	43.1%	13	52.0%
有些健康问题，如慢性病等	157	51.0%	49	48.0%	7	28.0%
有较为严重的健康问题，如肿瘤、心脑血管疾病，但日常生活不需照料	57	18.5%	7	6.9%	5	20.0%
健康状况不好，日常生活部分需要照料	20	6.5%	1	1.0%	0	0.0%
健康状况差，卧床不起	2	0.6	1	1.0%	0	0.0%
总计	308	100.0%	102	100.0%	25	100.0%

表 5-2　　　　　　　受访者身体健康状况性别差异（N=438）

性别 健康状况	女性（a）		男性（b）	
	频数	占比	频数	占比
健康状况良好	65	31.4%	64	27.7%
有些健康问题，如慢性病等	90	43.5%	125	54.1%
有较为严重的健康问题，如肿瘤、心脑血管疾病，但日常生活不需照料	35	16.9%	34	14.7%
健康状况不好，日常生活部分需要照料	13	6.3%	8	3.5%

续表

性别 健康状况	女性（a）		男性（b）	
	频数	占比	频数	占比
健康状况差，卧床不起	4	1.9%	0	0.0%
总计	207	100.0%	231	100.0%

表5-3　　受访者身体健康状况个人收入差异（N=438）

收入段 健康状况	10000元及以上（a）		7000—9999元（b）		不到7000元（c）	
	频数	占比	频数	占比	频数	占比
健康状况良好	34	41.0%	49	27.2%	46	26.3%
有些健康问题，如慢性病等	36	43.4%	100	55.6%	79	45.1%
有较为严重的健康问题，如肿瘤、心脑血管疾病，但日常生活不需照料	13	15.7%	22	12.2%	34	19.4%
健康状况不好，日常生活部分需要照料	0	0.0%	9	5.0%	12	6.9%
健康状况差，卧床不起	0	0.0%	0	0.0%	4	2.3%
总计	83	100.0%	180	100.0%	175	100.0%

表5-4　　受访者身体健康状况居住类型差异（N=436）

居住类型 健康状况	与子女同住（a）		空巢（b）	
	频数	占比	频数	占比
健康状况良好	51	34.9%	78	26.9%
有些健康问题，如慢性病等	73	50.0%	142	49.0%
有较为严重的健康问题，如肿瘤、心脑血管疾病，但日常生活不需照料	18	12.3%	50	17.2%
健康状况不好，日常生活部分需要照料	4	2.7%	16	5.5%
健康状况差，卧床不起	0	0.0%	4	1.4%
总计	146	100.0%	290	100.0%

此次调查中，有6.2%的受访者表示"觉得非常健康"，另外有53.9%的受访者表示"觉得比较健康"，四成的受访者觉得自己的健康状况不佳（觉得身体不太健康，觉得不健康）（图5-6）。

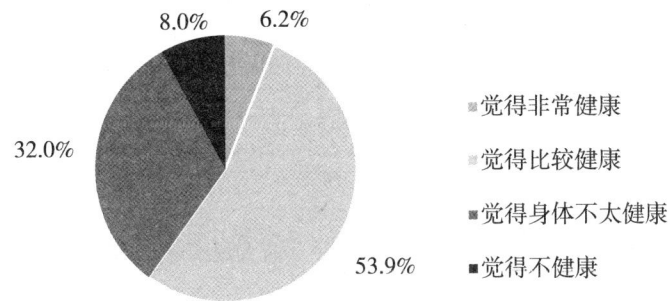

图 5-6　受访者自己感知整体健康状况（N=438）

从年龄差异角度来看，65岁以下群体"觉得非常健康"的比例均高于65岁以上的比例，显示出年龄越大觉得自己健康的比例越低的趋势（表5-5）；从性别差异角度来看，女性"觉得不健康"的比例（11.6%）显著高于男性（4.8%）（表5-6）；从收入差异角度来看，显示出个人收入越低"觉得不健康"的比例越高的趋势，个人收入10000元及以上的比例（4.8%）明显低于收入不到7000元（10.9%）的受访者（表5-7）；从居住状况来看，与子女同住的受访者觉得自己健康的比例更高（表5-8）。

表 5-5　受访者自己感知整体健康状况年龄差异（N=435）

年龄段 感知类别	大于65岁（a）		60—65岁（b）		不到60岁（c）	
	频数	占比	频数	占比	频数	占比
觉得非常健康	13	4.2%	10	9.8%	4	16.0%
觉得比较健康	157	51.0%	62	60.8%	16	64.0%
觉得身体不太健康	110	35.7%	24	23.5%	4	16.0%
觉得不健康	28	9.1%	6	5.9%	1	4.0%
总计	308	100.0%	102	100.0%	25	100.0%

表 5-6 　　受访者自己感知整体健康状况性别差异（N=438）

感知类别 \ 性别	女性（a）		男性（b）	
	频数	占比	频数	占比
觉得非常健康	15	7.2%	12	5.2%
觉得比较健康	102	49.3%	134	58.0%
觉得身体不太健康	66	31.9%	74	32.0%
觉得不健康	24	11.6%	11	4.8%
总计	207	100.0%	231	100.0%

表 5-7 　　受访者自己感知整体健康状况个人收入差异（N=438）

感知类别 \ 收入段	10000元及以上（a）		7000—9999元（b）		不到7000元（c）	
	频数	占比	频数	占比	频数	占比
觉得非常健康	9	10.8%	9	5.0%	9	5.1%
觉得比较健康	50	60.2%	101	56.1%	85	48.6%
觉得身体不太健康	20	24.1%	58	32.2%	62	35.4%
觉得不健康	4	4.8%	12	6.7%	19	10.9%
总计	83	100.0%	180	100.0%	175	100.0%

表 5-8 　　受访者自己感知整体健康状况居住类型差异（N=436）

感知类别 \ 居住类型	与子女同住（a）		空巢（b）	
	频数	占比	频数	占比
觉得非常健康	10	6.8%	17	5.9%
觉得比较健康	80	54.8%	156	53.8%
觉得身体不太健康	44	30.1%	95	32.8%
觉得不健康	12	8.2%	22	7.6%
总计	146	100.0%	290	100.0%

(2) 老年人饮食情况

① 老人晚饭准备情况

此次调查中，老人准备晚饭最常用的方式是"用生鲜食品（肉、蛋、菜做晚饭",占比达到61.2%,远高于其他方式(图5-7),其中与子女同住的老人比空巢家庭用生鲜食品做晚饭的比例更高(表5-9)。有超过半数的受访者表示准备晚饭的时间需要超过半个小时(图5-8),夫妻二人一起吃晚饭的比例最高,达52.1%(图5-9)。单独一个人吃晚饭,并且准备晚饭超过半小时的比例最低,与儿子(女儿)全家人一起吃晚饭的受访者中,有73.8%的受访者准备晚饭需要超过半小时(表5-10)。

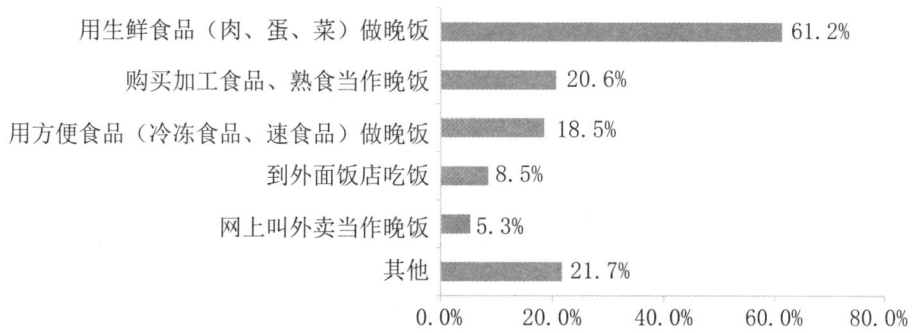

图5-7 受访者最近三个月晚饭准备状况(N=433)

表5-9 受访者最近三个月晚饭准备状况居住类型差异(N=431)

晚饭准备状况\居住类型	与子女同住(a)		空巢(b)	
	频数	占比	频数	占比
用生鲜食品(肉、蛋、菜)做晚饭	94	64.4%	171	60.0%
用方便食品(冷冻食品、速食品)做晚饭	29	19.9%	51	17.9%
购买加工食品、熟食当作晚饭	33	22.6%	55	19.3%
网上叫外卖当作晚饭	7	4.8%	16	5.6%
到外面饭店吃饭	10	6.8%	27	9.5%
其他	28	19.2%	65	22.8%
总计	146	100.0%	285	100.0%

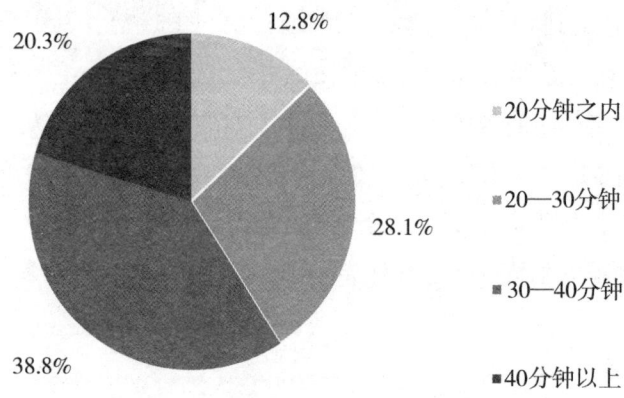

图 5-8　受访者最近三个月晚饭准备时间状况（N=438）

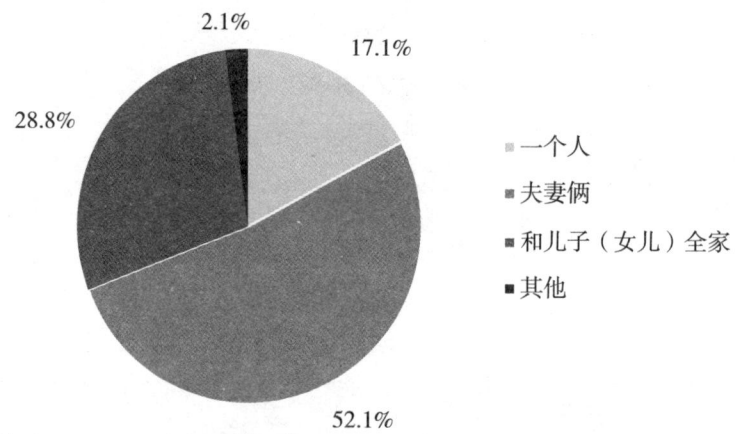

图 5-9　受访者最近三个月晚饭进餐伴侣状况（N=438）

表 5-10　受访者最近三个月晚饭准备时间与进餐伴侣差异（N=429）

进餐伴侣 晚饭准备时间	一个人（a）		夫妻俩（b）		和儿子（女儿）全家（c）	
	频数	占比	频数	占比	频数	占比
20 分钟之内	13	17.3%	33	14.5%	7	5.6%
20—30 分钟	24	32.0%	71	31.1%	26	20.6%
30—40 分钟	29	38.7%	81	35.5%	58	46.0%
40 分钟以上	9	12.0%	43	18.9%	35	27.8%
总计	75	100.0%	228	100.0%	126	100.0%

② 老人健康饮食重视程度

此次受访者普遍对健康饮食问题重视不足，有75.1%的受访者表示对自己健康饮食问题"不太重视"，另外有11.4%的受访者表示自己平时"不重视"健康饮食问题（图5-10）。

从年龄差异角度来看，年龄越大表示"不重视"健康饮食的比例相对越低（表5-11）；从性别差异角度来看，女性表示"不重视"的比例（16.4%）高于男性（6.9%）（表5-12）；从收入角度来看，个人月收入在7000—9999元的受访者对健康饮食的重视程度最差（表5-13）；从居住类型来看，与子女同住和空巢家庭对饮食重视程度差异不大（表5-14）。

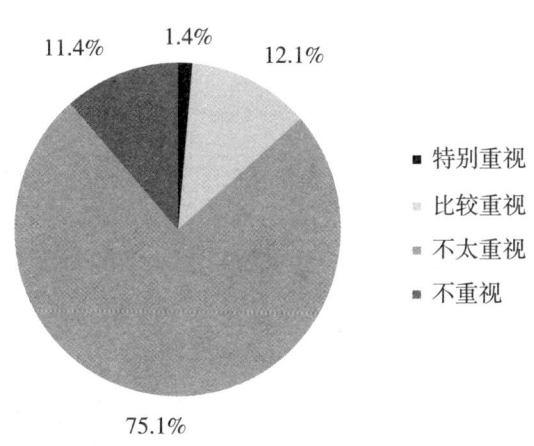

图 5-10　受访者对健康饮食注重情况（N=438）

表 5-11　　　受访者对健康饮食注重情况年龄差异（N=435）

年龄段 重视程度	大于65岁（a）		60—65岁（b）		不到60岁（c）	
	频数	占比	频数	占比	频数	占比
特别重视	4	1.3%	2	2.0%	0	0.0%
比较重视	36	11.7%	12	11.8%	4	16.0%
不太重视	235	76.3%	75	73.5%	17	68.0%
不重视	33	10.7%	13	12.7%	4	16.0%
总计	308	100.0%	102	100.0%	25	100.0%

表 5-12　　受访者对健康饮食注重情况性别差异（N=438）

性别 重视程度	女性（a）		男性（b）	
	频数	占比	频数	占比
特别重视	3	1.4%	3	1.3%
比较重视	25	12.1%	28	12.1%
不太重视	145	70.0%	184	79.7%
不重视	34	16.4%	16	6.9%
总计	207	100.0%	231	100.0%

表 5-13　　受访者对健康饮食注重情况个人收入差异（N=438）

收入段 重视程度	10000元及以上（a）		7000—9999元（b）		不到7000元（c）	
	频数	占比	频数	占比	频数	占比
特别重视	0	0.0%	2	1.1%	4	2.3%
比较重视	5	6.0%	23	12.8%	25	14.3%
不太重视	69	83.1%	140	77.8%	120	68.6%
不重视	9	10.8%	15	8.3%	26	14.9%
总计	83	100.0%	180	100.0%	175	100.0%

表 5-14　　受访者对健康饮食注重情况居住类型差异（N=436）

居住类型 重视程度	与子女同住（a）		空巢（b）	
	频数	占比	频数	占比
特别重视	2	1.4%	4	1.4%
比较重视	18	12.3%	35	12.1%
不太重视	108	74.0%	219	75.5%
不重视	18	12.3%	32	11.0%
总计	146	100.0%	290	100.0%

3. 老年人生鲜食品购买状况

受访老人购买食品的频次较高，有29.2%的受访者几乎每天都会去购买，另外有34.0%的受访者表示两天购买1次，二者加总比例为63.2%；表示

3—4天购买1次的受访者比例也占四分之一（图5-11）；与子女同住的老人购买频次会高一些，但空巢群体购买生鲜等于或超过两天1次的比例也超过六成（表5-15）。

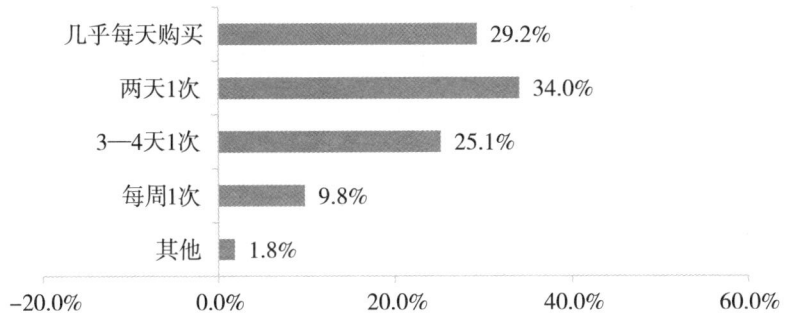

图5-11 受访者平均每周要购买食品频次（N=438）

表5-15 受访者平均每周要购买食品频次居住类型差异（N=436）

居住类型 购物频次	与子女同住（a）		空巢（b）	
	频数	占比	频数	占比
几乎每天购买	52	35.6%	75	25.9%
两天1次	45	30.8%	104	35.9%
3—4天1次	32	21.9%	78	26.9%
每周1次	14	9.6%	28	9.7%
其他	3	2.1%	5	1.7%
总计	146	100.0%	290	100.0%

受访老人去超市或菜市场多数以走路为主，占比为53.9%；然后是乘坐"公交车或出租车"，占比为17.6%；接下来是骑"自行车"，占比为15.8%（图5-12）。从居住类型差异来说，空巢家庭采用"公交车或出租车"的比例比与子女同住家庭高（表5-16）。

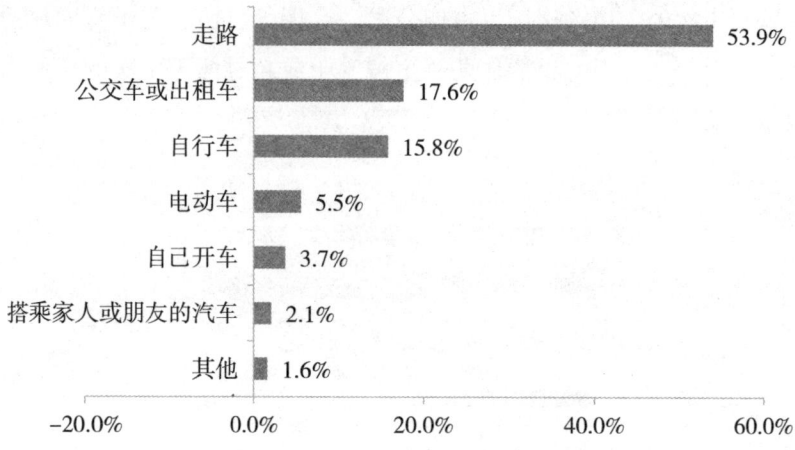

图 5-12 受访者去超市或菜市场购买食品方式情况（N=438）

表 5-16 受访者去超市或菜市场购买食品方式居住类型差异（N=436）

居住类型 购物方式	与子女同住（a）		空巢（b）	
	频数	占比	频数	占比
走路	86	58.9%	149	51.4%
自行车	25	17.1%	43	14.8%
电动车	6	4.1%	18	6.2%
自己开车	6	4.1%	10	3.4%
搭乘家人或朋友的汽车	2	1.4%	7	2.4%
公交车或出租车	20	13.7%	57	19.7%
其他	1	0.7%	6	2.1%
总计	146	100.0%	290	100.0%

受访老人去超市或菜市场多数花费时间在20分钟以内，花费10分钟以内的占比为27.2%；另外有25.6%的受访老人花费时间为10—15分钟；花费时间为15—20分钟的占比为20.3%；花费时间超过30分钟的仅为13.5%（图5-13）。

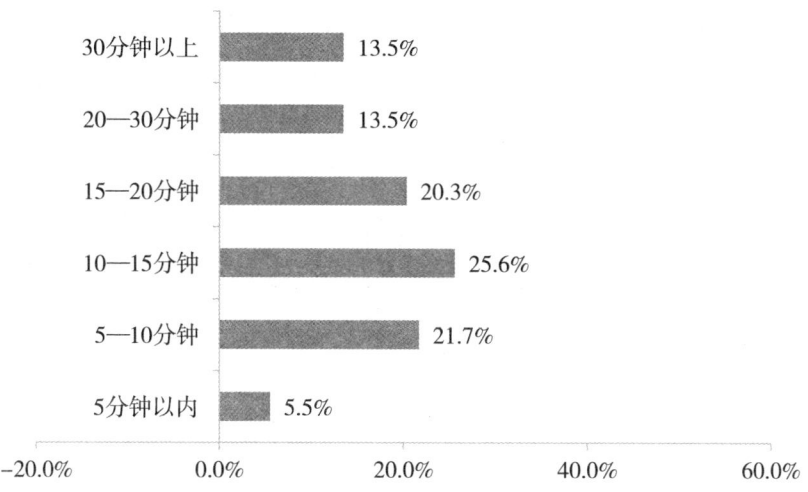

图 5-13 受访者到达超市与菜市场所需时间（N=438）

受访老人体验过"网上商店购物"的比例较高，达到46.2%；另外在"小区临时菜市场"购物过的比例也达到36.2%（图5-14）；从居住类型差异来说，与子女同住的家庭最近3个月尝试过"网上商店购物"的比例更高（表5-18）。

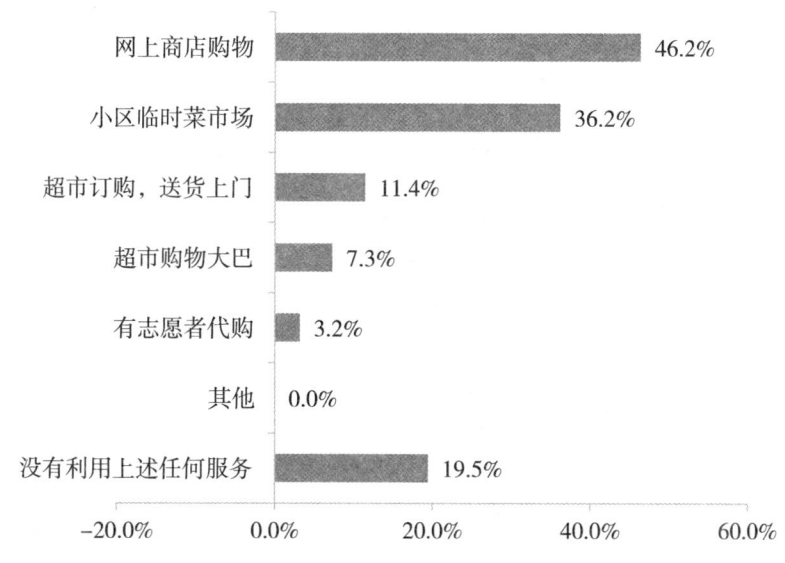

图 5-14 受访者最近三个月用过的购物服务（N=438）

表 5-17 受访者最近三个月用过的购物服务居住类型差异（N=435）

居住类型 购物服务类别	与子女同住 (a)		空巢 (b)	
	频数	占比	频数	占比
网上商店购物	72	49.3%	129	44.6%
超市订购，送货上门	17	11.6%	33	11.4%
小区临时菜市场	55	37.7%	103	35.6%
超市购物大巴	10	6.8%	22	7.6%
有志愿者代购	4	2.7%	9	3.1%
没有利用上述任何服务	26	17.8%	59	20.4%
其他	0	0.0%	0	0.0%
总计	146	100.0%	289	100.0%

"海报"宣传是受访老人最希望了解购物信息的方式，占比为28.9%；然后是"社区公告栏"和"邮寄到家的商品信息及优惠信息"，占比分别为18.8%和18.4%（图5-15）。

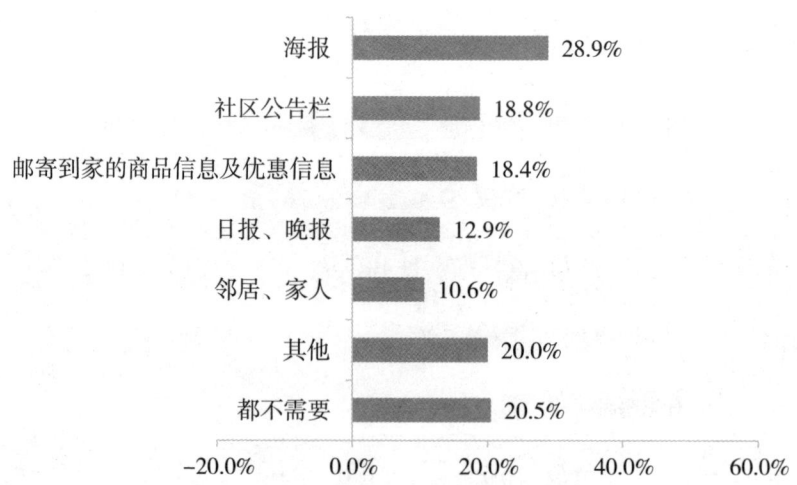

图 5-15 受访者希望如何了解购物信息（N=438）

4. 老年人生鲜食品购物难点

受访老人中最近一年感到购物不便和烦恼的比例在42.7%（感到有点不

便和烦恼与感到特别不便和烦恼比例之和)。"一点没有感到不便和烦恼"的比例为14.2%,"没怎么感到不便和烦恼"的比例为43.2%,两者加总比例为57.4%(图5-16)。

从群体差异角度来看,年龄越大感到不便的比例越高(表5-18);女性比男性感受到不便的比例更高(表5-19);收入越低感受到不便的比例越高(表5-20);空巢家庭感受到不便和烦恼的比例更高(表5-21)。

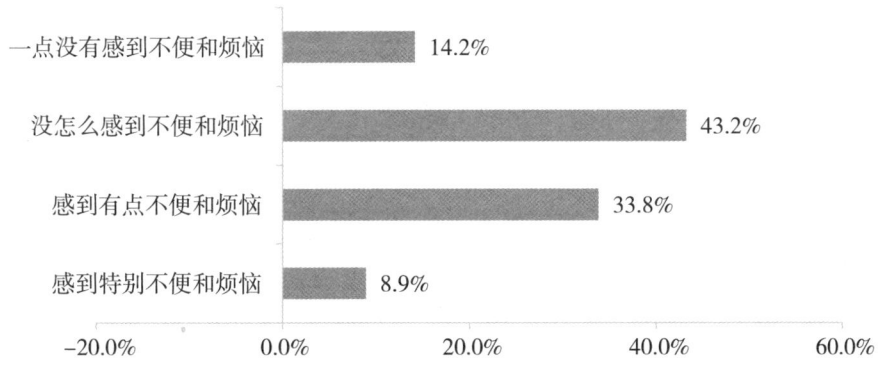

图5-16 受访者最近一年感到购物不便和烦恼的比例(N=438)

表5-18 受访者最近一年感到购物不便和烦恼年龄差异(N=435)

年龄段 不便程度	大于65岁(a)		60—65岁(b)		不到60岁(c)	
	频数	占比	频数	占比	频数	占比
感到特别不便和烦恼	31	10.1%	5	4.9%	2	8.0%
感到有点不便和烦恼	110	35.7%	31	30.4%	6	24.0%
没怎么感到不便和烦恼	122	39.6%	51	50.0%	15	60.0%
一点没有感到不便和烦恼	45	14.6%	15	14.7%	2	8.0%
总计	308	100.0%	102	100.0%	25	100.0%

表 5-19　受访者最近一年感到购物不便和烦恼性别差异（N=438）

性别 不便程度	女性（a）		男性（b）	
	频数	占比	频数	占比
感到特别不便和烦恼	25	12.1%	14	6.1%
感到有点不便和烦恼	74	35.7%	74	32.0%
没怎么感到不便和烦恼	83	40.1%	106	45.9%
一点没有感到不便和烦恼	25	12.1%	37	16.0%
总计	207	100.0%	231	100.0%

表 5-20　受访者最近一年感到购物不便和烦恼个人收入差异（N=438）

收入段 不便程度	10000元及以上（a）		7000—9999元（b）		不到7000元（c）	
	频数	占比	频数	占比	频数	占比
感到特别不便和烦恼	5	6.0%	18	10.0%	16	9.1%
感到有点不便和烦恼	20	24.1%	56	31.1%	72	41.1%
没怎么感到不便和烦恼	41	49.4%	83	46.1%	65	37.1%
一点没有感到不便和烦恼	17	20.5%	23	12.8%	22	12.6%
总计	83	100.0%	180	100.0%	175	100.0%

表 5-21　受访者最近一年感到购物不便和烦恼居住类型差异（N=436）

居住类型 不便程度	与子女同住（a）		空巢（b）	
	频数	占比	频数	占比
感到特别不便和烦恼	10	6.8%	29	10.0%
感到有点不便和烦恼	45	30.8%	101	34.8%
没怎么感到不便和烦恼	72	49.3%	117	40.3%
一点没有感到不便和烦恼	19	13.0%	43	14.8%
总计	146	100.0%	290	100.0%

从个人角度来看，最大的困难是"提重物感到吃力"，占比为45.5%；其次是"不太会使用网络支付，如支付宝、微信"，占比为28.3%；最后是"上下楼不方便"，占比为24.8%（图5-17）。

第五章 城市老年人饮食生活状况与生鲜食品需求的研究

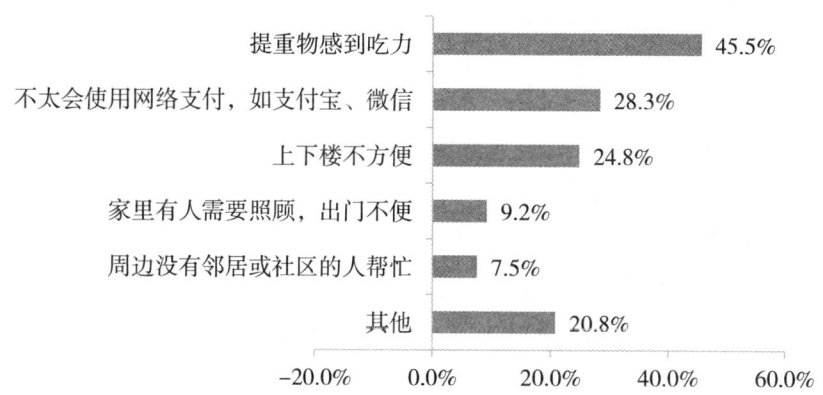

图 5-17 受访者感到购物不便或烦恼的个人原因（N=424）

从群体的差异来看，年龄越大，感受"提重物感到吃力"和"不太会使用网络支付，如支付宝、微信"的比例越高（表5-22）；女性感受"提重物感到吃力"的比例显著高于男性（$p<0.05$）（表5-23）；较低收入者感受到"上下楼不方便"的比例更高（表5-24）；从居住类型来看，空巢家庭认为"上下楼不方便""提重物感到吃力"的比例都高于与子女同住家庭（表5-25）。

表 5-22 受访者感到购物不便或烦恼的个人原因年龄差异（N=421）

年龄段 不便类型	大于65岁（a）		60—65岁（b）		不到60岁（c）	
	频数	占比	频数	占比	频数	占比
上下楼不方便	82	27.2%	18	18.9%	4	16.0%
提重物感到吃力	137	45.5%	42	44.2%	12	48.0%
周边没有邻居或社区的人帮忙	18	6.0%	12	12.6%	1	4.0%
家里有人需要照顾，出门不便	31	10.3%	6	6.3%	2	8.0%
不太会使用网络支付，如支付宝、微信	94	31.2%	19	20.0%	5	20.0%
其他	52	17.3%	30	31.6%	6	24.0%
总计	301	100.0%	95	100.0%	25	100.0%

表 5-23 受访者感到购物不便或烦恼的个人原因性别差异（N=424）

性别 不便类型	女性（a）		男性（b）	
	频数	占比	频数	占比
上下楼不方便	47	23.4%	58	26.0%
提重物感到吃力	109	54.2%	84	37.7%
周边没有邻居或社区的人帮忙	14	7.0%	18	8.1%
家里有人需要照顾，出门不便	18	9.0%	21	9.4%
不太会使用网络支付，如支付宝、微信	44	21.9%	76	34.1%
其他	42	20.9%	46	20.6%
总计	201	100.0%	223	100.0%

表 5-24 受访者感到购物不便或烦恼的个人原因收入差异（N=424）

收入段 不便类型	10000元及以上（a）		7000—9999元（b）		不到7000元（c）	
	频数	占比	频数	占比	频数	占比
上下楼不方便	13	16.0%	34	19.8%	58	33.9%
提重物感到吃力	30	37.0%	77	44.8%	86	50.3%
周边没有邻居或社区的人帮忙	6	7.4%	12	7.0%	14	8.2%
家里有人需要照顾，出门不便	7	8.6%	9	5.2%	23	13.5%
不太会使用网络支付，如支付宝、微信	26	32.1%	46	26.7%	48	28.1%
其他	18	22.2%	42	24.4%	28	16.4%
总计	81	100.0%	172	100.0%	171	100.0%

表 5-25 受访者感到购物不便或烦恼的个人原因居住类型差异（N=422）

居住类型 不便类型	与子女同住（a）		空巢（b）	
	频数	占比	频数	占比
上下楼不方便	29	20.4%	75	26.8%
提重物感到吃力	55	38.7%	137	48.9%
周边没有邻居或社区的人帮忙	13	9.2%	19	6.8%

续表

居住类型 不便类型	与子女同住 (a)		空巢 (b)	
	频数	占比	频数	占比
家里有人需要照顾，出门不便	12	8.5%	27	9.6%
不太会使用网络支付，如支付宝、微信	40	28.2%	80	28.6%
其他	27	19.0%	61	21.8%
总计	142	100.0%	280	100.0%

从客观原因来看，"食品价格高"是最主要原因，占比为30.4%；然后是"小区个体商店食品安全没保障，食品不新鲜"、"大型连锁超市、菜市场离家太远"和"交款等候时间长"，分别占比为25.8%、24.4%和23.2%（图5-18）。

从群体差异来看，年龄越大，个人收入越低，认为"小区个体商店食品安全没保障，食品不新鲜"的比例越高（表5-26，表5-27）；男性认为"食品价格高"的比例略高于女性（表5-28）；从居住类型差异来看，空巢家庭认为"小区个体商店食品安全没保障，食品不新鲜"的比例高于与子女同住家庭（表5-29）。

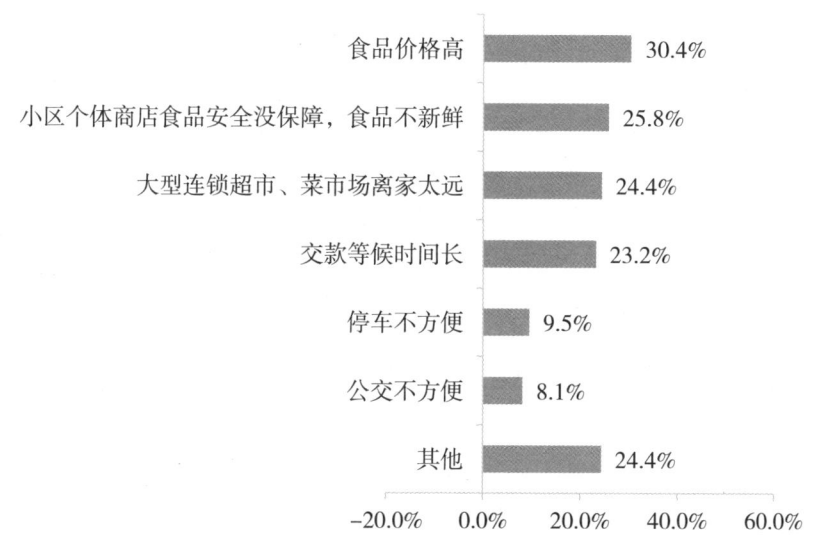

图5-18 受访者感到购物不便或烦恼的客观原因（N=431）

表 5-26 受访者感到购物不便或烦恼的客观原因年龄差异 （N=428）

年龄段 客观原因	大于65岁（a）频数	占比	60—65岁（b）频数	占比	不到60岁（c）频数	占比
食品价格高	89	29.4%	31	31.0%	9	36.0%
小区个体商店食品安全没保障，食品不新鲜	85	28.1%	20	20.0%	5	20.0%
交款等候时间长	69	22.8%	22	22.0%	8	32.0%
大型连锁超市、菜市场离家太远	72	23.8%	31	31.0%	2	8.0%
停车不方便	17	5.6%	18	18.0%	6	24.0%
公交不方便	29	9.6%	5	5.0%	0	0.0%
其他	79	26.1%	22	22.0%	4	16.0%
总计	303	100.0%	100	100.0%	25	100.0%

表 5-27 受访者感到购物不便或烦恼的客观原因收入差异 （N=431）

收入段 客观原因	10000元及以上（a）频数	占比	7000—9999元（b）频数	占比	不到7000元（c）频数	占比
食品价格高	16	19.5%	57	32.0%	58	33.9%
小区个体商店食品安全没保障，食品不新鲜	17	20.7%	45	25.3%	49	28.7%
交款等候时间长	22	26.8%	37	20.8%	41	24.0%
大型连锁超市、菜市场离家太远	23	28.0%	42	23.6%	40	23.4%
停车不方便	11	13.4%	13	7.3%	17	9.9%
公交不方便	5	6.1%	16	9.0%	14	8.2%
其他	19	23.2%	41	23.0%	45	26.3%
总计	82	100.0%	178	100.0%	171	100.0%

表 5-28 受访者感到购物不便或烦恼的客观原因性别差异（N=431）

性别 客观原因	女性（a）		男性（b）	
	频数	占比	频数	占比
食品价格高	57	27.8%	74	32.7%
小区个体商店食品安全没保障，食品不新鲜	52	25.4%	59	26.1%
交款等候时间长	44	21.5%	56	24.8%
大型连锁超市、菜市场离家太远	52	25.4%	53	23.5%
停车不方便	21	10.2%	20	8.8%
公交不方便	17	8.3%	18	8.0%
其他	51	24.9%	54	23.9%
总计	205	100.0%	226	100.0%

表 5-29 受访者感到购物不便或烦恼的客观原因居住类型差异（N=429）

居住类型 客观原因	与子女同住（a）		空巢（b）	
	频数	占比	频数	占比
食品价格高	47	32.4%	83	29.2%
小区个体商店食品安全没保障，食品不新鲜	32	22.1%	79	27.8%
交款等候时间长	31	21.4%	69	24.3%
大型连锁超市、菜市场离家太远	35	24.1%	70	24.6%
停车不方便	17	11.7%	24	8.5%
公交不方便	14	9.7%	20	7.0%
其他	31	21.4%	74	26.1%
总计	145	100.0%	284	100.0%

受访者认为个体商店最不新鲜的品类主要是"蔬菜"、"肉类、蛋类"和"加工食品，如豆腐、鱼丸、熟食"，占比分别为 42.7%、40.0% 和 37.3%（图 5-19）。

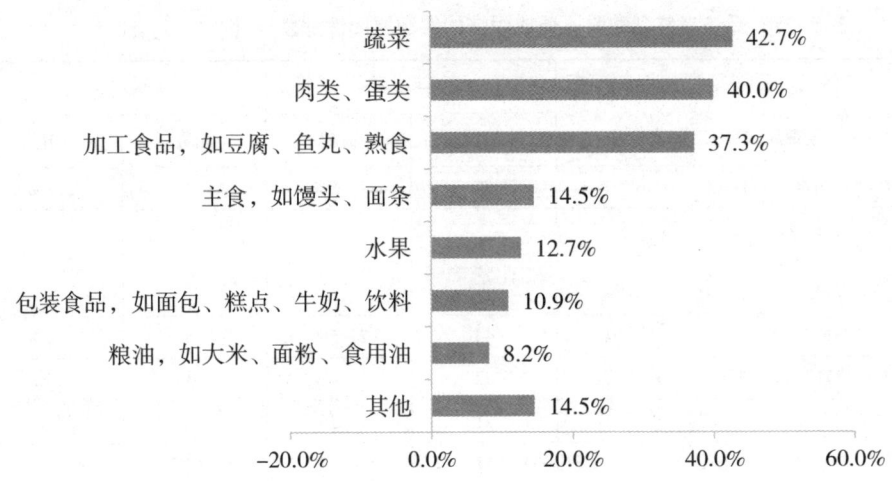

图 5-19 受访者认为小区个体商店食品不新鲜的品类分布 （N=110）

5. 老年人对购买生鲜食品的需求

受访者希望购物方面能改进的地方排第一位的是"希望附近有菜市场"，占比为 46.2%；然后是"希望在附近开设连锁超市"，占比为 45.5%；另外也有 17.5% 的受访者表示"希望超市能够送货上门"（图 5-20）。

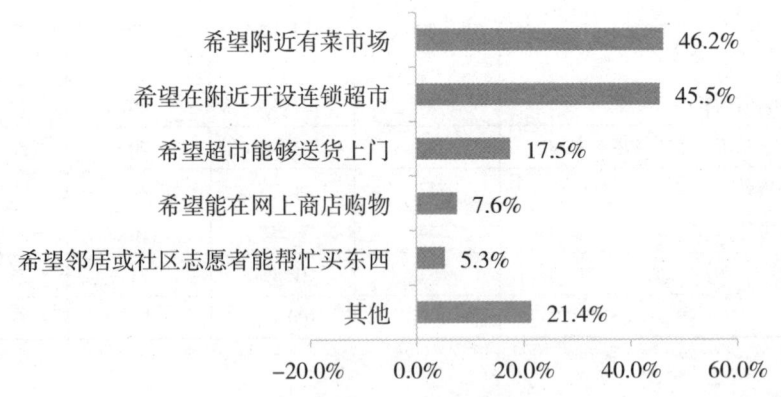

图 5-20 受访者希望购物方面能改进的地方 （N=435）

从群体差异来说，年龄越大"希望在附近开设连锁超市"的比例越高

（表 5-30）；女性"希望在附近开设连锁超市"的比例高（表 5-31）；个人收入越低"希望附近有菜市场"的比例越高（表 5-32）；从居住类型差异来看，空巢和与子女同住家庭差异不大（表 5-33）。

表 5-30　受访者希望购物方面能改进的地方年龄差异（N=432）

改进方面 \ 年龄段	大于 65 岁（a）		60—65 岁（b）		不到 60 岁（c）	
	频数	占比	频数	占比	频数	占比
希望在附近开设连锁超市	145	47.4%	44	43.6%	9	36.0%
希望附近有菜市场	134	43.8%	52	51.5%	14	56.0%
希望超市能够送货上门	53	17.3%	22	21.8%	1	4.0%
希望邻居或社区志愿者能帮忙买东西	17	5.6%	4	4.0%	2	8.0%
希望能在网上商店购物	22	7.2%	11	10.9%	0	0.0%
其他	64	20.9%	20	19.8%	7	28.0%
总计	306	100.0%	101	100.0%	25	100.0%

表 5-31　受访者希望购物方面能改进的地方性别差异（N=435）

改进方面 \ 性别	女性（a）		男性（b）	
	频数	占比	频数	占比
希望在附近开设连锁超市	106	51.2%	92	40.4%
希望附近有菜市场	100	48.3%	101	44.3%
希望超市能够送货上门	34	16.4%	42	18.4%
希望邻居或社区志愿者能帮忙买东西	11	5.3%	12	5.3%
希望能在网上商店购物	11	5.3%	22	9.6%
其他	43	20.8%	50	21.9%
总计	207	100.0%	228	100.0%

表 5-32 受访者希望购物方面能改进的地方收入差异（N=435）

收入段 改进方面	10000元及以上（a）		7000—9999元（b）		不到7000元（c）	
	频数	占比	频数	占比	频数	占比
希望在附近开设连锁超市	41	49.4%	81	45.5%	76	43.7%
希望附近有菜市场	31	37.3%	83	46.6%	87	50.0%
希望超市能够送货上门	18	21.7%	27	15.2%	31	17.8%
希望邻居或社区志愿者能帮忙买东西	1	1.2%	10	5.6%	12	6.9%
希望能在网上商店购物	9	10.8%	18	10.1%	6	3.4%
其他	14	16.9%	38	21.3%	41	23.6%
总计	83	100.0%	178	100.0%	174	100.0%

表 5-33 受访者希望购物方面能改进的地方居住类型差异（N=433）

居住类型 改进方面	与子女同住（a）		空巢（b）	
	频数	占比	频数	占比
希望在附近开设连锁超市	65	44.5%	132	46.0%
希望附近有菜市场	68	46.6%	133	46.3%
希望超市能够送货上门	27	18.5%	49	17.1%
希望邻居或社区志愿者能帮忙买东西	7	4.8%	16	5.6%
希望网上商店购物	12	8.2%	21	7.3%
其他	28	19.2%	64	22.3%
总计	146	100.0%	287	100.0%

6. 饮食环境与老年人健康的关系

通过对不同饮食重视度水平群体的健康度进行ANOVA分析，得知对饮食重视度不同水平的群体于健康度方面在"特别重视""比较重视""不太重视""不重视"四个水平上 [$F(3, 434) = 8.16$, $p = 0.000$] 有显著性差异（$p<0.05$），采用LSD事后比较分析，可知各健康饮食重视度水平在健康度方面均有显著差异（$p=0.05$）。结果显示对饮食的重视度对老人的健康水平有影响，体现在对饮食重视度高的老年群体，健康度低，感知自己不健康得分高（表5-34）。

表 5-34　　　　　　　饮食重视度与健康度 ANOVA 分析

	个案数	平均值	标准差	标准误	平均值的 95% 置信区间		最小值	最大值
					下限	上限		
特别重视	6	3.333	0.5164	0.2108	2.791	3.875	3.0	4.0
比较重视	53	2.623	0.6857	0.0942	2.434	2.812	1.0	4.0
不太重视	329	2.416	0.6895	0.0380	2.342	2.491	1.0	4.0
不重视	50	2.100	0.8631	0.1221	1.855	2.345	1.0	4.0
总计	438	2.418	0.7263	0.0347	2.350	2.486	1.0	4.0
组间	12.304	3	4.101	8.156	0.000			
组内	218.238	434	0.503					
总计	230.541	437						

通过对不同购物不便程度群体的健康度进行 ANOVA 分析，得知对购物不便程度感知不同水平的群体于健康度方面在四个水平上 [F (3, 434) = 8.27, p = 0.000] 有显著性差异（p<0.05），采用 LSD 事后比较分析，"感到特别不便和烦恼"与其他三类有显著差异。对购物不便程度感知对健康度有影响，对购物感到特别不便和烦恼的群体健康度较差，感知自己不健康的得分较高（表 5-35 和表 5-36）。

表 5-35　　　　　　　购物不便程度与健康度 ANOVA 分析 1

	个案数	平均值	标准差	标准误	平均值的下限	95%置信区间上限	最小值	最大值
感到特别不便和烦恼	39	2.821	0.9140	0.1464	2.524	3.117	1.0	
感到有点不便和烦恼	148	2.507	0.7143	0.0587	2.391	2.623	1.0	
没怎么感到不便和烦恼	189	2.349	0.6480	0.0471	2.256	2.442	1.0	
一点没有感到不便和烦恼	62	2.161	0.7287	0.0925	1.976	2.346	1.0	
总计	438	2.418	0.7263	0.0347	2.350	2.486	1.0	

续表

	平方和	自由度	均方	F	显著性
组间	12.465	3	4.155	8.269	0.000
组内	218.076	434	0.502		
总计	230.541	437			

表 5-36　购物不便程度与健康度 ANOVA 分析 2

(I) B4 最近一年，您购物是否感到不便和烦恼？		平均值差值 (I-J)	标准错误	显著性	95%置信区间	
					下限	上限
感到特别不便和烦恼	感到有点不便和烦恼	0.3138*	0.1276	0.014	0.063	0.565
	没怎么感到不便和烦恼	0.4713*	0.1247	0.000	0.226	0.716
	一点没有感到不便和烦恼	0.6592*	0.1449	0.000	0.374	0.944
感到有点不便和烦恼	感到特别不便和烦恼	-0.3138*	0.1276	0.014	-0.565	-0.063
	没怎么感到不便和烦恼	0.1576*	0.0778	0.043	0.005	0.310
	一点没有感到不便和烦恼	0.3455*	0.1072	0.001	0.135	0.556
没怎么感到不便和烦恼	感到特别不便和烦恼	-0.4713*	0.1247	0.000	-0.716	-0.226
	感到有点不便和烦恼	-0.1576*	0.0778	0.043	-0.310	-0.005
	一点没有感到不便和烦恼	0.1879	0.1037	0.071	-0.016	0.392
一点没有感到不便和烦恼	感到特别不便和烦恼	-0.6592*	0.1449	0.000	-0.944	-0.374
	感到有点不便和烦恼	-0.3455*	0.1072	0.001	-0.556	-0.135
	没怎么感到不便和烦恼	-0.1879	0.1037	0.071	-0.392	0.016

* 代表平均值差值的显著性水平为 0.05。

通过分析数据，我们得知不同饮食重视度水平的老年群体健康水平有差异，饮食重视度和购物便利程度对老年人健康有一定影响。但值得关注的是，调查结果显示对饮食重视度高的老年群体健康状况反而较差。有研究表明，对健康高度关注的老年群体，由于对不同来源的健康饮食信息理解的困扰，以及对生鲜食品营养多样性的摄入不够，反而出现健康较差的状况。关于这一点的确切的因果关系，也是后续研究中值得进一步发掘的问题。

（四）调查结论与发现

1. 老年人对健康饮食普遍不太重视

此次调查中，只有29.5%的受访者自评"健康状况良好"，其余70.5%的老年人患有一种以上的慢性疾病，其中有21.4%的老年人患有较严重的疾病。与此相关联，此次受访者中有86.5%的老年人对健康饮食不重视，其中有75.1%的受访者表示对自己健康饮食问题"不太重视"，另外有11.4%的受访者表示自己平时"不重视"健康饮食问题。尤其是个人收入相对较低的群体，对健康饮食不重视的比例更高。健康饮食意识的薄弱，给老年人的健康带来隐患，与老年人的普遍健康问题形成较强的关联关系。虽然在研究中我们发现对健康饮食重视程度高的群体健康问题反而严重，但这也许是老年人在身体健康出现问题后，亡羊补牢的一种反应，或者说当出现了健康问题之后，才开始真正重视健康饮食问题。

2. 空巢和独居老人的饮食环境令人担忧

此次调查中，有61.2%的老年人用生鲜食品准备晚饭，其中与子女同住老年人的比例最高，有超过半数的受访者表示准备晚饭的时间需要超过半个小时，可以间接说明饮食搭配比较充分。但是调查也表明，有38.8%的老年人晚饭经常吃加工食品、方便食品、网上订餐，或者到外面饭店吃饭。在调查中发现，空巢老人、独居老人晚餐准备时间短，是加工食品或方便食品的主要消费者。另外，有17.1%的老人经常一个人吃晚饭，孤独进餐和经常食用加工食品是独居老人的普遍生活方式，对老年人的身体健康和精神健康形成了较大隐患。

3. 老年人对购买生鲜食品有高度参与性

调查表明，从饮食状况和购买频次两个方面都说明老年人对生鲜食品有高度的参与性。在受访老人中，用生鲜食品做晚饭的比例高达61.2%，同时63.2%的老年人每周至少外出购买3—4次，其中有29.2%受访者每天都会去购买。在老年群体中，与子女同住的老人购买生鲜的频次方面高于空巢老人，但并未有统计学意义上的差异，空巢老人外出购买频次也相对较高。这从一个侧面说明，老年人外出购物具有社会接触性和社交性，体现了闲暇时间较多的老年群体生活方式的特征。

4. 老年人普遍面临购物难问题

调查表明，大多数老年人抵达附近菜市场或超市的时间在20分钟之内，而且有53.9%的老年人是以步行为主购物。如果以老年人步行速度在5km/h测算的话，菜市场或超市离老年人的居住地的半径距离在1km左右，老年人购买生鲜食品的距离远超过合理的半径500米左右。由于购物距离远，大多数老年人均感到提重物和上下楼的困难，特别是对于老年女性来说更是如此。由于老年人出行困难，最近几年线上生鲜食品销售平台对老年人产生了较大的吸引力，但是大多数老年人反映"不太会使用网络支付，如支付宝、微信"，其中老年男性最为突出。另外，从收入结构看，收入低于7000元的老年群体，认为"上下楼不方便"的比例虽然超过三成，远高于收入较高的群体，但对于"生鲜到家"等网购平台的期望却比较低，反而对志愿者送货上门的期待表现出较高的意愿，表现出对社区养老服务有较高的期待。

5. 老年人对改善社区购物环境有强烈要求

在谈及对购物环境的改进时，老年人呼声最大的是"希望附近有菜市场"，占比达到46.2%；其次是"希望在附近开设连锁超市"，占比达到45.5%。对于较高收入者来说，对于在附近开设连锁超市的需求更高，而低收入群体对附近有菜市场的需求比例更高。这表明，目前社区老年人反映出的生鲜食品购物难问题，并不是居住区没有购买渠道，而是对社区便利店、小菜店的蔬菜、肉类、加工食品、主食厨房食品、熟食等生鲜食品的安全性、经济性和新鲜度的不放心或不满意，这也直接造成老年人到更远的地方购物，加大了他们的购物难度。

6. 购物环境改善与健康状况存在关联关系

通过此次调研发现，饮食重视度越高的群体健康状况越差，同时购物感知越不方便的群体，健康状况越差。分析可知，对饮食的重视程度越高，老年人对日常的饮食会提出更高的要求，期望值也会越高；另外这也许是老年人在身体健康出现问题后，亡羊补牢的一种反应，或者说当出现了健康问题之后，才开始真正重视健康饮食问题，因此达到满意的概率也会越低，进而影响健康度的评分。另外研究结果表明，对购物感知越不便的老年人，由于自身身体原因对可达时间过长、拎重物不便等反映越多，这也从侧面证明这个群体的老年人健康度评分会较低。

通过上述结果我们可以建立假设，饮食重视程度和购物感知二者对于老年消费群体健康度的影响，存在调节作用，甚至是交互作用。另外，我们可以建立饮食重视程度、购物感知与健康度的模型，用数据来证实影响过程中是否存在调节作用以及交互作用。

由于此次调研涉及的范围有限，而调研结果也仅是在统计学意义上有所差异，证明了老年人饮食重视度与老年人健康度，购物便利度与老年人健康度之间有一定关系，但对具体涉及的关系强度、调节作用、交互作用与因果联系等并未做深入的探讨，因此后续应做进一步的研究。

第六章 城市老年人生鲜食品购买影响因素研究

一、问题的提出

我国是世界上老龄化速度最快的国家之一。据中国国家统计局公布的"2017年国民经济数据"显示，2017年我国60周岁以上人口达到2.3亿，占总人口的比例为16.7%，其中65周岁及以上人口为1.5亿，占总人口的比例达到10.8%。当一个国家或地区60岁及以上人口超过10%，或65岁以上人口超过7%时，就被认定为进入老龄化（赵昕东等，2017）。老龄化程度的加重以及老年慢性疾病发病率的提高，严重影响着老年人的生活质量和身心健康。然而，老年慢性疾病发病率与饮食和营养平衡存在着密切的关系（杉田聪，2008）。

我国已经进入老龄化社会，而目前大多数老年人的养老条件令人担忧。与此相伴的是严重的少子化、变小的家庭规模、不断增多的空巢家庭和单身家庭等社会现象。另外，在北京等大城市的疏解整治过程中，一些与百姓生活息息相关的菜市场、早餐店被大量拆迁搬离，切断了社区老年人便捷地获取生鲜食品的途径，高昂的租金又阻止了大型商超进入接近居民生活的区域，社区便利店或小超市并不能很好地满足日常生鲜食品供应，结果在很大程度上增加了老年人获取生鲜食品的难度。因此，城市老年人生鲜食品购物难问题已经成为我国老龄化背景下突出的民生问题。

如果老年人在就近区域无法获得健康营养的食品，就会导致他们选择一些不健康的食物替代，必然会加大健康风险。生鲜食品供应问题会造成老年人由于维生素、植物纤维和矿物质摄取的减少,而极大地提升患慢性病、心脏病、糖尿病、中风和癌症的风险。在北京、上海等特大城市中,生鲜食品购物难问题的背后涉及老年人的精神健康、身体健康等更加广泛的社会问题。老年人口比例的不断增加将会加重家庭和政府在老年人医疗健康方面的费用,对于老年人的疾病治疗和医疗护理需要花费极高的社会成本。然而,很多老年疾病的发生与生鲜食品消费紧密相关,有效地管理老年人生鲜食品购买的可达性将有助于降低整个社会的经济负担。

在此背景下,本书试图利用基于扎根理论的质性研究方法,考察在以北京为代表的大城市中影响生鲜食品到达老年人过程中的主要促进和抑制因素。扎根理论研究方法是运用系统化的程序,针对某一现象的发展归纳式地引导出扎根理论的研究方法。在本书情境中,扎根研究可以比定量研究更全面地考察影响生鲜食品可达性的制约因素及关系,能够更好地与本书想要探讨的问题相契合。基于此,本书试图利用消费者访谈法获取一手质性资料,通过扎根研究深入探讨影响我国城市老年人生鲜食品购买可达性的主要因素。

二、基于扎根理论的研究设计与方法

城市社区普遍存在的老年人生鲜食品购物难问题涉及城市食品流通系统、城市管理方式、社区养老服务体系,以及老年人消费习惯等复杂的经济、社会、心理的因素。探讨老年人购买生鲜食品难的影响因素,对改善城市社区老年人饮食环境,提高社区商业服务水平,具有较强的现实意义。

(一) 访谈地点的选择

本次调查拟调研区域位于北京市朝阳区某地,地域面积共计10平方千米,常住人口总数达8.21万人,考虑到该区域人口较为密集,估测此地区人口数量达12万人,在此基数上60岁以上老年人口约2.8万人[①]。选择该区域主要有以下原因,一是该区域内几个居住区相对集中,老年人居住人口较多,

---

① 根据2016年朝阳区常住人口密度测算,数据来源于朝阳区统计局。

同时调研区域北至通惠河、南至广渠路、东至东五环、西至东四环中路，四周主要交通干线及通惠河对区域内居民形成了天然的地理屏障，老年消费群体生鲜食品购买十分不便；二是在预调查中了解到这几个居民聚集区不仅有本地老年人还包括进京定居的外地老年人，有助于获悉更多影响因素（如经济条件、消费文化）对生鲜食品购买的影响。

为了有效筛选出访谈的具体地点，本次调查利用GIS地图标记方法，对调研区域内零售商店进行标记，获取供给端位置分布信息。根据以往研究，以500米的有效距离为半径，作为生鲜食品供应是否存在问题的判定标准。在对区域供给端的调研中，共计走访零售商店195家，包括大型卖场、超市、蔬菜店、水果店、杂货店等，每个零售商店在售的生鲜食品质量差异性较大，必须对零售商店进行筛选，选择符合要求的零售商店作为生鲜食品的供给渠道。经过严格排查和筛选，确认该区域有效的生鲜食品供给主要集中在连锁生鲜店、菜市场以及部分个体加盟小型连锁店，共计19家。接下来，利用ArcGIS软件对全部生鲜食品超市的19家门店做可达性分析，获得生鲜食品供给端区域可达程度分布（图6-1）。然后针对生鲜食品获取的单程距离大于500米的区域进行访谈。

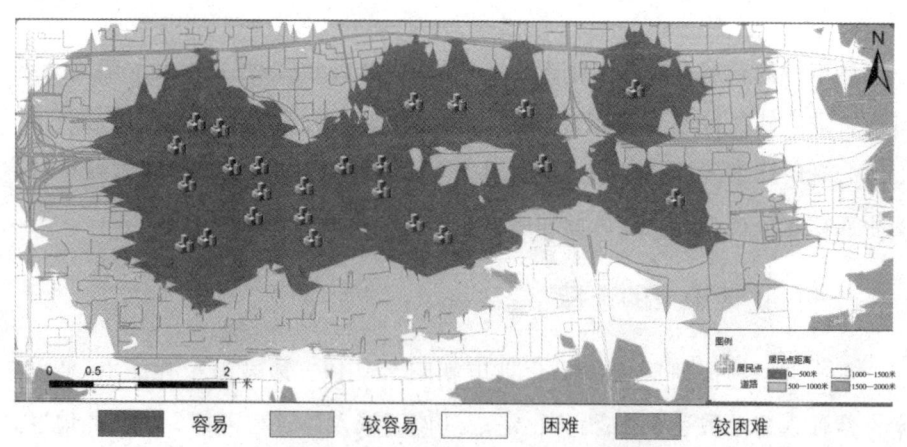

图6-1 生鲜食品供给端区域可达性分布地图

注：图例中标识为往返距离；按照访问路径的单程距离，生鲜食品的获取难易程度如下：500米以内，容易；500—1000米，较容易；1000—1500米，困难；1500—2000米，较困难。

(二) 访谈资料的收集与整理

根据图 6-1 选取了 500 米范围以外的社区居民进行了访谈。访谈社区包括金海国际家园、沿海赛洛城、百子湾家园、高碑店新村和阳光家园。访谈对象在调研区域内随机选取，但需要对受访者进行初步筛选，以确保受访者会参与家庭生鲜食品的采购以及烹饪。访谈开始前，向受访者表明身份及意图，与受访者就生鲜采购问题进行初步交流，达成访谈意向，并承诺对访谈内容及个人信息严格保密。每名受访者的访谈时间约 15 分钟，主要就访谈提纲中的 12 个问题（详见附录一）进行深入了解，涉及个人身体状况、家庭结构、经济收入、生鲜价格、消费习惯、消费偏好、交通状况、社会和政府等方面。在访谈过程中，引导受访者自由发表观点和意见。此外，要征求受访者同意对访谈内容进行录音。访谈人数共 52 人，但由于访谈过程经常受到干扰，实际有效访谈人数为 31 人。受访者的年龄在 55 岁至 82 岁，平均年龄 66.7 岁，男性 15 人。在被访对象中，21 位来自北京本地，10 位来自其他省份。本次调查使用前 25 名受访者的 608 条话语进行开放式编码，其他 6 名受访者的 150 条话语用于理论模型检验。

(三) 研究方法

1. 开放式编码

开放式编码是扎根理论的基本编码方法之一，是指在原始材料的基础上，概括其中所包含的基本概念和范畴，并用这些概念和范畴对资料加以定义和注释。逐行编码是开放式编码的基本方法，是指对原始材料的每一行内容加以定义、命名、概括和注解，在逐行编码过程中可以对原始材料进行充分的解读，获取完整的信息内容。编码规则为"2-18"表示第 2 名受访者的第 18 条话语。通过对每条话语进行贴标签和反复整理分析，最终从文本资料中抽取出影响老年人生鲜食品购买可达性的若干范畴和初始概念（表 6-1）。为了节省篇幅，每条初始概念仅展开了 3 条原始语句。

表 6-1　　　　　　　　　　　开放式编码范畴

范畴	原始话语
社区店铺缺乏	5-24 我老伴儿去买菜还挺不方便的，距离远，还要穿过马路，安全也不放心，能在社区建一个品种全一点的质量好的生鲜店，多利民。 8-25 社区的流动菜站还挺方便的，之前有，现在没有了。 16-22 小区门口卖菜的也没了，挺不方便的，之前有过移动菜站，那个挺方便的，现在不知道为啥没有了，能再办起来，对小区也挺方便的。
社区店铺规模	8-6 买东西不太方便，社区里没有成规模的超市，有零零散散的小超市，一般都是去永辉和物美买。 13-10 小区的超市规模太小了，没几种菜，菜市场的菜比较好，种类也比较多，就是不方便。 21-11 小区内的超市不行，太小了，都是私人的。
社区店铺稳定性	1-6 买生鲜食品不是很方便，以前有一些街边摊，给取消了，不让干了，小区内的小超市干不了几天就会关门。 19-25 之前小区里有比较大的超市，蔬菜什么的还挺全的，不知什么时候关闭了，如果能在小区内有一家类似于农贸市场的超市挺好的。 20-23 小区里面没有大超市，挺不方便的，听说之前有，不知道什么原因关闭了，现在要走很远的路去菜市场，路上很不安全，车辆太多了。
社区店铺信任度	11-26 这里面小超市太多了，20多个，都是私人开的，不放心质量。 16-8 小超市的东西少，也不放心，这些小超市隔一段时间换一家，担心啊，不敢买。 17-15 这小区里面也有一些小商店，但是从不敢在这里面买，就是怕不安全，超市还是比较放心点的。
社区食品种类	3-10 小区超市不行，那个刚刚开业的新发地菜篮子也没多少蔬菜，主要卖水果。 4-5 买生鲜食品特别不方便，附近小商店挺多，但是蔬菜太少，肉、鱼基本没有。 18-10 小超市规模太小，东西不全，也不是很新鲜，早上去早点儿还能买点稍微新鲜的。
社区食品价格	3-13 肯定会考虑价格问题，太贵了就不买了。 10-23 应该管控一下价格，价格太贵了，小超市价格要比永辉贵一半，我身体好，有时间，无所谓，肯定挑便宜的去买，其他身体差的肯定就不方便了，只能买贵的，近的没有便宜的。 19-13 肯定看价格啊，也不是差那点儿钱，习惯了，有便宜的还是想买便宜的。

续表

范畴	原始话语
社区食品质量	4-8 附近小商店，菜少还不新鲜，肉什么的也不敢买，大超市还是能放心点儿的。 9-10 小区的小超市不行，东西贵还不是很新鲜。 12-25 这小区的小超市的蔬菜进一批要卖好多天，卖不完赔钱，只能继续卖，质量就出现问题了，主要还是房租贵。
交通距离	7-24 永辉、物美距离这里3公里，比较远，只能坐车过去，菜市场也不是很近，自然买菜的频率就低了。 13-24 菜市场、超市太远了，来回比较费力。 24-21 都太远了，最近的菜市场也得有1公里了吧，永辉都快3公里了，虽说买的少吧，但是也想选点新鲜的蔬菜和肉，这去一趟确实很麻烦。
交通条件	6-24 社区最好能有摆渡车直接到大超市，那样就挺好的。 12-19 步行，主要是步行过去，还要穿过马路，不安全。 16-17 坐公交车的时候，等公交车时间太长了，其实也就几站地，就得等，一般都得一个半小时。
交通时间	1-19 到农贸市场大概要花20分钟，一来一回差不多1个小时，到超市太远了，来回得两个小时，实在太累人了。 2-20 去买菜一般一个来回也要花一个多小时，非常不方便。 22-20 这边这个菜市场，差不多一个来回也要50分钟吧，永辉就得两个钟头了，所以很少去买。
经营时限	16-15 菜市场的价格最便宜，但离我们最近的那个菜市场只上午开，下午的话就只能去超市买了。 19-16 农贸市场最便宜啊，相对来说也是最新鲜的，就是只能早上买，下午就关门了。 22-11 菜市场只有上午开门，下午就没法买了，要是上午有事出门，那天就没法买到新鲜蔬菜了。

续表

范畴	原始话语
个人身体条件	2-4 基本不出门，视力有问题，买菜都是女儿去。 5-9 我都是去农贸市场买，现在身体不行了，买的比较少了。 5-18 现在健康状况一般，只能在小区里面转转，不能走远了，一般都让小时工去买菜了。
闲暇时间分配	6-19 一般步行去买，来回要花两个多小时，没太多事，算是锻炼了，遛遛弯。 10-11 老年人没啥钱，就是有时间，多走几家，看看便宜的，就买便宜的，贵的不怎么买。 12-20 来回要花上一个多小时，在那儿再选选菜，一般要两个多小时，主要还是没有时间，还要照顾小孩儿，没那么多时间。
家庭收入情况	6-17 目前家庭收入还可以，有好的当然也会选择贵一点、好一点的。 8-13 我家庭收入还是属于偏高的，只要东西新鲜就行，价格方面考虑的少一些，不在乎那几块钱，有一些老太太还是比较在意这些的。 16-16 不买那些有机蔬菜，钱还是要省着花，儿子在这儿工作，还是有很大压力的。
居住硬件条件	1-2 现在上下楼有电梯了，出行还可以。如果像过去那种没电梯的老楼就影响出门了。 18-2 现在楼里有电梯，挺方便的，不像以前要爬楼梯。 20-2 现在住一层，出行挺方便的。
家庭规模	6-14 比较关注健康饮食，家里人多，还有小孩儿，平时采购量也大，要荤素搭配，保持营养。 13-15 就我自己在家吃饭，儿子、儿媳妇不在家，一个人吃饭没那么讲究，有时候就凑合凑合。 14-23 超市、菜市场太远了，每次去就要买的多，可平常就一个人吃，吃不完还给放坏了，浪费掉。
子女购买情况	3-22 买米、买面就是孩子去，直接开车带回来。 13-6 主要是儿子和儿媳妇经常下班带回来，有时候也点外卖，网上也送菜。 21-7 我不会网购，我儿子会，他网上买好了，快递直接送过来，我就开门取一下，我想吃黄瓜、西红柿，儿子就给我点，一会儿就送到门口了。

续表

范畴	原始话语
个人节俭习惯	20-12 在农村节俭习惯了，会挑些便宜的蔬菜买，女儿还经常说我太节省。 21-14 还是比较关注价格的，民生嘛，再说也不是非常富有的家庭，平常可不就是柴米油盐的生活嘛，价格变动一点也是会受影响的。 23-7 网上买的包装比较浪费，买的东西还不如包装花的钱多，还是去店里买比较好。
网购认可程度	11-7 习惯去店里买，能挑挑，能看见蔬菜质量怎么样，买得比较放心，总觉得在网上买菜不靠谱。 17-7 我不会网上购物，儿子教过，记不住，太麻烦了，看不见东西，我买了也不放心。 19-7 习惯了到超市去买，现在也还能走得动，再说网上那个看不到，咱也不放心。
健康饮食关注	4-23 生鲜蔬菜的质量一定要控制好，特别是现在家里面都有小孩儿的，质量不好，肯定对小孩儿的健康影响很大。 5-14 现在很关注饮食安全，现在身体状况没原来好了，更要饮食搭配，多吃蔬菜少吃肉，多吃鱼肉少吃猪肉。 19-14 肯定关注健康饮食啊，家里有孩子，我和老伴儿年纪也大了，健康比啥都重要。
食品品质辨识	5-15 没怎么关注过食品安全，也辨别不了，没有那个能力啊。 7-18 现在这收入也不高，一般不买贵的蔬菜，孩子买过，也没什么差别。 18-15 这蔬菜也只能从表面上看出来新鲜不新鲜，到底打没打药，真分辨不出来。
设备辅助	3-21 买的多了，就拉个小推车，一般都还好，回来坐公交车。孩子在家的话，就开车过去买。 4-19 没啥困难，买的多了就拉个小推车，坐公交车，都还挺方便。 20-20 有时候买多了，提着挺累的，后来女儿给买了个小三轮车，现在好多了。

续表

范畴	原始话语
人员辅助	5-13 小时工去买菜，只买一些基本的蔬菜，价格高一点儿的一般都是我们家里人去买。 8-12 每天都要买菜，家里有小时工，她帮着买就行了。 11-5 家里有保姆，保姆负责做饭，也帮着买菜什么的。
渠道辅助	4-6 我不会用网络，孩子用过，我就在家签收，我都是到店里去买。 6-21 孩子老用超市的送货到家，赶上刮风下雨时就很方便，但我自己不会用。 9-7 不会使用网络，年纪大了，年轻人用的东西不会用，超市的送货到家偶尔用过，买的东西少，一般不用。

2. 轴心编码

轴心编码是扎根理论编码的第二阶段，是指以某一类属为中轴，然后围绕这一中轴建立起密切关联的亚类属，由此把资料内容的类属属性及维度具体化和明确化。简单地说，轴心编码是把初始编码中分离的概念和类型串联起来，为理论分析提供了一个较为清晰的逻辑框架。通过轴心分析，本次调查发现了影响老年人生鲜食品购买可达性的影响因素之间存在一定的范畴归类（表6-2）。

表 6-2　　　　　　　　　　轴心编码形成的主范畴

类别	主范畴	对应范畴	范畴的内涵
社区生鲜食品供应问题	社区生鲜店铺问题	社区店铺缺乏	社区缺少生鲜店铺会降低老年人购买生鲜食品的便利性，从而消极影响老年人生鲜食品购买的可达性。
		社区店铺规模	社区生鲜店铺规模过小会降低老年人在店铺的食材选择范围和购买意愿，从而消极影响老年人生鲜食品购买的可达性。

续表

类别	主范畴	对应范畴	范畴的内涵
社区生鲜食品供应问题	社区生鲜店铺问题	社区店铺稳定性	社区生鲜店铺的稳定性（如突然关门）会降低老年人购买生鲜食品的便利性，从而消极影响老年人生鲜食品购买的可达性。
		社区店铺信任度	老年人对社区生鲜店铺的低信任度会降低老年人在店铺的购买意愿，从而消极影响老年人生鲜食品购买的可达性。
	社区生鲜产品问题	社区生鲜食品种类	社区生鲜食品的种类较少，降低了老年人获得食材的丰富性和购买意愿，从而消极影响老年人生鲜食品购买的可达性。
		社区生鲜食品价格	社区生鲜食品的价格较高会降低老年人在店铺的购买意愿，从而消极影响老年人生鲜食品购买的可达性。
		社区生鲜食品质量	社区生鲜食品的质量较差（如不新鲜），这会降低老年人获取食材的优质性和在店铺购买的意愿，从而消极影响老年人生鲜食品购买的可达性。
外部生鲜食品供应问题	外部生鲜店铺问题	交通距离	社区外的菜市场或超市的交通距离较远，从而消极影响老年人生鲜食品购买的可达性。
		交通条件	到达社区外的菜市场或超市的交通不够便利，从而消极影响老年人生鲜食品购买的可达性。
		交通时间	到达社区外的菜市场或超市所花费的时间较长，从而消极影响老年人生鲜食品购买的可达性。
		经营时限	社区外的菜市场会限定经营时间（如只有上午），从而消极影响老年人生鲜食品购买的可达性。
老年人个人因素	老年人个人条件	个人身体条件	老年人的个人身体条件（如行动能力、视力）较差，会消极影响老年人生鲜食品购买的可达性。
		闲暇时间分配	老年人的闲暇时间不足（如需要照顾小孩），会消极影响老年人生鲜食品购买的可达性。

续表

类别	主范畴	对应范畴	范畴的内涵
老年人个人因素	老年人家庭条件	家庭收入情况	老年人的家庭收入较好（经济条件好），会积极影响老年人生鲜食品购买的可达性。
		居住硬件条件	老年人居住的硬件条件较好（如有电梯、住在低楼层），会积极影响老年人生鲜食品购买的可达性。
		家庭规模	老年人的家庭规模较小（如只有自己吃饭），会消极影响老年人生鲜食品购买的可达性。
		子女购买情况	老年人的子女帮助购买生鲜食品，会积极影响老年人生鲜食品购买的可达性。
	老年人主观认知	个人节俭习惯	老年人的节俭习惯会增加价格敏感度，抑制其购买高价优质的生鲜食品，从而消极影响老年人生鲜食品购买的可达性。
		网购认可程度	老年人对网购的低认可程度会降低使用网购获取生鲜食品的可能性，从而消极影响老年人生鲜食品购买的可达性。
		健康饮食关注	老年人对健康饮食的关注程度较高，会积极影响老年人生鲜食品购买的可达性。
		食品品质辨识	老年人对食品品质缺乏辨识能力会降低老年人获取优质食材的可能性，从而消极影响老年人生鲜食品购买的可达性。
外部条件支持	外部辅助	设备辅助	老年人在购买生鲜食品时的辅助设备（如小推车、三轮车、汽车）会积极影响老年人生鲜食品购买的可达性。
		人员辅助	老年人家里除子女外其他人员（如小时工、保姆、亲戚）帮助购买生鲜食品，会积极影响老年人生鲜食品购买的可达性。
		渠道辅助	老年人自己或家人使用送货上门服务会积极影响老年人生鲜食品购买的可达性。

3. 选择性编码

选择性编码要在轴心编码的基础上,进一步系统地处理范畴与范畴之间的关联。它是从主范畴中挖掘核心范畴,分析核心范畴与主范畴、其他范畴之间的联结。在本次调查中,主范畴的典型关系如表6-3所示。在此基础上,构建和发展出我国城市老年人生鲜食品购买可达性的影响因素模型,如图6-2所示。

表6-3　　　　　　　　　　主范畴的典型关系结构

典型关系结构	关系结构的内涵
社区生鲜食品供应→老年人生鲜食品购买的可达性	社区生鲜食品供应存在的各种问题(包括店铺问题和产品问题)消极影响了老年人生鲜食品购买的可达性。
社区生鲜食品供应→外部生鲜食品供应→老年人生鲜食品购买的可达性	社区生鲜食品供应存在问题导致老年人不得不寻求外部生鲜食品供应,从而导致了外部生鲜食品供应存在的各种问题消极影响了老年人生鲜食品购买的可达性。
老年人个人方面的因素→老年人生鲜食品购买的可达性	老年人个人方面的因素(包括老年人个人条件、家庭条件、主观认知)积极或消极影响了老年人生鲜食品购买的可达性。
外部条件支持→老年人生鲜食品购买的可达性	外部条件支持(包括设备辅助、渠道辅助、人员辅助)积极影响了老年人生鲜食品购买的可达性。
老年人个人方面的因素 ↓ 社区生鲜食品供应→老年人生鲜食品购买的可达性	老年人个人方面的因素(包括老年人个人条件、家庭条件、主观认知)会加重或缓解社区生鲜食品供应问题对老年人生鲜食品购买可达性的消极影响。
老年人个人方面的因素 ↓ 外部生鲜食品供应→老年人生鲜食品购买的可达性	老年人个人方面的因素(包括老年人个人条件、家庭条件、主观认知)会加重或缓解外部生鲜食品供应问题对老年人生鲜食品购买可达性的消极影响。

续表

典型关系结构	关系结构的内涵
外部条件支持 ↓ 社区生鲜食品供应→老年人生鲜食品购买的可达性	外部条件支持（包括设备辅助、渠道辅助、人员辅助）会缓解社区生鲜食品供应问题对老年人生鲜食品购买可达性的消极影响。
外部条件支持 ↓ 外部生鲜食品供应→老年人生鲜食品购买的可达性	外部条件支持（包括设备辅助、渠道辅助、人员辅助）会缓解外部生鲜食品供应问题对老年人生鲜食品购买可达性的消极影响。

4. 理论饱和度检验

理论饱和度检验是决定何时停止采样的鉴定标准。在扎根理论研究中，如果新的个案无法形成新的范畴或范畴之间的关系，无法动摇之前已经形成的主题或假设，那么研究就是全面的（Rubin and Rubin，1995）。本次调查将其他6名受访者的150条话语按照同样的方法进行编码和分析，用以进行理论饱和度检验。结果显示，图6-1模型中的范畴已经发展得足够丰富，这150条话语无法形成新的重要范畴和关系，主范畴内部也没有形成新的概念。可见，根据本次获取访谈资料而提出的老年人生鲜食品购买可达性的影响因素模型在理论上是饱和的。

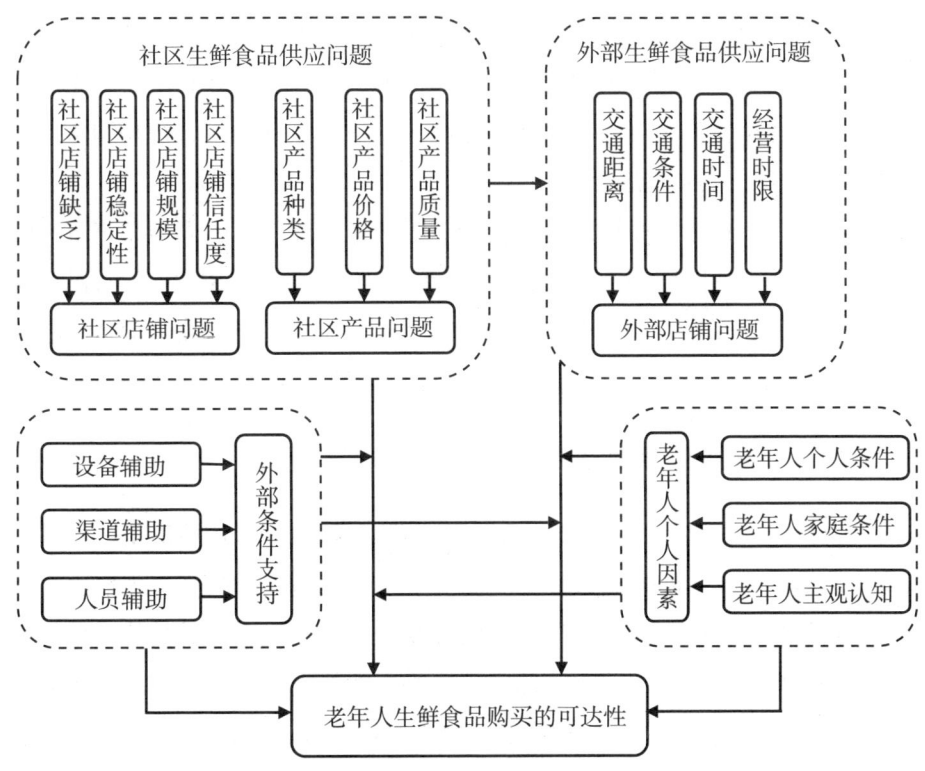

图 6-2 老年人生鲜食品购买可达性影响因素

三、研究模型的阐述

（一）社区生鲜食品供应因素

根据上述分析，影响我国城市老年人生鲜食品购买可达性的最重要因素是社区生鲜食品供应问题。老年人生鲜食品购物难主要源于社区生鲜食品供应在店铺和产品两个方面的问题。两者并不独立而是相互关联，共同抑制了老年人生鲜食品购买的可达性。很多社区缺乏生鲜食品店铺或者店铺会经常性地停业，从而造成老年人无法在就近区域购买到生鲜食品。一些社区虽然存在生鲜店铺，但由于规模太小而造成产品种类受限，影响老年人获取食材的丰富性和去店铺购买的意愿。另外，私人开设的社区店铺由于缺乏品牌经营理念或者受制于成本压力（如租金、人力），致使个体经营者追逐短期利润而不顾消费者利益，主要表现在生鲜食品的低品质上，这会消极影响老年人获取食材的优质性、对店铺的信任感和购买意愿，降低其生鲜食品购买的可达性。由于社区生鲜食品店铺的产品质量问题（如蔬菜不新鲜），造成社区居民在交通便利、身体条件较好的情况下宁愿选择距离较远的大型超市等外部生鲜店铺购物。社区生鲜店铺的低销量和高成本进一步提升了生鲜食品的价格，从而降低了老年人生鲜食品购买的可达性。而且，个体经营的社区店铺常会由于经营不善而倒闭，继而造成社区生鲜店铺存在的不稳定性。

（二）外部生鲜食品供应因素

外部生鲜食品供应问题是影响老年人生鲜食品购买可达性的第二个重要因素。该因素存在的问题对生鲜食品购买可达性的消极影响将首先取决于社区生鲜食品供应状况，因为如果老年人可以在社区购买到优质低价的生鲜食品，在很大程度上就无须前往外部店铺购物。外部生鲜店铺的问题主要表现在交通距离、交通条件、交通时间和经营时限四个方面。对于很多社区来说，即使是距离最近的大型超市或菜市场也非常远，从而对老年人生鲜食品购买的可达性产生消极影响。而且，居民经常会缺乏方便的交通工具（如公共汽车、摆渡车、私家车）前往这些店铺。外部生鲜店铺较远的距离和较差的交通条件使老年人不得不消耗更多的时间才能往返。这些交通因素（距离、条件、时间）对老年人生鲜食品购买可达性造成了综合性的消极影响。另外，一些外部生鲜店铺（如菜市场、农贸市场）的经营时间有限（如只有上午开门）也在一定程度上消极影响了老年人生鲜食品购买的可达性。

（三）老年人个人因素

老年人个人方面的因素会加重或缓解社区和外部生鲜食品供应问题对生鲜食品购买可达性的消极影响。

首先，从个人条件来看，如果老年人的身体条件较好、有充裕的时间可支配，就可以在社区生鲜食品供应不足的情况下前往供应优质低价生鲜食品的外部店铺购物，提升其生鲜食品购买的可达性。另外，如果老年人学习能力较强,可以应用网络零售、超市送货等新兴方式购买生鲜食品,或使用滴滴出行、搜寻新的交通线路和工具等方式提升其生鲜食品购买的可达性,缓解社区和外部生鲜食品供应问题的消极影响。

其次,从家庭条件来看,家庭收入较高的老年人更容易接受高价优质的生鲜食品,居住硬件条件较好(如有电梯、低楼层)可以增加老年人出行的便利性,家庭规模越大越容易注重健康饮食而增加购买生鲜食品的频率和确保食物多样性,还包括子女对生鲜食品购买的协助,这些因素均可以增加老年人生鲜食品购买的可达性,从而缓解社区和外部生鲜食品供应问题的消极影响。

最后,从主观认知来看,如果老年人的节俭习惯和观念较强,会降低对优质高价生鲜食品的接受度;如果老年人不接受自己或他人协助的网购方式,会减少生鲜食品购买渠道的选择;如果老年人缺乏对健康饮食的关注或者对食品品质辨识能力较低,容易诱使其购买低价低质的生鲜食品。这些认知方面的因素会抑制老年人购买到健康营养的生鲜食品,从而加重了社区和外部生鲜食品供应问题的消极影响。

(四)外部条件的支持

外部条件支持(包括设备辅助、渠道辅助和人员辅助)会缓解社区和外部生鲜食品供应问题对老年人生鲜食品购买可达性的消极影响。设备辅助是指小推车、三轮车、汽车等设备和交通工具可以有效地辅助老年人购买生鲜食品。渠道辅助是指老年人自己或家人使用网购、超市送货上门等其他渠道辅助购买生鲜食品。人员辅助是指除子女以外的其他人员(如小时工、保姆、亲戚)帮助其购买生鲜食品。这三个方面的外部辅助可以提升老年人获取生鲜食品的可达性,从而有效缓解社区和外部生鲜食品供应问题的消极影响。

四、访谈的结论

目前,城市生鲜"食品沙漠"问题在我国尚未得到足够的重视,但是我国正处在老龄化加速的时期,老龄化背景下生鲜食品购物难带来的广泛社会问题正在我国各大城市不断显现,并将以更广泛的态势发展下去。在老龄化背景下,我们不应把老年人看成一种负担,而是可以将养老产业视为经济发展的契机。在新常态经济增长速度放缓的情况下,养老产业将成为重要的经济增长点。发展以生鲜食品超市为主力业态的社区商业,是我国居家养老系统构建中的必要环节。根据上述理论模型,主要从以下四个方面提出建议。

(一)建设社区生鲜食品供应系统

老年人的购物活动范围会随着年龄增长和身体机能的退化而逐渐缩小,这促使社区生鲜食物供应系统的建设尤为重要。我国零售连锁企业在城市生鲜"食品沙漠"区域暂时还没有担负起生鲜产品供给的责任,要缓解"食品沙漠"现象的恶化,零售渠道的建设不可忽视。西方国家很早就将社区食品供应系统的建设作为城市规划的重要课题(衣霄翔,2012)。根据美国农业部(2009)的报告,建设社区食品工程(Community Food Projects)是解决生鲜食品可达性的重要方案。

由于社区生鲜食品店铺需要兼顾公益的功能,通常需要政府的大力扶持,如低利率贷款、店铺租金减免、税收激励政策等,从而鼓励零售企业到"食品沙漠"区域开设生鲜食品店铺。社区生鲜食品店铺需要引进零售连锁店,才能确保生鲜食品的品质和食材的丰富性,并通过经营管理的规模效应降低成本,同时有助于获得居民对店铺的信任感。据悉,在零售商、开发商和政府的共同努力下,美国很多城市的中心地区已经建立了连锁型社区生鲜超市,从而有效地缓解了生鲜食品购物的困难(Groover,2014)。这些超市通常具有配备少量员工、以较低成本运营的特点,目的在于降低生鲜食品的价格。

除固定地点的社区生鲜店铺外,还可以发展移动分销系统。近年来,北京市移动摊贩的取缔,主要是因为其造成城市治理和食品安全问题。但如果是由知名零售连锁企业发展的移动分销系统,就可以得到政府部门的有效监管,而经营者出于维护品牌声誉的目的会最大限度地确保食品安全。连锁型移动分销系统的构建还有助于提高经营效率和降低成本,最终帮助老年人更便利地获取优质低价的生鲜食品。未来,移动分销系统的建设还需要零售连锁企业与政府相关部门的深入沟通与合作。

(二) 优化外部生鲜食品供应系统

外部生鲜食品供应系统的优化是社区生鲜食品供应不足状态下的必要补充。为了降低交通不便对老年人前往外部生鲜食品店铺的影响，可以通过增加相关公交线路、提供社区到大型超市或菜市场的摆渡车等方法实现交通便利化。还可以借鉴日本的上门配送措施，零售企业可以利用发达的物流配送系统，将外部实体店铺的生鲜食品物流配送与外卖平台相关联以实现资源的优化配置，帮助老年人更便利地获取生鲜食品。此外，很多网络零售渠道（如天猫超市生鲜店、京东超市、每日优鲜）已经提供生鲜食品的送货上门服务和相关售后保障，从而提升老年人生鲜食品购买的可达性。

(三) 发挥老年人的主观因素

从老年人自身来看，可有效发挥老年人的主观能动性，鼓励老年人使用生鲜食品的网购模式并提高采购效率。但要注意老年人对零售创新的接受度和学习能力，网络零售店需要专门针对老年人开发出更为简单易用的网购流程，开发适合老年人使用习惯的相关手机应用，以及设置人工客服、电话下单等方式来补充对低认知能力和身体条件有限的老年人的服务。同时还应倡议其他家庭成员在家庭生鲜食品采购方面承担更多的责任，给予老年人更多的支持，如教会老年人如何进行网购、帮助老年人在网上购买生鲜食品等。此外，新闻媒体、社区宣传等信息渠道应加强老年人对健康饮食的关注，并给予相关的健康知识和食品品质辨识等生活技巧，使老年人意识到生鲜食品消费对身体健康和精神健康的重要意义。

(四) 进一步加强外部支持

城市社区生鲜食品供应系统的建设任重而道远，应设置专门的社区规划部门和进行整体的规划设计，而且需要协调多方利益。在此过程中，应该积极发挥社区居委会的作用，深入了解老年人的实际需求，有针对性地解决生鲜食品购物难问题。在经济援助方面，政府可以给予老年人一定的生鲜食品购买补贴，可以参考美国的"营养补充援助计划（SNAP）"，以实名方式给予老年人生鲜食品购买的优惠券,以鼓励老年人购买一些价格稍高的高质量生鲜食品。积极发展社区餐桌也可有效缓解社区和外部生鲜食品供应问题的消极影响。目前,北京市部分社区已经开展"社区老年饭桌"项目,但经营管理、供餐质量等方面仍需进一步加强,因而应当建立持续改进机制,不断进行管理和服务创新,才能更好地满足老年人的生鲜食品消费需求。

第七章　社区商业与居家养老结合模式

一、健康老龄化理念和战略

（一）健康老龄化理念的形成与发展

1987年5月，在世界卫生大会上第一次提出了以延长健康寿命和增加生活满意度为目标的"健康老龄化"概念。1990年世界卫生组织哥本哈根老龄大会上把"健康老龄化"作为应对人口老龄化的一项发展战略提出，其主旨是从老年人的健康状况和医疗保健出发，延长人的生物学年龄和心理年龄，强调提高大多数老年人的生命质量，缩短其带病生存周期，使老年人以正常的功能健康地存活到生命的终点。2002年，世界卫生组织又给"健康老龄化"的概念增加了"保障"和"参与"两个维度，将其发展为"积极老龄化"的政策框架。新的框架更加注重老年人健康地参与社会、经济、文化与公共事务，为社会做出积极的贡献。2007年，健康老龄化概念得到了进一步发展，认为健康老龄化是老年人在晚年保持躯体、心理和社会功能的健康状态，将疾病和生活不能自理的时间推迟到生命的最后阶段。提出要把预防保健、治疗康复结合起来，通过增强营养摄入、体育锻炼、心理调适、环境安全等方式促进健康老龄化的实现。2015年，世界卫生组织发布的《关于老龄化与健康的全球报告》（以下简称《报告》）中，将健康老龄化定义为发展和维护老年人健康生活所需要的功能发挥的过程，包括内在能力和功能发挥两个维度。其中，内在能力是指个体以基因遗传为基础、受个体特征影响的生理与心理健康功能的整合；功能发挥则是指老年人内在能力与环境的互动以实现个体价值的过程，这里的环境既包括家庭环境、居住环境、人际关系等微观环境，也包括社会观念、公共政策等宏观环境。相较于以往的健康老龄化强调个体健康状态的维持，《报告》对健康老龄化概念进行了拓展，在健康因素之外，加入了关爱老年友好环境因素，使促进健康老龄化的政策范围进一步扩大为更为综合性的战略体系。

健康老龄化是伴随着社会的进步、经济的发展及人口老龄化进程的加快而逐步建立、完善起来的。经过30多年的发展，国际上的健康老龄化战略已经形成了一套相对成熟的理念和共识。首先，健康老龄化的目标始终是围绕着延长老年人的健康寿命，提升老年人的生命质量。其次，健康的概念涵盖了生理健康、心理健康、社会功能健康等多方面内容，更加注重生活质量和生命质量各要素的平衡。再次，对于老年人健康质量的支出是一项促进人力资源可持续发展的战略性投资，这种投资可以有效地降低家庭和社会的看护成本，并为老年人的社会参与创造条件。最后，创造关爱老年人健康的社会环境，强调健康公平以及维护老年人合法权益。

20世纪90年代初，健康老龄化的概念开始在国内得到传播。邬沧萍教授最早将健康老龄化的概念介绍到国内，她对健康老龄化的阐释对后来国内健康老龄化研究产生了非常大的影响。她指出健康老龄化应该包括以下内容：①健康老龄化是国家针对人口老龄化提出的战略性对策，它的目标是整体提高老年群体的生命长度和生活质量；②健康老龄化提出了"健康预期寿命"的概念，比起平均预期寿命，要更加关注生命的质量；③健康老龄化旨在使大多数老人都按正常衰老过程发展，以求活着的时候身体是健康的，功能是正常的，生活是能自理的；④健康老龄化把预防保健和治疗康复结合起来，把卫生保健诸如饮食营养、体育锻炼、心理健康、环境保护、公共卫生、个人卫生、健康的行为方式等都作为实现健康老龄化的组成部分；⑤健康老龄化绝不是把希望完全寄托在老年人的保健上，而是要以健康状态进入老年期；⑥健康老龄化是全民族、全社会的共同愿望，更是大家的共同责任。

近年来，陆杰华（2017）等学者对健康老龄化的中国方案进行了研究，提出健康老龄化的中国方案的内涵为"以维护健康公平和全生命周期视角为核心理念,遵循因地制宜的原则,将以治病为核心的健康服务模式转变为以健康维护为核心的模式,把健康保障视作促进人力资本投资,并围绕着行动能力和社会功能的维持和优化,以延长平均预期寿命,提升寿命质量的战略框架"。为了实现健康老龄化中国方案的具体目标,提出了完善健康老龄化战略的顶层设计;完善整合型医疗卫生服务体系;建立适合我国国情的长期照护体系;提升尊老爱幼的社会人文环境;提高健康老龄化的测评和监督水平。杜鹏(2015)提出实现健康老龄化,需要政策制定者积极转变关于人口老龄化与健康的观念;建立老年医疗卫生综合服务制度;建立长期照护制度,推进医养结合;全面建设关爱老年人环境,维护老年人自主权等是促进健康老龄化的主要工作。

(二)健康老龄化的核心是延长健康寿命

1. 平均预期寿命与健康预期寿命的含义

长期以来,世界卫生组织一直将人口平均预期寿命作为衡量一个国家或社会经济发展水平、医疗卫生服务水平和健康水平的重要指标。人口平均预期寿命(Life Expectancy)简称为人口平均寿命,是指某个时间段、某个群体从出生到死亡的平均寿命。人口平均寿命只是反映了人口平均生存的年数,但并没有反映出人口生存的质量。2000年世界卫生组织使用伤残调整预期寿命(Disability-adjusted Life Expectancy, DALE)作为人群健康指标,利用沙利文法(Sullivan)计算了全球191个国家的伤残调整预期寿命,此举对健康预期寿命的推广起到了关键作用。在联合国千年发展目标(2000—2005)结束之际,联合国又制定了2030发展目标——可持续发展目标(SDGs),并在《可持续发展指标框架体系》中明确提出将健康预期寿命纳入可持续发展的主要健康监测数据库,实现健康的可持续发展。中国政府也在《健康中国2030规划纲要》中明确提出,2030年显著提高健康预期寿命。

健康预期寿命(Healthy Life Expectancy, HALE)也称为健康寿命,世界卫生组织将其定义为"生命中度过的没有受健康问题困扰而能够自理生活的期间"。也就是说,不需要任何日常持续的医疗护理,能够完全生活自理的期间可以称为健康寿命期间。相反,平均寿命和健康寿命之差的期间,是作为日常生活需要照顾的非健康寿命期间。

日本的国家健康战略《健康日本 21》中,将健康寿命定义为"没有任何健康障碍度过的日常生活期间"。测量健康寿命主要用三个指标:①日常生活不受任何身体障碍限制的平均期间;②自我感觉身体健康的平均期限;③日常活动完全自理的平均期限。

2. 健康预期寿命的国际比较

日本是世界上平均预期寿命最长的国家之一。2015 年,日本男女平均寿命是 83.68 岁,其中男性是 79.55 岁,女性是 86.30 岁;平均健康寿命为 74.87 岁,其中男性是 70.42 岁,女性是 73.62 岁;男性非健康年限是 9.13 年,女性非健康年限是 12.68 年。

2015 年,中国男女平均寿命为 76.34 岁,其中男性是 73.64 岁,女性是 79.43 岁。据世界卫生组织 2017 年 5 月公布的《2017 世界卫生统计报告》显示,2015 年中国男女平均健康寿命为 68.5 岁,其中男性为 67 岁,女性为 69 岁;男性的非健康年龄为 7 年,女性为 8 年左右①。

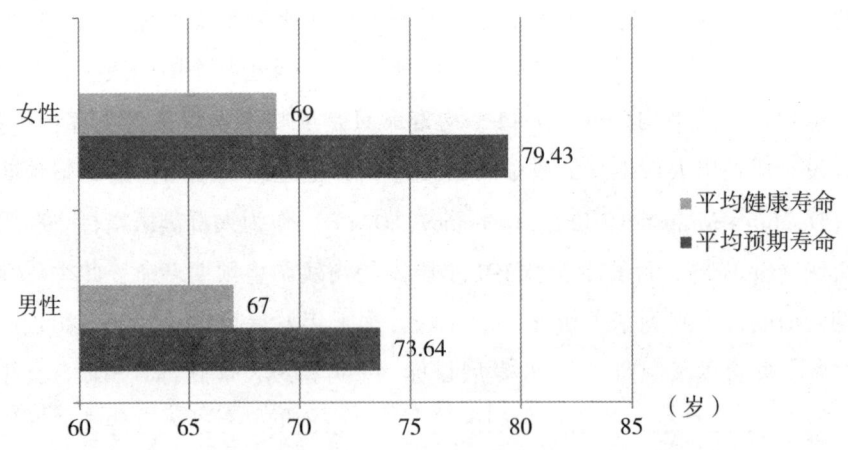

图 7-1 2015 年中国分性别平均预期寿命和健康寿命的比较

来源:World Healh Statistics 2017:Monitoring health for the SDGs [R]. WHO,2017。

---

① 中国的男女平均健康年龄、男性健康年龄、女性健康年龄,均引用世界卫生组织 2017 年 5 月 17 日发表的《2017 世界卫生统计报告》,该报告注明所有统计数据均引用的是 2015 年各国的数据。

第七章 社区商业与居家养老结合模式

在 2015 年世界卫生组织公布的世界 183 个国家健康预期寿命的排行中,日本以 74.87 岁排名第一位,新加坡以 73.88 岁排名第二位,韩国以 73.17 岁排在第三位,中国以 68.5 岁排在第四十一位,世界 183 个国家的平均健康预期寿命为 63.1 岁(表 7-1)。

表 7-1　　　2015 年世界健康寿命前 20 名的国家比较

序号	国家或地区	平均健康预期寿命（岁）	平均预期寿命（岁）	平均非健康年数（岁）
1	日本	74.87	83.68	8.81
2	新加坡	73.88	83.11	9.23
3	韩国	73.17	82.28	9.11
4	瑞士	73.07	83.36	10.29
5	以色列	72.83	82.54	9.71
6	意大利	72.80	82.69	9.89
7	冰岛	72.73	82.65	9.92
8	法国	72.60	82.43	9.83
9	西班牙	72.40	82.83	10.43
10	加拿大	72.32	82.17	9.85
11	荷兰	72.24	81.86	9.62
12	挪威	72.04	81.77	9.73
13	瑞典	72.03	82.38	10.35
14	奥地利	72.01	82.84	10.83
15	希腊	71.89	81	9.11
16	澳大利亚	71.88	81.51	9.63
17	卢森堡	71.81	81.95	10.14
18	马耳他	71.71	81.73	10.02
19	新西兰	71.57	81.64	10.07
20	爱尔兰	71.12	81.5	10.38

来源：World Healh Statistics 2017：Monitoring health for the SDGs［R］. WHO, 2017。

(三) 健康老龄化的国家战略

进入 20 世纪 80 年代，随着西方发达国家老龄化的加剧，医疗及护理费用的急剧增加，给经济、社会、家庭带来沉重的负担。在此背景下，发达国家政府开始转变其医疗卫生政策，积极促进健康生活方式，倡导健康老龄化，延长健康寿命。老年人控制和减轻慢性病的发展，延长健康寿命也就意味着社会医疗和护理费用的减少，个人和家庭负担的减轻，可以促进医疗卫生事业的可持续发展。因此，进入 21 世纪以来，欧美及日本等发达国家把健康老龄化、延长老年人健康寿命置于国家健康战略的核心位置。

1.《欧盟健康规划》战略

21 世纪以来，欧盟先后推出了《欧盟健康规划（2003—2007）》《欧盟健康规划（2008—2013）》和《欧盟健康规划（2014—2020）》三个健康战略规划。第一个健康规划的目标是建立健康指标体系，加强欧盟层面上的医疗保健基础性工作。第二个健康规划的目标是共享欧盟医疗保健资源，提高欧盟公民的整体健康水平。第三个健康规划的战略目标拓展为：促进健康、防止疾病、建立健康生活方式所必需的健康支持性环境；保护欧盟成员国公民免受严重的跨境健康威胁。2000 年之后，欧盟在高福利、高税收、高负债的重压下，其医疗卫生政策变得越来越不可持续。在此背景下，2012 年世界卫生组织和欧盟委员会又共同推出了《欧洲健康 2020 政策框架》，进一步强调了健康是有重要价值的资源，良好的健康状态是经济社会不可缺少的要素，是涉及个人、家庭、地域生活的重大问题。把鼓励个人参与健康、投资健康，延长健康寿命，实现健康老龄化作为公共政策和研究的优先课题。

2.《健康日本 21》战略

日本从 1978 年开始制定健康战略十年规划，目前已推出了四个国家健康规划。进入 21 世纪之后，日本政府推出了《健康日本 21》战略规划。2011 年 5 月日本厚生省发布了《关于实现"健康日本 21"目标值的现状与评价》白皮书，对 2000 年至 2010 年十年间的《健康日本 21》计划实施过程中的工作成就进行了评价与分析。2012 年 7 月日本厚生省又发布了《健康日本 21（第二阶段）》的战略计划，将 2013 年至 2022 年作为第二阶段计划时间，并且制定了相应的战略目标。

进入21世纪后，日本社会面临两个突出的国民健康问题：①人口出生率持续下降，预计到2050年日本总人口将下降20%左右，与此同时随着超老龄社会的到来，老年人口将占总人口的40%以上；②肿瘤、糖尿病、心血管疾病等慢性病成为影响人们健康的主要疾病，也是构成医疗费用的主要支出。针对国民健康领域的这两个突出问题，《健康日本21（第二阶段）》计划从预防保健入手，提出将以下五个方面作为推进国民健康的基本目标和方向：①延长健康寿命，缩小健康差距；②预防生活习惯病的发生，彻底预防重症化的形成；③提高健康生活意识，养成良好健康习惯；④建设有利于健康生活的社会环境；⑤改善个人在营养和饮食生活、身体活动和运动、休养、饮酒、吸烟、口腔和牙齿健康等方面的生活习惯，创建有利于个人健康的社会环境。

3.《健康中国》战略

随着近10年中国人口老龄化的不断加剧，健康老龄化和延长健康寿命问题逐渐从研究领域上升到国家战略层面。2013年9月，全国老龄委和国家卫生和计划生育委员会（以下简称国家卫计委）联合发布了《中国老年人健康指南》，该指南是目前国内第一部有关老年人健康生活的指导性读物。指南涵盖了老年人的健康生活习惯、合理膳食、适量体育运动、良好心态、疾病自我控制、健康管理等六个方面的内容。2016年10月，国务院印发了《"健康中国2030"规划纲要》，将2030年我国平均健康预期寿命显著提高作为健康中国战略的目标之一。为此提出了推动老年卫生服务体系建设等多项举措，旨在促进健康老龄化的发展。为了积极落实该纲要的要求，2017年3月国家卫计委等发布了《"十三五"健康老龄化规划》，明确把延长健康预期寿命，维护老年人的健康功能，提高老年人的健康水平作为主要发展目标。

2019年7月15日，国务院发布了《关于实施健康中国行动的意见》（以下简称《意见》），依据《意见》成立了健康中国行动推进委员会，发布了《健康中国行动计划（2019—2030）》等一系列促进国民健康的指导意见。《意见》提出要坚持预防为主，强调早期干预，提倡健康生活，控制慢性疾病发展，到2030年努力实现人均健康寿命有较大提高，主要健康指标达到高收入国家水平。《意见》明确了三个方面共 15 项专项行动，其中把普及健康知识、合理膳食、全民健身、控烟、心理健康，关注妇幼、老年人、中小学生等重点人群作为重点工作。

近 30 年来，健康老龄化，延长健康寿命，提升老年人的生命质量的理念越来越深入人心。老年人对健康的支出是一项战略性投资，这种投资可以有效地降低家庭和社会的看护成本，并为老年人的社会参与创造条件。因此，在人口老龄化日趋严重的环境下，全社会需要营造关爱老年人健康的社会环境，有必要把健康老龄化、预防为主、提升老年人生活质量的观念融入居家养老体系。

二、老年人的健康评价标准

健康老龄化需要建立一个能够客观评价老年人健康水平的标准体系。20 世纪 80 年代中期，世界卫生组织将老年人的健康定义为：个体没有疾病和衰弱，并且身体、精神和社会活动呈现完满状态，并从精神健康、躯体健康、日常生活能力、社会健康、经济状况等维度提出了一套对老年人健康水平进行评价的体系。

2002 年世界卫生组织提出了"积极老龄化"的概念，提出积极老龄化是健康、参与和保障的机会达到最佳的过程，强调维持自主和独立的能力，保持社会参与的最佳状态，有助于提高老年人生活质量。

2015 年在世界卫生组织发布的《关于老龄化与健康的全球报告》中又提出，老年人健康的标准不在于疾病的预防和管理，而在于保持独立自主的生活能力。

2013 年中华医学会老年医学分会发布了《中国健康老年人标准（2013）》，该标准提出了健康老年人的五个基本特征。①重要器官增龄性改变未导致功能异常，无重大疾病，相关因素控制在与其年龄相适应的达标范围内，具有一定的抗病能力。②认知功能基本正常；能适应环境；处事乐观积极；自我满足或自我评价好。③能恰当处理家庭和社会人际关系；积极参与家庭和社会活动。④日常生活正常，生活自理或基本自理。⑤营养状况良好，体重适中，保持良好生活方式。该标准强调了老年人是否健康并不是以是否患有疾病作为标准，而是将老年人的认知功能、社会参与能力、日常生活能力作为重要标准。

日本既是世界上老龄化程度最严重的国家，同时也是老年人健康标准制定最早的国家之一。在日本不同版本的老年人健康标准中，"独立自主的生活能力"被普遍认定为老年人健康最重要的标准之一。

表 7-2　　　　　　　　　日本老年人生活能力评价指标（1986）

手段的独立	（1）一个人可以乘公交和地铁外出 （2）自己可以购买日常生活用品 （3）能够自己做饭 （4）自己能够付款和结账 （5）自己可以到银行存款取款
认知的能动性	（6）自己能够写简单的字条、收据 （7）能够看报纸 （8）可以读书和阅读杂志 （9）关注有关健康的新闻和节目
社会责任	（10）可以到朋友家串门 （11）可以和家里人、朋友商量事情 （12）可以到医院探望病人 （13）可以主动和年轻人说话

1986年"东京都老人综合研究所"经过多年的调查研究，开发出第一套评价日本老年人自主生活能力的指标，简称老年人生活能力评价指标，之后该指标作为一套比较适合评价东亚老年人生活能力的标准在许多国家得到推广。老年人生活能力评价指标从"手段的独立"、"认知的能动性"和"社会责任"三个维度对老年人高层次生活能力进行评价（参考表7-2）。所谓手段的独立包括做饭、打扫卫生、管理个人财务等个人料理日常基本生活所需的能力。认知的能动性包括探索、创作、个人趣味活动等方面的认知能力。社

会责任是指与朋友的交往、与他人的商议，以及与年轻人的积极交往等在地域社会中关爱他人的利他的能力。该指标通常在对老年人进行访谈时使用，把老年人对于问题的回答进行数值化，对老年人的日常生活能力进行全面的评估。

表 7-3　　　　　　　　日本《JST 版新生活能力指标》

参与社会活动	（1）参加社区日常活动 （2）参加社区组织的节庆活动 （3）参加社区服务活动、志愿者活动 （4）在社区组织帮忙或担任职务
使用新设备	（5）能够用手机、电脑发邮件和信息 （6）能够使用智能手机 （7）能够使用 ATM 机 （8）能够操作录像机
收集信息	（9）对教育、教养节目感兴趣 （10）关注国内新闻、国际新闻 （11）能够欣赏美术、音乐和电影 （12）能够判断有关健康信息的可信性
生活管理	（13）能够陪同病人看病 （14）能看护孙子、给家人或朋友帮忙 （15）可以尝试改变一下生活方式 （16）能够识别和处理可能遇到的诈骗和被盗等问题

　　老年人生活能力评价指标是 20 世纪 80 年代由东京都老人综合研究所开发并逐渐普及的，但是随着日本经济社会的发展，老年人日常生活的环境也发生了巨大的变化，因此作为衡量老年人生活能力的标准也不可避免地需要进行调整。在此背景下，日本国立长寿医疗研究中心又开发了《JST 版新生活能力指标》，从"参与社会活动""使用新设备""收集信息""生活管理"四个维度 16 个问题，对老年人的日常生活能力评估进行了补充（参考表 7-3）。

由这两个生活能力指标，总计 29 个问题构成了一个较完整的对老年人自主生活能力进行评价的指标体系。

三、延长健康寿命来自健康的饮食生活方式

（一）健康饮食的含义

大量研究证明，健康饮食与生活方式与老年人健康寿命存在着直接的关系。据世界卫生组织估计，2018 年中国 60 岁以上老年人死亡中，超过一半要归因于饮食风险（营养过剩或营养不良）和高血压。所谓健康饮食是指个体持续保持一种能够维系身心健康所需的以营养平衡为基础的饮食生活状态，而营养平衡的关键在于生鲜食品摄入的多样性。

2000 年日本厚生省推出的《饮食生活指南（2000 版）》中指出健康饮食主要包括：快乐饮食；饮食中主食、主菜和副菜的搭配平衡；充分摄取谷物；蔬菜、水果、肉、蛋、奶、鱼、豆制品的搭配平衡；控制盐、脂肪和体重；重视地域饮食文化和物产；提高烹饪水平等。同时该指南还把饮食生活规划、饮食教育、食品产业、农林渔业作为推进全民健康饮食运动的四个重点领域。

东京都老人综合研究所提出的《预防低营养延缓老化的饮食生活指南》中提出了指导老年人健康饮食的规范：注意三餐饮食平衡；充分摄取动物脂肪；肉和鱼 1∶1 摄取；每天摄取 200mL 以上牛奶；每天摄取种类丰富的蔬菜、水果；积极参加社区聚餐等。

2013 年 9 月，全国老龄委和国家卫计委联合发布的《中国老年人健康指南》建议老年人每人每天摄入 1 两至 2 两粗粮，每天吃 6 两到 1 斤新鲜蔬菜，适量摄入鱼、肉、蛋等高蛋白食物，常喝牛奶，每天最好吃一次豆制品和少量坚果，饮食清淡，少油少盐等。

（二）影响老年人健康饮食生活的因素

老年人健康饮食的主要目的是促进个人健康水平的提高，延长健康寿命，为此就需要保持营养摄取平衡，预防生活习惯病的发生。健康饮食习惯的养

成,既涉及个人主观的饮食生活能力,也涉及客观的饮食生活环境。个人饮食生活能力包括个人饮食观念、饮食文化,以及健康饮食信息的收集能力、食品选购能力、菜单计划能力、烹饪料理能力、菜品装点能力、饮食能力、外出就餐能力、与别人一起共餐能力、食物保管能力、餐后收拾能力等诸多方面。而饮食生活环境则包括食品的生产与流通、购物的便利性和社区服务等方面(参考图7-2)。

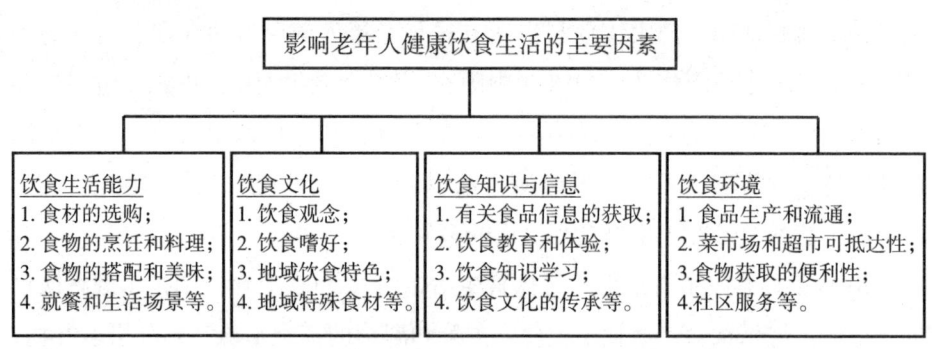

图7-2 影响老年人健康饮食生活的因素

日本营养学者、滨松大学手嶋登志子教授在《提高老年人的QOL的饮食护理论》一书中提出,维持营养平衡是保持老年人身体健康的前提条件。低营养是造成老年人活动能力和认知能力低下的"老年衰弱综合征"的主要原因,老年人营养缺失既有个体身体、心理等主观原因,也有社会、经济等客观环境的原因,她认为创造一个方便于老年人的"饮食环境"是社区的重要责任(参考图7-3)。

如上所述,健康饮食最主要的特征是平衡营养,除了取决于饮食观念、膳食知识、经济条件和生活方式等个体的饮食生活能力之外,生鲜食品的获取与流通、交通手段的便利性、生鲜购买渠道的可接近性、社区组织的帮助等客观因素也起着重要的作用。随着老年人的年龄不断增长,外出能力、社会交往能力、料理能力、饮食能力开始下降,特别是70岁以上的空巢老人、独居男性老人面临较大的健康与营养问题。促进老年人的健康饮食,提高个人的饮食生活能力,社区及社区商业起着重要的作用。社区要大力宣传营养平衡膳食的意义，倡导健康的生活方式，积极启发老年人对饮食的兴趣；为老年人的购物、就餐、运动提供便利的条件；积极鼓励老年人参加社区组织的各种趣味小组活动，特别是料理小组活动和聚餐活动，提高老年人的社会交往能力。

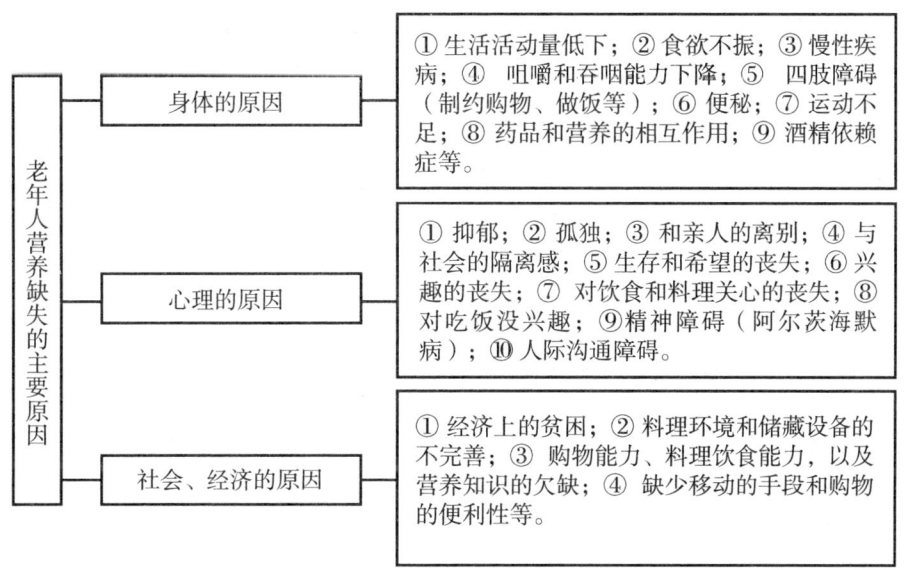

图 7-3　导致老年人营养缺失的主要原因

来源：手嶋登志子.高齢者のQOLを高める食介護論：口から食べるしあわせ［M］.東京：日本医療企画，2006。

（三）倡导以健康饮食为基础的生活方式

健康饮食涉及老年人饮食、运动、人际交往等诸多方面，倡导健康饮食生活方式已成为健康老龄化最重要的基础。健康饮食生活方式概括起来主要包括以下三个方面。

1. 以营养平衡为基础的健康饮食

随着年龄不断增大，老年人的体力、身体活动量、口腔功能、消化吸收能力都在逐渐下降，为此就需要对日常生活中主食、主菜、配菜进行科学的搭配，适当控制热量的摄取，做到低脂、低盐，保持营养的平衡。

2. 以饮食乐趣为基础的健康活动

对于老年人来讲，热爱生活，以追求健康饮食、品尝美味为兴趣，必然会促进购物、旅游、健身和学习，使健康饮食超出单纯的维系生命的活动，而具有更广泛的人生意义和社会意义。购物和到医院看病是维系老年人健康及生命的"两个轮子"，外出购物，亲自挑选食材，亲自动手做饭，是促使老年人身心健康的重要手段。

3. 以分享为基础的社区人际交往

以追求健康饮食为乐趣的老年人，通常愿意与朋友和家人进行分享，也热衷于参加社区的美食展示和品尝活动，愿意参与社区的学习小组、趣味小组，能够建立较好的人际关系，而这种人际交往关系的建立对于老年人的健康有着特别重要的意义。

四、居家养老新模式：从"商养结合"到"医养结合"

（一）"医养结合"产生背景

2010年之后，随着我国人口老龄化的快速发展，失能、半失能老人的照料和护理问题日益突出，在家庭养老功能逐渐弱化的趋势下，人们对养老服务的需求日趋增长。在此背景下，我国于2011年开始提出，发挥专业机构和社区服务的作用，建立起以居家为基础、社区为依托、机构为支撑的养老服务体系。2011年国务院办公厅发布了《社会养老服务体系建设规划（2011—2015年）》，首次提出了建设医护型养老社区的意见。同年国务院办公厅又发布了《社区服务体系建设规划（2011—2015年）》，提出在社区建设包含医疗卫生在内的服务项目，满足老年人对医疗、保健的需求。这两个文件虽然没有明确提出"医养结合"的概念，但是开始把社区医疗、护理、康复作为社区服务的方向，促进医疗和养老的结合，以满足老年人对康复护理的需求。

2013年9月，国务院发布了《关于加快发展养老服务业的若干意见》，正式将"积极推进医疗卫生与养老服务相结合"作为养老服务业发展的6大主要任务之一,提出了将探索医疗和养老结合的形式,明确了医疗机构在养老服务中的责任和服务内容。2014年,国家发展改革委等9部门共同发布了《关于加快推进健康与养老服务工程建设的通知》,该通知首次出现了"医养结合"的表述,提出社区养老服务体系应该包括日间照料中心、老年养护中心、养老院等医养结合服务设施等。在此基础上,2015年3月,国务院办公厅发布的《全国医疗卫生服务体系规划纲要(2015—2020年)》中,首次明确了"医养结合"概念的含义,提出了统筹医疗服务与养老服务资源,推进医疗机构与养老机构的结合,提高社区养老服务水平。同年11月,国务院办公厅又转发了国家卫计委等8个部门联合发布的《关于推进医疗卫生与养老服务相结合的指导意见》,该意见对"医养结合"的基本原则、发展目标、重点任务、保障措施、组织实施等做出了明确的说明,提出了"医养结合"的发展方向。

进入2016年之后,相关部门密集出台了一系列促进"医养结合"的政策。2016年1月,国家卫计委印发了《2016年卫生计生委工作要点》,提出启动"医养结合"项目试点工作,把"医养结合"作为加快推进我国医药卫生体制改革的重要组成部分。同年12月,国务院又发布了《"十三五"卫生与健康规划》,进一步明确了"医养结合"工作中的任务和责任。2017年3月,国家卫计委等13个部门联合发布了《"十三五"健康老龄化规划》,提出推动服务业模式创新和跨界融合,发展"医养结合"等新兴消费。

总之,随着2010年之后的一系列政策的指导,以及各地"医养结合"试点的成功探索,以居家养老为基础、社区为依托,"医养结合"的养老方式正在成为国家积极应对人口老龄化的基本策略。所谓"医养结合"是指医疗资源与养老资源相结合,通过社会资源的共同利用为居家养老服务。其中"医"主要包括医疗康复保健服务,具体有医疗服务、健康咨询服务、健康检查服务、疾病诊治和护理服务、大病康复服务以及临终关怀服务等;而"养"主要包括生活照护服务、精神心理服务、文化活动服务等。我国"医养结合"模式的特征归纳为以下几个方面。

第一,"医养结合"模式的重点不是着眼于预防,而是针对60岁以上患有慢性疾病，或存在失能、半失能状况的老年人为主要服务对象；第二，"医养结合"是为居家老年人提供必要的疾病诊疗和长期护理服务；第三，对老年人提供长期居家护理的同时，提供大病康复、临终关怀、心理安抚等辅助性服务。

（二）从"商养结合"到"医养结合"

综上所述，"医养结合"是以失能、半失能的老年人为主要服务对象，并提供以居家服务为主的医疗和护理。但是随着老年人健康寿命的延长，大量处于相对年轻阶段的（60—75岁），充满活力的老年人也应该成为社区养老服务的对象。

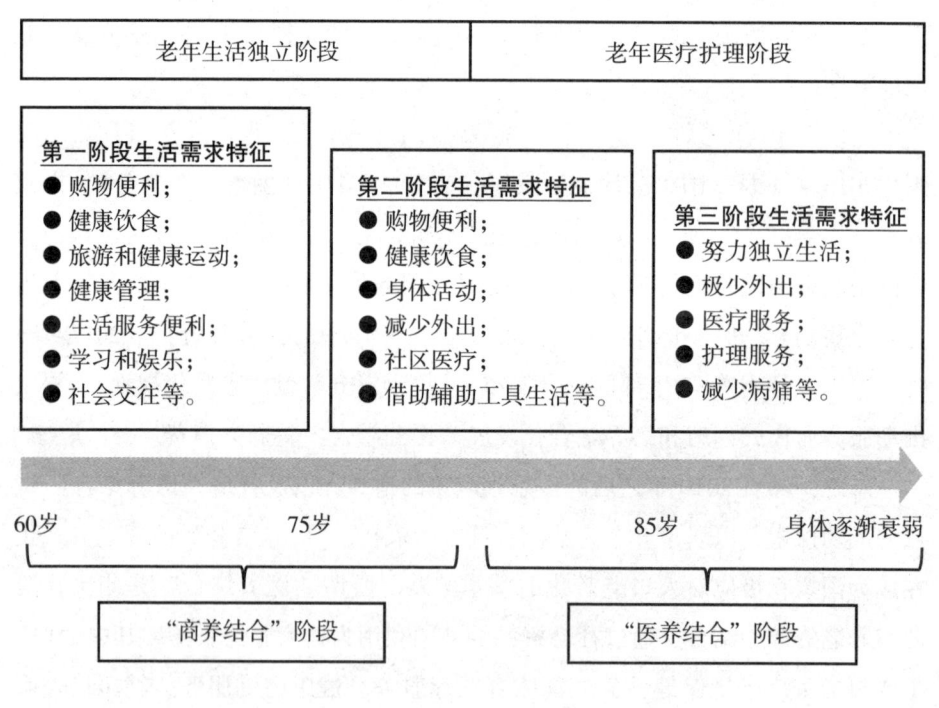

图 7-4 从"商养结合"到"医养结合"

人的老年生活一般会经历三个阶段：第一个阶段为基本健康阶段，一般年龄在 60—75 岁，这个阶段老年人追求继续在社会发挥余热，注重健康饮食和健康运动,追求快乐生活,期望健康长寿;第二个阶段一般年龄在70—80岁,这个阶段虽然体力、精力、能力开始逐渐下降,身体开始出现病痛,但还是希望自己能够健康快乐地生活,追求独立的生活目标;第三个阶段一般年龄在80岁以上,这个阶段身体病痛和身体衰弱加剧,开始出现半失能症状,或需要某种程度的家庭护理,希望减轻病痛,生活基本安心,能够居家度过自己人生最后的时光。

所谓"商养结合"是遵循健康老龄化中的预防理念,将社区生活服务业和养老资源结合起来,通过创造健康饮食、健康运动、学习和与社会交往的环境,实现老年群体延长健康寿命,提升生活质量的目的。社区商业在促进老年群体身心健康方面发挥着不可替代的作用。通过健康饮食服务和健康生活服务,促进老年群体融入社会人际交往,最终目的是提高老年人的健康水平和营养平衡,延长老年人的健康寿命,提升老年人的生活质量。

"商养结合"的主要目标在于预防。加强预防为主,才能降低"医养结合"在医疗、康复和生活照料上的成本,延长老年人的健康寿命。当进入老年生活的第三阶段时,"医养结合"的医疗服务、护理服务、生活照料服务、临终关怀服务才开始发挥作用。只有将以预防为主的"商养结合"和以治疗、护理为主的"医养结合"结合起来,社区居家养老服务才能更加完善,才能真正发挥其服务的作用。

(三) 要加快社区商业与居家养老的结合

1. 要加快"银发市场"的开发

我们应该看到在我国人口老龄化的快速发展带来前所未有压力的同时,居家养老服务中的保险业、医疗产业、护理产业、生活产业所蕴藏的巨大市场发展潜力。目前老年人的消费行为在发生明显的变化,特别是随着"60后""70后"开始进入老龄阶段,老年消费市场将迎来快速发展时期。其主要原因为:首先,这一代老年人有较好的文化知识水平和接受信息化的能力;其次,他们有比较好的经济基础;最后,他们精力旺盛而有活力,将成为健康老龄化市场消费的主要力量。

据预测,到2050年我国GDP的三分之一将与老年产业有关,市场发展潜力巨大。目前我国社区居家养老服务市场刚刚起步，相关的市场发展还不成熟，与日本等发达国家相比，能够满足老年人健康需求的商品和服务还有非常大的差距。如果没有发达的"银发市场"，成熟的社区商业体系就难以形成，支持社区养老服务的公助、共助、互助、自助体系就难以发挥作用。从老年人的居家养老需求和具体消费支出来讲，"银发市场"主要涉及以下相关产业（图7-5）。

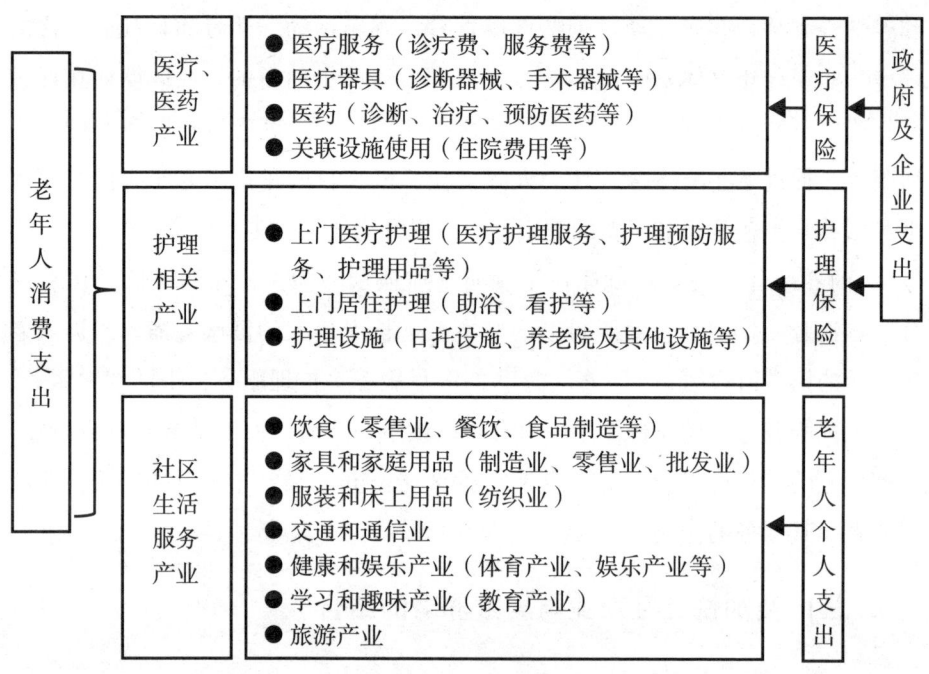

图7-5　老年人消费支出及相关产业

（1）医疗、医药产业。主要包括医疗服务、医疗器具、医药和关联设施使用。

（2）护理相关产业。主要包括上门医疗护理、上门居住护理和护理设施。

（3）社区生活服务产业。主要包括饮食、家具和家庭用品、服装和床上用品、交通和通信业、健康和娱乐产业、学习和趣味产业、旅游产业。

老年人的医疗服务和护理服务支出主要依靠政府的医疗保障体系和社会

医疗保险的保障,即来自社会公助、共助、互助的支持;老年人生活服务的消费则主要依靠退休金、个人储蓄、子女赡养费等支撑,而社区商业在老年人居家生活服务方面发挥了重要的保障作用。

2. 要不断丰富社区商业功能

社区商业是延长老年人健康寿命、提高老年人生活质量的重要载体,没有良好的社区商业环境的支持,"银发市场"就难以发展,老年人以健康饮食为基础的生活方式就难以得到保障,以预防为主的"商养结合"就难以实现。因此,社区商业应不断完善其功能,为老年人提供便利化服务。

(1) 购物服务功能

首先,随着老年人体力和精力的衰退,出行手段越来越少,出行距离逐渐缩短,在居住区 200 米范围内应设有 24 小时营业的集日常生活必需品、简餐和生活服务在内的现代便利店。其次,在居住区步行 500 米半径内应有一家全品类生鲜超市。所谓全品类主要是指日常生活必需的肉、蛋、菜、奶、水产、水果、加工食品、谷物、副食品、调味品等商品齐全,面积在 1000 平方米左右的生鲜超市。健康的老年人步行 500 米需要 10 分钟左右,一次购物往返大概需要步行 20 分钟,对于老年人来讲是比较合理的。最后,在离居住区 1—1.5 千米范围内应有集餐饮、休闲、娱乐、学习、诊疗于一体的社区邻里中心,形成有层次,能够提供多样化服务的网络。

(2) 餐饮服务功能

在居家 200 米范围内除早餐店、快餐店外,特别重要的是社区要办好老年餐桌,解决好老年人的一日 2—3 餐问题。老年餐桌不仅能解决老年人的吃饭问题,更重要的是能为老年人相互交流和社会交往提供一个场所和机会,能起到对独居老年人的基本照看作用。因此要把老年人的健康配餐、送餐作为一项社区商业基础工作。

(3) 商品服务功能

社区生鲜超市、便利店要有明确的健康饮食服务意识,要增加健康食品、有机食品的供应;加大低盐、低糖、低脂的食品开发,做好多品种、小包装的食品销售;要扩大加工食品、熟食的销售,扩大超市和便利店的餐饮区;通过线上线下的结合为老年人提供商品送货上门服务,对独居老人送货要有登记制度；加强超市和便利店店员应急处理知识、老年慢性病知识的培训。

(4) 健康服务功能

除了在社区设置健身房、康体中心、棋牌室等娱乐场所之外，零售业要加强健康信息、健康自测、健康咨询等服务项目，加强对健康活动的宣传，在社区中心、邻里中心开设健康保健、疾病预防、健康饮食方面的讲座。

(5) 学习、趣味功能

在社区邻里中心开设书店、老年大学、趣味教室（舞蹈、钢琴、瑜伽、料理、绘画、摄影等）、早教中心、儿童兴趣培训班，以及其他教育机构等。

(6) 生活服务功能

生活服务功能主要包括美容美发店、洗衣店、综合修理店、补衣缝纫店、家政服务中心、再生资源回收点、文化用品店等。

(7) 保健预防功能

保健预防功能主要包括社区医院、口腔医院、医疗陪诊服务店、健康检测中心、医疗保险机构等。

3. 要加快社区组织与生活服务业的结合

社区商业服务功能能否有效地发挥居家养老支持作用，还需要政府、社区、企业、志愿者组织等社区商业外部环境的支持。具体来说，需要市、区、街道、社区组织在资金和税收方面的支持；需要居委会、物业委员会在场地、经营秩序等方面的协调和维护；需要企业在购物环境、送货上门、食品安全、适老化商品的开发等方面的努力；需要社区志愿者和邻里间的互助关系。只有通过这四个方面的协作，社区商业功能才能顺利展开，居家养老的作用才能得到发挥。

五、"商养结合"模式：对日本永旺集团"GG生活中心"的考察

(一) 日本永旺集团积极的老龄化战略

永旺集团是目前日本规模最大的零售企业集团，有综合百货超市、食品

超市、折扣超市、家居中心、便利店、专卖店、药妆店、生活中心、邻里中心、金融、服务、牧场等业态和产业，2017年销售总额达到8.39兆日元，连续7年经营利润居日本第1位。目前永旺集团在全球共有21742家店铺，其中在海外14个国家拥有4132家店铺，在中国大陆共有445家店铺。

日本严重的老龄化对零售业发展产生了巨大的影响，由于人口少子老龄化，以及长期经济不景气造成的收入下降，使日本国内消费市场不断萎缩，零售业面临严峻的挑战。面对人口的老龄化、少子化、高龄化、空巢独居化的社会环境，以及消费行为发生的变化，永旺集团不断调整经营理念和营销方式以适应环境的变化。近年来，永旺集团以健康为切入点，发挥地区生活中心的作用，通过与政府、社区等市民团体、生产者、社区商业街、交通机构、银行和金融机构、医院和医疗机构、大学和研究机构等通力协作，探索零售业从"消费功能型"向"生活价值型"的转化。

在日本老龄化不断加剧的大环境下，永旺生活中心大部分商圈的顾客老龄化程度严重，为了针对老年人闲暇时间多，对健康、经济、护理等生活问题不安的心理，以及老年人平日上午购买，并且购买高频度高、数量少，从追求商品到重视服务的消费特点，永旺集团提出"时间消费"和"化解不安"为目标的营销策略。所谓"时间消费"主要是针对老年人闲暇时间多的特点，开发老年人在学习、旅游、美食、烹饪、交友和轻松、舒适、便利等方面的兴趣，积极引导老年人参加各种培训、趣味教室、俱乐部，通过社会交往消除老年人的寂寞感和心理不安，提高老年人对生活的信心。所谓"化解不安"是指利用老年人希望保持健康和年轻的心态，鼓励老年人参加健康、睡眠、美容、养生、治疗等方面的活动。为了消除老年人对经济的不安，在理财、保险、看护、遗嘱、生前事物料理等方面为老年人提供咨询帮助。

1. 积极老龄化经营策略

作为积极应对老龄化的具体举措，近年来永旺集团在三个方面做出较大的战略调整。第一，在店铺开发方面，创新"GG模式"、增加适老化商品开发、增加了店铺开门前面向老年顾客的广播体操，以及在生活中心配置大药房和诊所。第二，在服务创新方面，力求最大限度接近消费者，开设移动销售车、增加接送班车、开设网上超市和送货上门服务等。第三，在营销创新方面,利用大数据分析,开发多种面向老年顾客的促销活动,如 GG 促销日活动等。加强与顾客的沟通,利用 GG 会员卡加强与顾客的互动,建立永旺俱乐部、永旺健身中心、永旺日间看护所、阿尔茨海默病咖啡馆等,为老年人提供全方位的居家养老服务支持。

2. GG 理念与营销策略

所谓 GG 是 Grand Generation 的缩写,"Grand"是伟大的意思,是将老年视为一生中最伟大的年龄段,用这个称呼来致敬那些到晚年仍充满朝气、拥有丰富的知识及经验,以各种姿态享受人生的当代老年人。GG 的概念是日本著名剧作家、京都造型艺术大学艺术学部教授小山薰堂提倡的理念。小山薰堂认为"无须过分担忧老龄化社会的到来,我们国家需要的是想办法促进老年人的消费"。永旺集团极力赞成这一观点,并将这一理念在零售领域付诸实践,努力推进 GG 的相关事业发展。

永旺集团针对老年人有闲暇时间,以及对健康的不安、对经济的不安、对晚年孤独寂寞的不安、对晚年护理的不安等生活特征和心理特征,与政府、社区、医院、志愿者组织、老人会、自治会、社区商业街等,以及在健康领域志同道合的事业伙伴一起共同推进 GG 事业的发展。截止到 2018 年 10 月,永旺集团将 15 家生活中心改造为 GG 生活中心,计划到 2025 年将其扩展到 100 家,并使每一家都具有自己的特色。GG 生活中心的经营理念主要有以下三个特点。

第一,以老年人为目标顾客。为了满足老年人"消磨时间"和"化解不安"的需求,提供"物质+体验+场所",实现"丰富多彩的生活",让店铺成为区域内不可缺少的老年人活动中心。

第二,在集客战略上,培养老年人到 GG 生活中心活动的习惯,增强其黏性,使之成为老年人消磨时光每日必去的生活场所。

第三,在顾客体验上,提高商品消费的体验感,提升商品质量和适销水平,满足老年顾客基本的生活需求。

(二)东京永旺葛西店的"GG 生活中心"案例

永旺葛西店位于东京都江户川区葛西地区,共四层,经营面积 16000 平方米，有可停476辆车的停车场。1982年开业以后，在日本经济快速发展时期，永旺葛西店靠良好的经营理念和商品管理水平，一直受到当地消费者的支持和厚爱。但是进入2000年之后，由于日本少子老龄化的加剧，永旺葛西店的经营受到很大影响，销售业绩开始下降。其重要原因是该地区同行业竞争的加剧，但最主要的原因是商圈顾客的老龄化。据调查，在永旺葛西店周边2000米范围内，65岁至75岁的老年人口有3.5万，占该地区居民的44%。这促使永旺葛西店下决心导入GG经营理念，进行经营创新。经过2013年和2016年两次大规模改造，目前该店已经成为东京地区GG生活中心的样板店。

永旺葛西店以老年顾客为目标市场，在与当地政府、社区、商业伙伴和医疗机构的协作下，打造了一家专门为老年人服务的社区生活中心。经过几年的实践，积累了"商养结合"的丰富经验，其经营特征主要体现在以下几个方面。

1. 老年健康运动

每天早上开门营业前都会在生活中心广场，由永旺葛西店店长带领老年人做广播体操，并且在生活中心1—4层专门铺设了防滑运动步道，总长达到870米，每天有专门的员工带领老年人运动。另外，在生活中心还设有健身俱乐部、健身教室，每周有专门的教练与老年人进行交流并对其进行运动辅导。

2. 健康自测

生活中心四层设有永旺药房，老年人可以利用药房提供的仪器免费测血压、血糖、体脂等，让老年人了解自己的身体状况，量力而行地参加健身运动。

3. 健康饮食

生活中心定期会举办健康饮食的系列讲座，针对老年人比较普遍的低营养问题，超市导购员会指导老年顾客选购生鲜食材和营养搭配。超市经常为老年人提供试吃活动，听取他们的意见，基于老年人的特点开发新的商品。另外，鼓励老年顾客在健康饮食讲座中相互交流经验，丰富他们的生活。

4. 健康食品

生活中心的超市重视健康食品，特别是低糖、低盐、低脂食品的开发。大部分肉类都经过国际GAP的认证，保证食品安全。近年来，永旺超市加大了对高龄老人的食品,特别是易消化、易咀嚼食品的开发,注重高龄老人的营养平衡,延缓老年人的老化。在食品销售方面,永旺超市坚持多品种、小包装的原则,为老年人提供营养而适量的食品,特别是加大便利食品、加工食品、熟食品开发,其中加工食品占卖场面积的40%以上,与此同时扩大就餐区面积并提升服务质量,为老年人在超市的一日三餐问题提供解决方案。

5. 健康和护理咨询

生活中心经常举办各种有关健康方面的咨询活动,不仅吸引老年人,而且还吸引大量的中年人、年轻人参加。阿尔茨海默病的防治、诊断、护理、治疗、用药等方面的知识讲座经常吸引大量顾客参加。

6. 老年护理用具

生活中心有相当大的卖场面积销售老年人专用的服装、寝具、轮椅、拐杖、家具等适老化商品,并提供咨询和安装等服务。

7. 为老年人提供各种保险咨询服务

生活中心定期举办护理保险、健康保险,以及遗嘱、生前事物料理等方面的咨询服务活动。

8. 开设阿尔茨海默病咖啡馆

近年来,阿尔茨海默病的数量在日本老年人中急剧增加,成为老龄化严重的社会问题。护理阿尔茨海默病患者是一项非常消耗体力和精力的事情,通常护理的亲属要忍受巨大的经济负担和心理压力。永旺葛西店为此开设了阿尔茨海默病患者咖啡馆,患者家属可以利用这个空间交流护理经验,疏解心理压力。

9. 开设保健室

生活中心设置了日间看护中心和老年康复中心,为社区老年人提供健康咨询服务、康复服务、护理服务,为居家养老提供了有效的支持。

10. 扎根社区,与居民建立起融洽的联系

永旺葛西店经常参加社区和当地政府举行的各种地域文化庆典活动和休闲娱乐活动,赞助社区的体育比赛、料理大赛,加深了与社区居民之间的联系。

经过4年的实践,永旺葛西店真正成为周边社区居民离不开的居家养老

生活中心，每天有数以千计的老年人在生活中心学习、交友、吃饭、运动、娱乐，生活中心不仅得到老年顾客的高度评价，其销售额也有了稳步的提升。永旺葛西店的 GG 模式，不仅吸引了大量的老年顾客，同时也得到了商圈内大多数中青年顾客的支持。每天有相当多的中青年顾客到店内购物，参加各种趣味教室、健康讲座和健身活动，为父母的养老问题、健康护理问题，以及自身的健康问题、社会保障问题进行咨询。

(三)"GG 生活中心"模式带给我们的启示

日本从 1980 年开始进入老龄化社会。40 年来，日本积累了丰富的应对老龄化的经验。目前中国的老龄化进程和人口结构与日本 20 世纪 90 年代初期相类似，日本老龄化发展的今天，也许就是我们的明天，因此认真分析目前日本老龄化社会的矛盾和问题，学习日本政府和企业"商养结合"的经验，对于推进我国健康老龄化和社区居家养老服务有重要的意义。

"商养结合"的切入点在健康。"商养结合"的目的是延长老年人的健康寿命，提升其生活质量，预防慢性病等生活习惯病的发生，防止慢性病的重症化。因此，日本"商养结合"的重点是在社区生活中心，鼓励老年人利用生活中心提供的健康检测仪器对自己的各项指标和身体状态进行了解，老年人可以根据自己的身体状况、心理状况和兴趣，参加各种健康咨询、健康知识学习、健康活动、健康饮食、健康管理等活动。

社区生活中心是"商养结合"最重要的平台。由于生活中心面积大，功能齐全，具有聚客的优势，因此健康产业、医疗产业在生活中心与商业形成了互补和契合，成了"商养结合"最理想的平台。

老龄化下社区商业要从"消费功能型"向"生活价值型"转化，从以购物便利化为主，向便利生活化，为老年人提供生活解决方案转移。

"商养结合"需要政府、医院、社区组织、志愿者组织、社区商业组织，以及有志于为健康和居家养老服务的零售商、供应商、制造商、服务商的通力协作和配合。

第八章 国外的经验与借鉴

一、日本的经验与借鉴

(一) 日本的"区域综合护理体系"

日本是世界上老龄化程度最严重的国家之一。据日本内阁府发布的《2018年老龄社会白皮书》的统计,截止到2017年9月底,日本65岁以上的老年人口为3515万,占总人口的比例为27.7%。其中65—74岁前期老年人口为1767万,占总人口的13.9%;75岁以上后期老年人口为1748万,占总人口的13.8%。另外,随着人口少子老龄化加剧,日本人口开始减少,据日本总务省统计,2017年日本出生人口仅有94.6万,创历史新低的同时,死亡人口达到了134.4万,人口自然减少40.3万,并且呈现不断扩大的趋势。随着日本超级老龄化社会的发展,空巢和独居老人急剧增加。据统计,2016年日本65岁以上的空巢家庭超过55%,65岁以上的独居老人超过600万人,占65岁以上人口的34.4%,其中老年女性独居者占三分之二以上。家庭抚养关系的解体、传统邻里关系淡漠,是老年社会弱者不断增加的重要原因。其中最典型的是近年引起日本社会关注的老年独居群体中的"孤独死"问题,据不完全统计,日本每年"孤独死"的老年人超过3万人,并且呈快速增长的趋势。

近年来，为了应对战后出生高峰期的"团块社会"①的老年人集体进入高龄化问题，以及高居不下的社会医疗保障支出的快速增加，日本政府开始积极推动以居家养老服务为中心的战略。鼓励老年人从依存于医院、设施养老，回归到自己熟悉的生活环境进行家庭养老，使老年人在相对舒适的家庭环境中度过自己的晚年。为此，日本政府从2015年开始，在全国范围打造以"15分钟生活圈"为服务范围的"区域综合护理体系"，力争在2025年前建立起全国范围内的居家养老综合服务网络。

日本"区域综合护理体系"与我国社区居家养老服务体系有着相同之处，是指以稳定的居住环境为基础，为确保生活上的安全、安心、健康，在步行15分钟日常生活圈内，为老年人提供医疗、护理，以及各种生活服务支持的区域服务体系。日本厚生省明确了"区域综合护理体系"必须包括以下五个方面的服务内容。

第一，加强与医疗机构的合作，强化24小时可随时对应的上门医疗服务，以及充实、强化上门护理服务、康复服务等。

第二，强化家庭护理服务，加强养老院、日间照料中心等应急基础设施建设，强化24小时随时可应对的上门护理服务。

第三，大力推进各种以预防为主的措施，尽量减少老年人护理状态，鼓励自主、自立的家庭护理方式。

第四，随着阿尔茨海默病的增多，以及空巢老人、独居老人的增加，社区要提供包括购物、餐饮、生活服务、老年饭桌、基本照看、财产保护等多种便利化生活服务的支持。

第五，加强高龄老人住宅的适老化改造，加强老龄化住宅及生活便利化设施建设。

"区域综合护理体系"的建立，在政府起主导作用的同时，还需要社区、志愿者组织、NPO组织、社区商业街、零售企业、生活服务企业的共同支持。为了从组织和资金上保障"区域综合护理体系"的正常运行，2018年日本厚

---

① "团块社会"在日本是指第二次世界大战后1947—1949年生育高峰期出生的一代人，据统计全国大约有880万人。

生省建立了总额为 5963 亿日元的专项推进资金,国家财政承担其中的 1988 亿日元,地方财政承担 3975 亿日元,共同支持社区居家医疗服务、护理服务、生活服务的展开。与此同时,为了保证"区域综合护理体系"的顺利实施,还建立了一套从地方政府到基层社区的协调机制。该机制由当地市、町、村政府相关部门牵头,区域 NPO 组织、志愿者组织、民营企业和其他市民组织参加,每个月至少召开一次协调会议,共同解决社区养老服务、商业街建设等方面的问题。

(二) 政府主导的"购物弱者"治理对策

随着日本超级老龄化社会的不断加剧,老年人购买生鲜食品困难问题,即"购物弱者"问题开始引起社会的关注。据 2015 年日本经济产业省发表的对全国购物弱者状况的调查结果显示,2014 年,从家到生鲜食品店的距离超过 500 米,并且没有汽车或不会开车的感到日常购物不便的 60 岁以上老年人超过 700 万人,比 2009 年增加了 100 万人左右。其中,东京、名古屋和大阪三大都市圈是老年购买弱势群体主要集中的区域,对他们的救助已经成为老龄化下大都市公共政策急需解决的重要问题。随着日本经济的停滞和消费行为的变化,大都市的中心区、周边的卫星城和老工业区的"食品沙漠"区域不断扩大,生活于其中的以老年人为主的"购物弱者"的精神和身体健康面临很大的问题。

日本老年"购物弱者"问题的产生,有着复杂的经济、社会等方面的原因。日本的大量研究证明,老年人生鲜食品购买难问题不仅仅是老年人购物难问题,其背后存在着社会孤立、健康损害、社会责任承担、生活意愿确认等一系列老龄化社会面临的深层次的问题。

近 20 年以来,针对日趋扩大的"购物弱者"问题,日本经济产业省(2012)"维系地域居民基本生活的流通发展方式研究会"提出了送货到家、流动售货、交通手段的便利化和邻里小型店铺的开设等四个方面以解决"食品沙漠"问题的对策。日本农林水产省(2013)提出在商业空白地域开设小型店铺、送货到家、流动售货、社区餐桌等四项解决对策。日本经济产业省(2015)发表的《购物弱者支援手册 3.0 版》进一步提出了上门配送食品、开设邻里小型店铺、交通手段便利化、社区餐桌、提高物流效率等五个方面的解决对策。

目前日本各级政府和研究者针对"购物弱者"问题提出了多样的解决对策，基本上可以归纳为以下四种类型。

1. 在购物困难地区开店

主要是在生鲜食品匮乏区域开设销售生鲜食品和日用品的商店以满足居民就近购买的需要。包括开设社区微型超市，以及利用社区空置房屋开设小型生鲜超市或者便利店等。

2. 提供便利的交通工具

主要是为那些不会开车或者没有私家车而购物距离又非常远的居民提供便利的交通工具，为此日本国土交通省提供专项资金加以支持，主要包括购物班车、为弱势群体发出租车券等。

3. 送货上门

主要是指通过电话、传真和网络订购商品，由店家或物流业者送货上门，包括单个配送、共同配送等。专业代购公司也属于这种对策类型。

4. 流动售货

主要是指将一般货车改造成微超市或便利店，在商业空白区域按照固定日期和时间巡回销售日常生活商品。除了流动售货车以外，在社区开设的临时露天市场等也属于这个范围。

以上几方面对策的一个共同目的是最大限度地实现购买的便利化。传统零售业一般是集客型销售模式，即消费者从家里到店铺挑选商品，付款后把购买的商品搬运回家。在这个过程中，消费者要承担购物过程中的时间、体力、金钱、心理等购物成本。与此相对照的是，"购物弱者"对策属于接近型销售模式，通过店铺与商品最大限度地接近顾客，以方便行动不便的购物困难群体。但是，在接近顾客的过程中必然有时间、人力、能耗等成本支出，如果成本不能追加到价格中的话，这些成本支出必然由业者承担，这也是"购物弱者"对策不可能成为一种营利模式的主要原因。如果营利模式成立的话，"食品沙漠"地带早就应该有超市和便利店营业了。因此，一般食品购买困难的地区，从商业经营的角度看基本上是营利非常困难的地区。

由于"食品沙漠"地域大多属于商业经营难以维持的地区，因此解决"购物弱者"问题的有效对策需要来自政府财政的大力支持。2011年日本福岛大地震之后，日本经济产业省、农林水产省、厚生省等政府部门和地方政府、团体进一步加大了对"购物弱者"的财政支持力度。2012年日本经济产业省从财政资金上支持了全国369个专项，2015年又进一步上升到529个专项，以支持对"购物弱者"问题的改善。

目前日本政府对"购物弱者"的补助金制度主要来自经济产业省、农林水产省和国土交通省等省厅（参照表8-1）。其中经济产业省的资金支持主要由"购物环境改造促进事业项目"和"地域商业自立促进事业项目"构成。这两个项目的最大特征是针对涉及"购物弱者"对策企业的启动资金的支持。而农林水产省的"食品购物环境改善对策事业项目"的最大特点是对"购物弱者"对策的研究、研讨、调查、报告书的制作和印刷等相关调查费用的支持。另外日本国土交通省的补助金制度主要是针对在"购物弱者"交通环境改善事业中出现的亏损部分进行补贴。

表8-1　　日本政府"购物弱者"实施对策补助金制度

	2014年度购物环境改造促进事业补助金	2015年度地域商业自立促进事业补助金	2015年度食品购物环境改善对策事业补助金
实施机构	经济产业省	经济产业省	农林水产省
补助对象	民间企业	商业街组织和民间企业	民间企业、公益社团法人、特定非营利机构等
补助内容	致力于可持续地使地域居民购物便利化的项目。对可持续的项目要优先采纳：收支平衡的项目或者与其他事业者协作实施的项目；社区组织、团体和居民积极参加的项目	满足当地居民需求并且使商业街不断适应外部环境变化的项目；当地政府高度关注和参与的有关制定、整合社区商业街规划和资源的项目；对社区商业街提升吸引力、增加销售额等可持续的项目	支持可持续地改善食品购物环境对策的研讨会的召开、调查报告书的制作等活动

续表

	2014年度购物环境改造促进事业补助金	2015年度地域商业自立促进事业补助金	2015年度食品购物环境改善对策事业补助金
补助区域	超市、菜市场撤离导致的商店空白的社区；老年人徒步范围内商店不足，购买生活用品困难的地区	社区商业街及下设的店铺、商业综合楼、批发市场和其他一般市场等	无指定
补助的具体项目	设施修缮、改造、设备安装及施工费用；相关车辆的购置和改装费用；信息系统购置费用；研修、广告、活动及办公费用	劳务费、会议费、差旅费、场租费、调查分析费、设施改造费、装修及设备购置费、车辆购置和改造费、广告费、活动费、办公费用、水电费用等	会议相关费用（专家劳务费、差旅费、场地租赁费、印刷费、通信费、调查劳务费等）和报告书制作相关费用（资料印刷相关费用）
补助金额	补助率：2/3。补助额：上限1亿日元，下限100万日元	补助率：2/3。补助额：上限5亿日元，下限100万日元	总额864万日元
偿还义务	无	无	如果产生收益，部分用于偿还补贴

来源：① 日本经济产业省. 购物环境改造促进事业补助金申请通告［EB/OL］，2014。
② 农林水产省. 食品购物环境改善对策事业补助金申请通告［EB/OL］，2015。

经济产业省"购物弱者"对策补助金制度有两个主要特征：一是重视项目的协作，二是重视项目的可持续发展。在批准相关补助金申请时，经济产业省在购物环境改造促进事业上把地方政府、参与企业、社区自治组织、居民之间的四方协作作为项目优先采纳的条件。在地域商业自立促进事业项目上把可持续增加社区商业街客流量和销售额作为目的，以充分的调查测算为依据。

2011年之后日本各级政府加大了"购物弱者"对策的财政支持力度，但是在具体实施过程中也出现了多种问题。其中最为突出的问题是，一旦财政支持期限结束，很多项目就会陷入亏损严重、经营难以为继的境地。因此，近年来围绕仅依靠财政支持的"购物弱者"对策能否可持续发展问题，在日本国内有相当多的讨论。针对这些问题，经济产业省（2015）在发表的《购物弱者支援手册3.0版》中特别强调社区居民的积极购买、社区志愿者的参加和企业间的通力协作是可持续发展的最重要因素。日本流通经济研究所（2017）发表的《购买困难者对策报告》中提出，购物困难问题涉及居民饮食和生活的方方面面，因此制定"购物弱者"对策不仅需要社区居民的参与，而且需要建立政府、流通企业、交通部门、社区组织、NPO组织、志愿者组织等各方面参与的协调机制。目前日本有些地区通过建立"社区协议会"的方式将政府福祉部门、社区老年担当部门、当地商工会议所、商业街委员会、社区志愿者组织、专家学者组织起来，共同商议如何降低成本实现可持续发展，收到了非常明显的效果。

（三）传统社区商业街主导模式

近年来，随着日本"区域综合护理体系"的推进，社区生活服务业对居家养老服务的支撑作用受到政府的重视与学术界的关注。石原武政、渡边达朗（2018）针对日本日趋严重的老年人购物难问题进行了专门调查，分析了目前的解决对策，总结了以社区商业街为主导、以社区零售企业为主导以及以社区居民为主导的三种解决"购物弱者"问题的模式。

在以社区商业街组织为主导的模式中，以爱知县丰田市足助地区的社区商业街组织为例，分析了社区商业街以及流动售货车模式在居家养老服务中的作用。流动售货车模式对居住在郊区老旧小区和农村社区的老年人有非常大的帮助，不仅能够解决老年人的购物问题，而且可以起到对独居老人进行照看，帮助老人就医就诊的作用。在以社区商业街为主导的模式中，日本7-11、全家、罗森等社区便利店在解决老年人购物和基本生活问题方面发挥了重要作用。便利店不仅可以提供生鲜食品、盒饭，解决老年人吃饭问题，便利店的售货车还可以为独居老年人免费维修照明、厕所，搬运大件垃圾等，帮助解决老年人的基本生活问题。

近年来，日本社区居家养老服务中的"医商结合"模式受到了广泛的关注。所谓"医商结合"模式是指医院、诊所等医疗机构，以及看护、照料、福祉等社区服务机构与社区商业街的相互结合。社区商业街通过与医疗、康复、护理机构的合作，在为老年人提供健康、安心生活场所的同时，还可以满足地域居民的生活服务需求。2008年日本经济产业省九州经济产业局发表了《关于推进"医商结合"模式，打造安全、安心生活的社区商业街报告书》，首次提出了"医商结合"的概念。"医商结合"的产生主要出于以下几方面的原因：①九州地区是日本人口老龄化发展最快的地区；②为了减少糖尿病、心血管疾病、癌症等生活习惯病的发生，社区居民需要有一个集预防、咨询、诊疗为一体的安心、放心的场所；③随着传统社区商业街日益衰落，也需要将一些空置的设施充分利用起来。在报告书中，九州经济产业局总结了若干个社区商业街与医疗机构协作的案例，对社区商业街开设的针对老年人健康、生活习惯、心理健康咨询、诊疗的设施的效果进行了分析，呼吁全国各地的社区商业街推广九州地区的经验。

九州经验之后，熊本市"健军商业街"模式开始引起全国关注，并成为推广"医商结合"的样板。1999年以来，健军商业街管理委员会先后推出了多项针对老年人的社区服务措施，其中包括出租车为老年人送货服务、陪老年人购物服务等。社区图书馆为老年人提供有关健康、医疗方面的图书，当地的医师会、看护师会、社会福利协议会等组织还利用图书馆场地为老年人开设健康讲座，为老年人免费提供血压、血糖、体脂方面的检测，为老年人建立健康档案。健军商业街经常举办健康咨询活动，为前来购物的顾客提供健康饮食方面的咨询和建议。2013年后，健军商业街与鹿屋体育大学的教授一起共同开发、普及面向老年人的"储筋运动"体操。该体操通过舒筋活血运动达到预防老年人跌倒、发生骨折的目的，参加这项运动的老年人可以获得积分奖励，用积分可以在商业街交换食品折扣券。2013年之后，"医商结合"模式在日本全国得到推广，成为日本各地积极应对老龄化的一项重要举措。

(四) 现代社区主导模式

1. 日本千叶县柏叶市的未来社区构想

柏叶市位于离东京 30 多千米的千叶县，人口约 40 万，产业主要以农业、工业为主，拥有规模较大的工业开发区。柏叶市目前人口老龄化严重，65 岁以上老年人口超过 20%，其中 75 岁以上高龄老人超过 10%，预计到 2030 年老龄化率将超过 27%，75 岁以上高龄老人将超过总人口的 17%。

从 2000 年开始三井不动产启动柏叶市 273 公顷的未来社区规划，2008 年由三井不动产和千叶县、柏叶市政府、东京大学、千叶大学共同发起"柏叶国际学园构想计划"，力图打造能够引领 21 世纪发展的未来城市社区。从 2008 年 3 月开始，经过 6 年三个阶段的建设于 2014 年竣工，成为 21 世纪日本官、民、学一体打造的新型社区样板。2011 年被日本内阁府评为日本"综合特区"以及"未来城市样板"。目前柏叶市未来社区共有居民 800 户，是集居住、大学、大型医院、研究机构、办公、购物、休闲、公园为一体的大型综合体。柏叶市未来社区的基本理念和目标有以下三个方面：打造对环境友好型的环保城市，打造引领日本产业发展的新产业创新城市，打造让所有家庭安心生活的健康长寿城市。

2. 柏叶市未来社区的"商养结合"模式

2000 年日本政府推出《健康日本 21》的国家战略，把延长健康寿命，提升生活质量作为经济社会发展的主要目标。为此，日本产业界围绕这一基本国策，推出了不同的措施和模式。在这一背景下，柏叶市未来社区把家庭安心生活的健康长寿城市作为建设智慧社区、未来社区的主要目标和理念。具体体现在以下几个方面。

(1) 建立以预防为主的健康中心

未来社区综合体设置了"明天健康促进中心"，居民可以免费享受基本的健康水平测试和健康方面的咨询。健康中心的主要功能是让居民做到"知、感、育、乐、医"。"知"是让居民在健康中心通过测量仪器了解身体主要指标和身体状态；"感"是通过各种活动让居民得到健康的体验；"育"是通过健康讲座培养个人的健康意识；"乐"是通过多彩、有趣的健身活动提高身体素质;"医"是针对身体疾病进行咨询和治疗。

(2) 充实康体、医疗、健身机构

未来社区综合体有日本最大的瑜伽教室、康体按摩中心、太极拳培训中心、健身俱乐部、京叶料理教室、讲座教室、趣味教室、护理保险公司、人寿保险公司等,还设有牙医诊所、眼科诊所和医院初诊诊所等。

(3) 建立可视性健康系统

社区居民可以申请健康手环,每天对血压、心跳、血糖、睡眠等生理心理指标进行检测,社区健康预防中心收集和分析居民的健康状况,并将结果及时反馈给社区居民。健康预防中心每年收集十几万条社区居民的健康数据,数据库中存有将近十年的社区居民健康资料。社区与东京大学老龄社会综合研究所、千叶大学预防医学中心等研究机构携手合作,将居民健康数据提供给大学健康研究机构,研究机构也会定期将研究检测结果反馈给地方保健机构用于指导社区健康保健工作。

(4) 丰富多彩的社区商业活动

未来社区综合体设有社区商业协议会,定期召开会议协调和解决社区商业发展中的问题,以及组织各种促销活动。例如,定期组织社区农产品市场,鼓励社区居民利用空间种植蔬菜,发展城市农业。未来社区综合体有180多家商业、餐饮、服务业店铺,包括超市、便利店、银行、咖啡店、宠物店、修理店、书店、体育俱乐部、电影院、游戏厅、补习教室、培训教室等多种业态,为社区居民提供便捷的生活服务。

(五) 零售企业主导的模式

随着人口少子化、老龄化、高龄化的发展,日本零售业的经营环境发生了巨大的变化。在政府一系列居家养老政策的影响下,零售业与居家养老产业、医疗护理产业、健康产业的结合越来越密切,形成了诸多社区商业与居家养老结合的模式。

1. 社区生鲜超市的助老服务模式

随着少子老龄化的快速发展,近20年以来,日本零售业态不断分化,在百货店、大型综合超市、家居中心、家电卖场逐渐衰落的同时,便利店、小型生鲜超市、药妆店等社区商业迅速发展，成为消费市场最具活力的增长点。与社区居民饮食生活有密切联系的社区生鲜超市的经营转型最为引人注目。

首先，提供"超市+餐饮"服务。由于家庭人口的减少，老龄空巢、独居家庭的快速增加，家庭用于生鲜食品的支出逐渐减少，而用于加工食品的支出不断增加。作为顾客需求的反映，近年来日本超市、便利店加大了主食厨房食品、熟食品、蔬菜沙拉等现场加工食品的销售，与此同时扩大了超市的就餐区域，并提供周到的饮食服务。"超市+餐饮"的模式为社区老年人的一日三餐提供解决方案，是适应老龄化时代需求的经营模式创新。据调查，日本独居老年人每天在超市就餐的比例逐年提高，在解决吃饭问题的同时，老年人还可以更多地接触社会，排遣生活中的孤独和寂寞。

其次，开发健康食品和适老化食品。饮食的社会化已经成为少子化、老龄化、空巢化、小家庭化下一个引人注目的趋势。过度依赖外部的社会化饮食必然使消费者对食品的安全、健康有更高的要求。近年来，低糖、低盐、低脂等健康食品、有机食品、便利化食品、老年人易消化食品和加热即食方便食品已经成为超市、便利店的战略性商品，多品种、小包装的销售方式受到了老年人的欢迎。

最后，提升服务水平。目前大多数超市对居住偏远社区的老年人提供定时、定点的流动售货车服务，对行动不便的老年人提供送货到家服务和助购服务。许多超市在为独居高龄老年人送货的同时，还起到基本照看的作用，帮助这些老年人做一些最基本的家庭维修服务。随着高龄化、超高龄化社会的到来，日本阿尔茨海默病患者急剧增加，而超市是发现早期阿尔茨海默病的重要场所。近年，在政府支持下，很多超市开始对员工进行阿尔茨海默病方面的培训，使员工掌握基本的识别和护理方面的知识，一旦发现老年人购物异常，会及时与社区联系，做到早发现、早治疗。

2. 生活中心的"商养结合"模式

近年，日本大型综合超市加快了向社区生活中心的转型。由于大型综合超市面积大、选址方便、功能齐全，已经逐渐成为老年人最喜爱光顾的场所。目前伊藤洋华堂、永旺、大荣等日本大型综合超市均加快向社区生活中心的转型，各种学习、锻炼、交友、教室、健康咨询、生活服务、老年人日间照料等社区养老服务功能和零售业务融合,为社区老年人提供更多的生活支持服务。

日本大型综合超市伊藤洋华堂从2008年起,开始向社区生活中心转型,被称为"魅力社区生活中心"的服务模式具体包括以下几个方面。①通过与社区签订合作协议,为社区创造价值,为居民解决具体问题。近年来,伊藤洋华堂在全国46个区市的72家店铺与所在社区签订了合作协议。合作协议主要包括对阿尔茨海默病患者的帮扶服务,为孤独老人提供服务;为社区产孕妇提供包括送货到家和育儿教育服务;在社区举办健康饮食教育活动,健康菜谱大赛活动等。②为社区居民提供安全、放心的商品。具体包括开发绿色蔬菜、绿色水果,开发低糖、低盐、低脂等健康食品,开发便于老年人使用的床上用品、服装鞋帽用品,开发老年人护理用品。加强对员工有关阿尔茨海默病护理方面的教育,建立健全企业采购系统和商品质量保证体系。③在社区生活中心举办健康讲座活动。与地区医师会合作免费为社区居民举办"十分钟预防阿尔茨海默病"讲座、慢性病预防和护理讲座、健康饮食讲座等。④在全国开设190条线路的"安心售货车",为老年人居住集中的社区,偏远购物不便的社区定点、定时送货。⑤推进环境友好型店铺的开发,对购物中心的电梯、座椅、厕所、楼梯、货架、灯光、购物车、防滑通路等进行全面的适老化改造。⑥关爱女员工生活,为她们创造有利于生育和育儿的工作环境,关注老年员工的工作、健康、生活。

(六)日本的经验与启示

1. 政策的引导

进入21世纪后,日本政府推出了一系列积极应对老龄化的政策法规。2000年日本政府推出了《健康日本21》战略规划,旨在积极营造有利于个人健康的社会环境,提高国民健康生活意识,延长健康寿命。2005年日本国会又推出了《食育基本法》,该法将健康饮食教育作为一项国民运动宣传和推广,明确了家庭、学校、政府、社区及每位公民在推行"食育"运动过程中所应承担的责任。2010年之后,日本政府出台了一系列治理"食品沙漠"的政策,加大财政对老年"购物弱者"的生活支持,其中社区商业街组织和零售业企业发挥了重要的作用。2015年之后，随着失能、高龄老人的急剧增加，日本厚生省修改《医疗法》，在全国范围打造以15分钟生活圈为服务范围的"区域综合护理体系"，从法律角度明确了社区商业作为生活支援产业在居家养老中的基础地位。

2. 组织保障

为了贯彻相关法律、法规的有效实施，日本县、市、町、村各级政府加强行政指导，成立以政府职能部门牵头，由社区组织、商业街组织、商工会议所组织、志愿者组织、老人会、医师会等社会组织参加的联席会议，通过定期的会议，协调各方的利益和关系，切实解决老年人的购物难、看病难、护理难等问题。同时通过官民一体的横向联合组织，解决社区商业中存在的选址难、促销难、基础设施落后、治安隐患等实际问题。

3. 发挥社区商业街组织的作用

传统社区商业街是日本社区商业的主要载体。进入20世纪90年代以来，随着大型购物中心的兴起，年青一代消费行为的改变，传统商业街逐渐走向衰落。为此，日本政府出台了一系列振兴商业街的政策，从法律上保障社区商业街的可持续发展。另外，各级政府加大对老龄化社会下社区商业街组织和社区商业街的基础设施建设的财政支持，加强对社区商业街活性化的支持。在一系列振兴商业街政策的支持下，社区商业街组织不断创新居家养老与社区商业结合的模式，其中"医商结合""商养结合"等模式在日本全国得到了推广，社区商业街组织的努力和政府的财政支持发挥了重要作用。

4. 鼓励零售企业与社区居家养老结合

近年随着人口少子老龄化的加剧，老年消费市场的扩大等环境因素的变化，日本零售商、生产商加快了业态创新步伐，以适应老龄化社会的需要。日本食品生产商在一系列政策的支持下，不断加快适老化商品的开发，如加快低糖、低盐、低脂，以及含丰富粗纤维、蛋白质、维生素的健康食品的开发，加快适合老年人营养需求的易咀嚼食品的开发，加快老年护理产品的开发，满足老年市场多层次的需求。另外，近年日本的社区便利店、生鲜超市、药妆店、邻里购物中心不断创新"商养结合"模式，为老年群体提供贴心服务。

二、新加坡的经验与借鉴

(一) 新加坡的人口老龄化状况和政策

新加坡是个城市国家，陆地总面积仅有697.1平方千米。截止到2017年6月底，新加坡常住人口561万，其中新加坡公民344万，占61.3%；永久居民53万，占9.3%；外国人165万，占29.8%。新加坡是个多元民族的社会，其中马来人占13.4%（53万人），华人占74.3%（295万人），印度人占9.1%（36万人），其他占3.3%（13万人）。2016年新加坡的国民生产总值（GDP）为3000亿美元左右，人均GDP为52961万美元，是亚洲最富裕的国家之一。

进入21世纪后，新加坡人口老龄化、少子化不断加快，成为东盟10国中老龄化程度最高的国家。据新加坡人力部的统计，新加坡65岁以上老年人口从2000年的24万人（包括永久居民）上升到2017年的50万人，人口老龄化率由2000年的7%上升到2017年的14%。据预测，到2020年65岁以上人口将上升到59万人，2030年将进一步上升到90万人，65岁以上人口将超过21%，届时新加坡将进入超老龄化社会。此外，2016年新加坡人的平均预期寿命达到82.9岁，健康预期寿命达到73.9岁，位居全球第二，仅次于日本的74.9岁。

在人口老龄化快速发展的同时，新加坡的少子化问题日趋明显。衡量一个国家人口可持续发展的总和生育率从1980年的2.08%下降到2016年的1.2%左右。随着新加坡老龄化的不断加快，老年人抚养比不断下降，从2000年的8.4人下降到2017年4.4人，如果这种状况持续下去，2020年将下降到3.8人，2030年将达到2.4人左右（新加坡统计局，2018年）。另外，随着少子老龄化的加快，新加坡的家庭结构发生了明显的变化。据新加坡社会和家庭发展部（Ministry of Social and Family Development，MSFD）2012年的统计，新加坡家庭平均人口从1995年的4.3人下降到2011年的3.5人左右，55岁以上空巢家庭从1995年的17.7%上升到2011年的37.6%，其中75岁以上独居老人达到17.5%，并且呈快速上升趋势。此外，据新加坡卫生部2014年的统计，在新加坡死亡人口中，与生活习惯有关的慢性病占到死亡原因的75%，国民健康状况不容乐观。

随着新加坡老龄化的加剧，为了缓解社保基金和医保基金的压力，从20世纪90年代后期开始，新加坡政府就陆续出台了一系列涉及医疗、护理、康复、预防和健康管理、健康运动等范围广泛的政策。1998年10月，新加坡政府成立了跨部门的"人口老龄化部长级委员会"，对国家老龄化政策提出规划和政策建议。2004年12月，将该部长级委员会转化为"老龄化问题委员会"。2006年发布了《老龄化人口报告》，全面阐述了政府的老龄化政策。2007年，成立了"老龄化问题部长级委员会"，在全面落实《老龄化人口报告》提出的政策建议的同时，提出了新加坡积极应对老龄化的四项基本战略。这四项战略分别是：全民提升老年人就业率和经济保障；提供可持续发展的医疗保健和"乐龄"护理；实现"原地养老"政策；促进"活跃乐龄"事业发展。

（二）新加坡社区养老服务体系

1. 老龄化政策与组织

新加坡的社区治理体系是以政府组屋为基础建立起来的。据2011年新加坡社会和家庭发展部（MSFD）的统计，截止到2013年6月底，有82%的新加坡人居住在政府组屋，若干栋组屋构成一个组屋区，多个组屋区划定为一个选区，目前全国共划分为84个选区。新加坡老年人拥有组屋的比例相当高，55岁以上老年人有86%居住在政府组屋中，其中79%的老年人拥有组屋所有权，75岁以上拥有组屋所有权的比例达到68%左右。

目前新加坡在社区（选区）层面主要由公民咨询委员会、居民联络所、市镇理事会三种社区组织管理，并接受政府"建屋发展局"的指导。在组屋层面，有居民委员会、邻里委员会、民族委员会、老年人委员会等基层社区组织，其中，隶属于人民协会的居民委员会是最重要的基层社区组织。社区居民委员会的主要职能是向社区居民提供各种服务，主要包括：组织本组屋区的居民开展加深邻里相互了解、建设和谐社区的活动，如对老年人的照看活动,以及家政学习、公共教育、消防演习、联欢活动等;协助配合公民咨询委员会开展基层活动,如了解居民需求、反馈居民信息等。目前,新加坡共有居民委员会500个左右,每年组织各种活动3万多次,参与人员达到400万人左右。

自2000年以来,为了实现"在新加坡成功乐龄"战略,政府从基层社区组织入手,利用与社会相关组织的合作,共同推动乐龄事业发展。

首先,基层社区组织主管部门人民协会于2007年5月正式成立了乐龄理事会(Council for Third Age)。该理事会主要承担老龄化相关问题的研究;与社区商业机构共同开发适合老年人居家养老的商品和服务;推动社区乐龄文化活动的开展等。其中社区居民委员会举办的"活跃乐龄"活动,通过活跃乐龄节、乐龄嘉年华、乐龄歌唱赛、乐龄健美赛等活动,把老年人从无所事事、孤独寂寞中解放出来,丰富了退休老年人的生活,激发了老年人的活力。

其次,在社区建立"保健联络服务中心"(Agency for Integrated Care)。该中心的主要职责是落实部长级委员会制定的可持续发展的医疗保健与乐龄护理战略,在社区协调和帮助那些失能老人的居家护理、居家医疗、日间看护、养老院的管理和运营,以及老年人在社区医院的康复工作。2009年开始,服务中心成为新加坡卫生部下属的实体企业,通过整合社会资源,更好地为老年人提供中长期医疗护理服务。

最后,2008年11月,新加坡"社区发展、青年与体育部"发起成立了"社区活力中心"(Centre for Enabled Living)。作为全国护理网络的一部分,该中心的主要职责是为社区老年人提供日间护理、心理慰藉、家庭适老化改造、家政服务信息、发放政府补贴、促进老年人就业等。

2. 社区居家养老服务的特征

社区养老一直是新加坡政府致力于推广的养老方式。2007年,新加坡人口老龄化问题部长级委员会将"成功老龄化"的目标界定为"原地养老"(Aging in Place),提出以居家养老为基本方针的老龄化策略。由于大多数新加坡老年人都居住在组屋,并拥有组屋所有权,同时社区居民委员会能够提供多种适合老年人居家生活的服务,可以补充家庭养老资源的不足,因此"原地养老"可以满足老年人的生活习惯和需求。2008年之后,在新加坡政府"社区康乐计划"的推动下,在社区管理工作者和志愿者的帮助下,为社区老年人提供健康检查、生活支持、家政服务、信息咨询、日常护理、康体娱乐、交友和社会交往服务等一站式的社区养老服务逐渐形成体系。新加坡的社区居家养老服务主要包括以下几点。

第一,社区医疗护理服务。新加坡社区一般都设有医疗服务机构,如社区医院、综合诊所、私人诊所、老年保健中心等。社区医院一般都与区域综合医院邻接,并且与区域综合医院共享医疗资源,病人康复阶段一般会转到社区医院进行康复性疗养。近年来,随着新加坡老龄化的加剧,社区护理医疗成为政府关注的重点。据2013年新加坡卫生部规划,到2020年年底老年护理床位要达到17000张,其中社区新增日间护理医院9所,新增护理床位2800张。新加坡政府为了缓和医院及日间照料中心床位紧张的状况,近年鼓励社会资本参与居家护理、居家康复、居家配餐等服务。

第二,社区家政服务。在社区管理工作者、社区志愿者的协调帮助下,与社会组织一道,为社区独居、失能、高龄老年人提供基本生活服务,特别是为老年人提供自己无法独自完成的做饭、洗衣、助浴、就医、购物、接送等服务。

第三,社会交往服务。为了解决老年人普遍存在的对生理健康不安,以及心理上的孤独问题,新加坡社区养老服务中心通过组织老年人娱乐活动、聚餐会、歌咏比赛、休闲旅游、健美舞蹈、音乐绘画等活动,密切邻里关系,化解心理困惑,丰富老年人社区生活。

第四,家庭照顾者支持服务。新加坡政府推出一系列政策鼓励和支持老年人和家里人一起生活。据新加坡社会和家庭发展部的统计,截止到2011年年底,55岁以上老年人有28.6%是与家里人一起生活的,其中,65—74岁老年人占比为28.4%,75岁以上老年人占比为44.7%。另外,对于那些不能与子女共同居住的老年人,新加坡政府出台一系列政策,为子女照顾老年人提供服务。如免费电话服务、老年人需求信息服务、老年人转诊医疗服务、家政信息服务等。

第五,社区生活服务。新加坡社区生活服务主要由社区邻里中心和社区邻里商店提供。20世纪90年代新加坡政府着眼于老龄化社会的需求,推出了

"新邻里中心"计划，兴建了一批功能更加齐全、业态更加符合老龄化需求的新型购物中心，同时对老旧购物中心加以改造。新型社区邻里中心汇集了各类大、中型店铺，以及超市和菜市场，充实了医疗、康复等功能，丰富了健康运动、休闲娱乐、学习教养等项目，真正成为社区生活中心。此外还在组屋区开设邻里商店以满足老年人就近购物的需求。

（三）新加坡"社区邻里中心"模式

"邻里单位"概念最早由美国社会学家 C. A. 佩里在 1924 年出版的《邻里单位理论》（The Neighbourhood Unit）一书中提出并理论化。佩里认为邻里单位是"一个组织家庭生活的社区计划"。邻里单位的规模以小学学区为范围，居住人口 5000—6000 人，社区内设置有广场、绿地、教堂、图书馆、邮局、诊所等公共设施，沿交通干道设置商业设施，在安全步行的环境下满足居民日常生活需要。佩里的邻里单位理论对后来城市规划、居住区规划、社区商业规划均产生了重要的影响。

1933 年，Christaller 提出了城市商业分布的"中心地理论"。他认为由于消费品波及范围不同，因而形成了城市不同的商业集聚形态和类型，城市商业集聚形态基本可以划分广域型、地域型、邻里型三种形式。在 Christaller 的理论基础上，日本学者服部等（1974）从商品性质和需求间隔性角度提出城市商业集聚可以分为三种类型：以步行为范围，以反复购买的日常生活用品为主的邻里型商业集聚区；以周为周期购买的地域型商业集聚区；以月、年为周期购买的广域型商业集聚区。20 世纪 50 年代之后，随着城市居民向郊区的转移，邻里型社区商业开始在美国兴起，之后在英国、法国得到了发展。到 20 世纪 70 年代之后，随着经济高速增长，邻里型社区商业在日本、新加坡也开始大规模发展起来。

新加坡社区邻里中心是分布于政府组屋区内，为社区居民提供生活服务的购物中心。20 世纪 70 年代之后，新加坡政府为了方便组屋区居民生活制定了邻里中心发展规划，经过 40 年的发展，形成了独具特色的社区商业发展模式。新加坡社区邻里中心主要有以下几个方面的特征。

社区商业与居家养老结合的模式、政策和建议

1. 以人为本的理念

新加坡社区邻里中心采用居家与商业、学习与沟通、娱乐与健康、养老与育儿相结合的模式，秉承国家至上、社会为本、家庭为根、种族和谐、关怀扶助、协商共识的基本理念，将儒家思想中"以和为贵"的哲学，同西方人文精神结合起来，遵照以人为本的规划理念，体现了鲜明的民族文化特征。

2. 政府的支持

社区邻里中心是在政府领导下有计划推行的社区商业项目，社区邻里中心基本以5000—8000户组屋规划建设，在步行的范围内为社区居民就近提供生活服务、教育服务、健康运动、健康保健、医疗护理、文化娱乐等基本生活支持服务，在提供便利服务的同时，也为中老年人就近就业提供了便利，创造了生活、养老、育儿、就业、医疗、教育等为一体的以人为本的生活生态。

3. 围绕社区生活服务的业态组合

新加坡社区邻里中心贴近居民生活，为社区居民提供购物、教育、文化、健康、医疗、护理等便利化服务，起到了方便居民生活，稳定社会秩序的作用。社区邻里中心的业态配置主要围绕以下几个方面。一是购物功能，主要包括超市、便利店、菜市场、文具店、家用电器、服装店、邮局、玩具店、书店、美容美发店等；二是餐饮功能，以家庭餐饮、快餐、多种族特色餐饮为主；三是社交与娱乐功能，主要包括电影院、咖啡馆、茶吧、趣味教室、图书馆、儿童学习室、广场与花园、儿童乐园等；四是运动健身功能，主要包括健身房、瑜伽和太极拳教室等；五是医疗与护理功能，包括社区医院、牙科诊所、日间照料中心、家政中心等。

（四）新加坡海军部社区乐龄中心案例

新加坡海军部社区（Kampung Admiralty）位于新加坡海军部地铁站旁，是2014年新加坡政府多个部门联手规划的养老社区项目，2017年建成投入使用。海军部社区占地0.9公顷，分为裙楼、塔楼部分。裙楼底层配置有广场、商店、超市、餐饮、银行、邮局、酒吧、茶楼等商业设施，裙楼二层设置有医疗中心、康复中心，以及牙科、眼科、泌尿科、骨科等老年常见病诊所。裙楼顶层设置有老年护理中心、日间照料中心、乐龄活动中心，周边配置有

能够容纳100名儿童的幼儿园和空中花园。海军部社区共建有104套面积在36—45平方米的小型公寓,居住公寓都经过适老化改造,配置有适合老年人生活的电磁炉、防滑地板、扶手栏杆、适老化卫生间、伸缩式晾衣架等。新加坡海军部社区建设是新加坡社区商业与养老结合模式的一种探索,具有以下几个方面的特征。

1. "居家养老+社区商业"的模式

海军部社区将商业设施建在居住公寓的底层,老年人坐电梯直达底层购物广场,享受便捷的购物、餐饮、娱乐、教育等生活和休闲服务。此外,便利化的服务设施加深了邻里间的互动,密切了人与人之间的关系,营造了和谐的养老环境。"商业设施+养老设施"是日本发展社区商业的基本经验,海军部社区采取"商业+养老+居住"的模式,符合新加坡地少人多的国情,是"社区商业+社区养老服务"的一种新的模式创新。

2. 提供全天候、近距离的医疗保健服务

海军部社区在满足老年生活服务的同时,还为老年人提供了近距离的医疗服务、护理服务、保健服务。在促进居家养老方面,社区开设了预约式的独立诊疗服务,对于那些行动不便,或者失能老人,护理中心还可以提供预约上门服务。此外,社区医疗设施的运行也有利于培养居民的健康意识和生活习惯,提高居民的健康生活水平。

3. 满足"三代居"生活需求

新加坡历来倡导"家庭和睦,老有所养"的理念,鼓励老年人与子女共同生活。海军部社区将托老所和托儿所设置在同一个楼层,年轻的家庭可以早上将老年人和孩子分别托付给托老所和托儿所,下班后再同时接回家,既解决了年轻人的后顾之忧,同时又增进了代际之间的交往。

4. 解决老年人的就业和交往

海军部社区商业设置有商店、餐馆、超市、医护中心、空中花园、康体中心等生活服务设施。社区组织鼓励身体健康的老年人在社区商店工作,在解决部分老年人的经济问题的同时,还方便他们与邻里的交流和沟通,对邻里老人相互照看起到明显的作用。

(五) 新加坡的经验与启示

新加坡在传统文化上与我们比较接近，都深受儒家思想文化的影响，信奉"孝道"，推崇"忠孝仁爱、礼义廉耻"的思想，因此，新加坡社区商业与居家养老服务的结合模式和经验，对发展我国老龄化下的社区商业具有重要的参考意义。

1. 政府将居家养老与社区商业统筹考虑，综合施策

新加坡从政府跨部门部长级委员会到人民协会多部门联席会议，再到社区居民委员会，从组织上保障了跨部门的协商制度，从而在城市规划、社区商业规划、居家养老规划、乐龄事业规划方面能够打破部门利益的制约，统一协调政策的制定和实施，能够有力推动社区商业与居家养老的密切结合。

2. 加强政府对社区商业的规划

邻里中心作为组屋区居民的生活配套设施，新加坡政府在充分考虑土地合理利用以及交通压力的基础上，统筹政府、开发商、社区和居民的需求，对商业网点、设施等进行预先的科学规划。

3. 体现以人为本的原则

新加坡在步入老龄化社会的过程中，不断更新邻里中心的模式，使之能够适应社会发展的变化。在近年改造和开发的邻里中心中，以"乐龄"为基本理念，注重激发老年人的活力，并以此为基础规划社区商业的功能，将社区商业与居家养老密切结合起来，打造人性化、便利化的适老空间。另外，在社区商业规划中，不是只偏向于老年人的生活，而是将社区商业规划成为适合不同年龄需求的"三代居"商业生态，使老年人、青年人、儿童的生活既有区分又密切联系，体现了社区商业的多样性和吸引力。

4. 社区组织发挥重要作用

新加坡的邻里中心是由组屋区居民委员会参与管理，除了公共设施之外，乐龄活动中心、社区俱乐部、教育中心等组织在邻里中心的活动也被纳入居委会的管理范围。与此同时，邻里中心的商会组织能够积极配合社区居民委员会的各种活动，在"活跃乐龄"活动中发挥重要作用，如积极雇用老年人在商店工作、销售健康食品、宣传健康理念、沟通邻里关系、维护市场秩序等。

三、美国治理"食品沙漠"的经验与借鉴

(一)美国的"食品沙漠"问题形成的原因

20世纪90年代中期,美国政府和学术界开始关注低收入地区的"食品沙漠"问题,以及可能引发的健康问题,并进行了广泛的研究。

美国农业部(2009)提出,在1英里范围内如果买不到新鲜食品(包括肉、蔬菜水果和奶制品)则该地域就可以被认定为"食品沙漠"地区。根据这个标准推测,目前全美约有2350万人生活在"食品沙漠"地区,其中半数居民为低收入群体。据统计,约有230万美国家庭(占比2.2%)生活在距离超市超过1英里的区域,且缺乏必要的交通工具;约有340万美国家庭(占比3.2%)距离超市0.5英里到1英里,且缺乏必要的交通工具;约有4.4%生活在乡村的美国家庭距离超市超过1英里,且缺乏必要的交通工具;约有22%生活在低收入城镇区域的美国家庭距离超市0.5英里到1英里,且缺乏必要的交通工具。由此可见,在美国,受"食品沙漠"影响最大的群体是居住在城市中心区的低收入群体。根据美国农业部的调查,全美有9座大城市是"食品沙漠"问题最为严重的地区(参考表8-2)。

表8-2   美国"食品沙漠"问题最严重的地区

城市	所属州	现象描述
新奥尔良	路易斯安那州	60%的居民表示,他们必须在购买食品和购买生活必需品之间做出选择
芝加哥	伊利诺伊州	大约60万居民居住在"食品沙漠"地区
亚特兰大	乔治亚州	高收入区域的超市数量达到低收入区域的3倍
孟菲斯	田纳西州	孟菲斯是全美受"食品沙漠"影响最严重的区域
明尼阿波利斯	明尼苏达州	"食品沙漠"对城市中50%的居民造成影响
旧金山	加利福尼亚州	15万人(20%的人口)为了支付账单而减少食品购买
底特律	密歇根州	55万居民居住在"食品沙漠"地区
纽约	纽约州	300万居民居住在缺乏超市的区域
卡姆登	新泽西州	90万居民(超过10%的人口)缺乏足够的超市

20世纪90年代之后,生活在"食品沙漠"地区的社会弱者的健康状况开始引起了人们的关注。大量研究表明,"食品沙漠"地区低收入人群由于难以吃到新鲜的肉类、奶制品、蔬菜和水果,过度依赖高热量的快餐,营养过剩导致的过度肥胖,2型糖尿病、心血管疾病等慢性疾病的发病率远高于其他地区,成为严重的公共健康问题。研究显示,从1997年到2007年,美国成年人口中患糖尿病的数量增长了1倍,其中有90%到95%是2型糖尿病。20年之前,美国2型糖尿病在40岁以下人群中极少出现,但是近10年,2型糖尿病在年轻人中的发病率急剧上升了10倍,这与年轻人中高肥胖率的蔓延呈高度相关关系。而年轻人中2型糖尿病主要出现在有色人种,特别是非洲裔、拉美裔当中,他们也正是受"食品沙漠"影响最大的群体。

一份对芝加哥地区的研究显示,在"食品沙漠"地区,糖尿病的致死率是非"食品沙漠"地区的2倍。另一份对加利福尼亚州的调查显示,50岁以上的有色人种患糖尿病的概率比同年龄段的白人高出1倍以上。这些问题的发生都和高脂肪食品的过度摄入有关。一方面,高脂肪食品使得居民易患糖尿病;另一方面,在糖尿病确诊后,由于缺乏健康食品的摄入进一步加剧了疾病的蔓延,逐渐形成恶性循环。

研究表明,美国"食品沙漠"现象的形成有以下四个方面的原因。

1. 超市的可获得性原因

Weinberg(1995)发现,收入最低的区域比收入最高的区域拥有的超市数量少30%,在情况最为严重的费城,最高收入地区的超市数量甚至为最低收入区域的156%。与此同时,Rose & Richards(2004)发现,步行的安全性、时间的缺乏(包括没有时间购买食品、单亲家庭、没有时间做饭等)都可能导致居民无法来到超市购买食品。此外,缺乏交通工具或者无法负担往返的交通费用也大大限制了低收入人群获得健康食品的可能。

2. 种族差别的原因

Powell et al.(2007)发现,黑人区的超市数量只有白人区的52%。Zenk et al.(2005)发现,比起最贫困的白人区,最贫困的黑人区到超市的距离要远1.1英里,这些最贫困的黑人中有28%没有私家车,而且在3英里之内的超市数量要比最贫困的白人区少2.7个。

3. 收入/经济状况的原因

Hendrickson et al.（2006）发现，最贫困地区，比富裕地区的食品价格更高、质量更差（经常无法食用），同时食物的数量和种类也更为贫乏。类似的研究还发现，缺乏必要的交通工具也使得贫困地区的居民无法去有超市的地区购买食品。另外，在"食品沙漠"地区，健康食品的价格普遍高于非健康食品的价格。虽然在1989年到2005年的16年间，美国蔬菜水果的价格上升了近75%，但是非健康食品的价格却降低了26%，这一现状也加剧了美国"食品沙漠"的问题。

4. 零售店铺的郊外化原因

隶属于美国农业部的经济研究服务中心（Economic Research Services）的报告显示，城市中心区超市商品的价格普遍高于郊区，这主要是因为在城市中心区的超市数量更少。另外，连锁店铺与非连锁店铺的商品价格差异较大，其中面粉、燕麦片等生活必需品的价格，连锁超市比非连锁超市要低10%到40%。

除此之外，部分学者从流通和零售的经营结构和扩张模式角度对"食品沙漠"的形成进行了分析。Guy et al.（2004）认为，大型连锁超市的快速发展与扩张造成小型的、独立的、邻里店铺的关闭，因此使得一些地区出现了只有私家车的消费者，或者可以承担交通费用的消费者才能购买生鲜食品的现象。基于该理论，Shaw（2006）将"食品沙漠"定义为，由于大型连锁超市的高度竞争而产生了食品空缺的区域。Nyden et al.（1998）认为，"食品沙漠"的形成与1970年到1988年之间的人口构成变化有关。在此期间，社会阶层分化明显，富裕阶层逐渐从城市搬迁到郊区，结果导致城市中心区中产阶层人数下降，使得美国最大的三个城市中心区约一半的店铺关闭。

（二）美国联邦政府"食品沙漠"治理对策

早在20世纪90年代初期，美国联邦政府就已经认识到"食品沙漠"问题的严重性，几任美国联邦政府和国会均对"食品沙漠"问题给予了充分的认识和关注。进入2000年之后，"食品沙漠"问题已经成为美国农业部关注的重点问题。2008年，美国农业部提出《食品、保护和能量议案》（The

Food, Conservation, and Energy Act），此项议案于同年 6 月成为法律，有效期截止到 2013 年。这项议案的第 7527 条款（2008：389）明确阐明了对蔓延的"食品沙漠"问题的关注。该法案包括的主要内容有：研究"食品沙漠"在美国的发展程度和起因；研究"食品沙漠"对于特定人群的影响；降低和消除"食品沙漠"问题的建议；为"食品沙漠"地区建立食品商店提供的激励措施；为解决"食品沙漠"问题的相关合作等。

在 2008 年全球金融危机后，低收入群体和失业者的健康问题受到了更多的关注，为此美国联邦政府推出了多项法律和政策，对改善弱势群体的健康食品购买和营养摄入起到了明显的作用。

1. 补充营养援助计划

美国联邦政府主导的"补充营养援助计划"（Supplemental Nutrition Assistance Program，SNAP）最早可追溯到 1939 年。当时这个旨在为低收入者提供食品应急援助的计划，被形象地称为"食品券项目"（Food Stamp Program）。之后，这个项目由美国农业部下属的食物和营养服务机构（Food and Nutrition Service）进行管理，其福利发放由美国各州的社会服务部或儿童和家庭服务部负责。

"补充营养援助计划"是食物和营养服务机构管理的十五大营养计划之一。"补充营养援助计划"的特征是从需求端来帮助低收入人群摄入更多的健康食品。2008 年的金融危机之后，该项目的受益人数量和成本随着经济衰退而急剧上升，在 2013 年达到峰值后随着近年经济的逐步复苏，缓慢呈现下滑趋势。2016 财政年度的"补充营养援助计划"的预算为 709 亿美元，为全美约 4420 万人提供了福利，平均每人每月获得约 125.51 美元的援助。

2. 健康激励计划

2008 年之后，美国联邦政府根据《2008 农场法案》拿出 2000 万美元作为健康激励项目的试点资金，以确定在零售店向受益人提供的激励措施是否会增加其购买水果、蔬菜以及其他健康食品的可能性。最终，马萨诸塞州汉普顿县（Hampden County，Massachusetts）成为健康激励项目试验地区（Healthy Incentives Pilot，HIP），并在 2011 年 11 月至 2013 年 1 月的 15 个月内进行了测试工作。

3. 健康食品资金扶持计划

2010年2月,奥巴马政府会同美国财政部、农业部、卫生和公共服务部,共同发布了"健康食品资金扶持计划"(Healthy Food Financing Initiative,HFFI),该计划旨在将超市、食品杂货店等引入受到"食品沙漠"问题影响的城市或乡镇,希望在7年之内解决美国的"食品沙漠"问题。同时,4亿美元的扶持资金也进入了2011年美国联邦政府财政预算。

美国联邦政府通过对一些成功项目的分析发现,有针对性的财政扶持可以帮助一些"食品沙漠"区域的超市运转下去,为缺乏健康食品的社区提供更好的选择。同时这些项目不仅可以增加当地居民的健康食品选择,还可以提升当地就业人口数量,并且为农民提供更多可以销售蔬菜、水果的场所,推动了农村经济发展。通过对生产者和消费者的连接,为城市和乡村之间建立了合作的纽带,进而为农民和农场主创造了新的发展机会。该计划成为奥巴马政府经济复苏政策的重要组成部分,包括扶持中小企业和创造就业机会,同时该计划也成为奥巴马政府振兴社区商业的重点工作之一。参与该计划的三个联邦政府部门分别承担着不同的职责。

美国财政部为在受到"食品沙漠"影响的城市和乡镇社区销售健康食品的私营企业提供资金支持。其中2.5亿美元用于新市场税收抵免(New Market Tax Credit,NMTC),2500万美元用于资助健康食品的销售。近年,美国财政部在支持社区商业发展方面积累了一些成功的案例,如为宾夕法尼亚州农产品融资计划(Fresh Food Financing Initiative)提供资金,最终给该地区带去了68家社区食品超市;为卡特里娜飓风(Hurricane Katrina)影响的新奥尔良地区建立了"罗伯茨生鲜市场"(Roberts Fresh Market)等。

美国农业部专门通过营养援助计划,为美国农民创造商业机会,促进农村经济发展。美国农业部提议用5000万美元来支持总额超过1.5亿美元的公共、私人投资,这些投资将以贷款、补贴、促销和其他方式进行分配,为受到"食品沙漠"影响的区域、人口提供资金和技术援助,扩大农产品销售网络,增加地产地销的农产品等。

美国卫生和公共服务部的主要工作是改善受到"食品沙漠"问题影响的社区居民的经济情况和身体健康。卫生和公共服务部将2000万美元的资金用于社区经济发展计划,向那些为杂货店、农贸市场提供新鲜食品的企业提供资金支持。这些项目将有助于帮助区域内人口获得新鲜食品,同时在低收入社区创造就业机会和商业发展机会。

2011年以来,美国联邦政府的"健康食品资金扶持计划"已向超过35个州的80多个社区组织提供了超过1.95亿美元的资金支持。

4. 前第一夫人米歇尔·奥巴马的"我们共同行动!"倡议

2010年2月9日,时任美国第一夫人的米歇尔·奥巴马(Michelle Obama)提出了"我们共同行动!"(Let's Move!)倡议,目标是用一代人的时间解决美国的肥胖问题,让孩子们可以健康成长,追寻自己的梦想。该倡议明确指出,要解决美国城市和乡镇的"食品沙漠"问题,并提出四个实施方向:便于居民到销售健康食品的食品店或其他零售店购物;让健康食品的价格可负担得起,并且具有吸引力;让市场上有多种多样的健康食品;让消费者有足够的资源去做出健康的选择,包括为低收入的美国居民提供营养援助来满足他们独特的需求。每个实施方向的建议思路和目标如表8-3、表8-4、表8-5和表8-6所示。

表8-3　　　　　　　　实现购物便利化的措施及目标

	便于居民到零售店购物建议思路
1	启动一项多年、多机构参与的健康食品融资计划,通过利用民间资金,在缺乏服务的社区增加可负担的健康食品供应系统
2	鼓励地方政府制定相应的奖励措施,吸引超市和食品杂货店进入缺乏服务的社区,改善交通路线,方便社区居民购买
3	鼓励食品分销商探索如何利用其现有的分销渠道系统,将新鲜、健康的食品引入缺乏服务的社区
4	鼓励社区促进水果和蔬菜的销售工作;鼓励直销网点的建设,如支持农村菜市场建设,鼓励使用农产品的线上购买服务
5	鼓励在区域、市、县建立食品政策委员会,加强那些可以改善健康状况的综合性制度和政策的制定

续表

	便于居民到零售店购物建议思路
6	鼓励公共和私人管理的儿童服务设施（如医院、课后活动站、娱乐中心和公园，包括国家公园）根据"膳食指南"政策，促进健康食品、健康饮料的普及，避免或消除高热量、低营养食物的食用
	目　标
	力争在7年内消除美国的"食品沙漠"问题

表 8-4　　　　　　实现健康食品经济性的措施及目标

	让健康食品的价格可负担得起并具有吸引力的措施
1	通过经济刺激手段，增加健康食品（如水果、蔬菜和全谷类食品）的生产，为消费者提供更多本地生产的健康食品
2	通过营养援助计划，认真评估补贴措施对购买健康食品的影响
3	分析州、市销售税对非健康、高热量食品的购买影响
	目　标
	在2020年前，将美国水果、蔬菜的可获得性提升70%，即每人每年可摄入450磅水果、蔬菜

表 8-5　　　　增加市场上健康食品的品种和数量的措施和目标

增加市场上健康食品的品种和数量的措施
鼓励食品、饮料制造业和餐饮行业利用各自的创意和资源，为儿童和青少年开发更健康的食品
目　标
增加新产品供应，这些新产品符合健康饮食方案的建议，使食品的总热量、脂肪、盐和糖类显著降低

表 8-6　　　　　　促进消费者做出健康选择的措施及目标

促进消费者做出健康选择的措施	
采纳政策中行之有效的措施，确保营养援助计划能够顺利实施，增加美国农业部营养援助计划中儿童的参与率	
目　标	
1	到 2015 年，使有资格获得 SNAP 福利的人口比例增加到 75%
2	到 2015 年，让参加全国学校午餐计划的儿童数量增加 200 万名（达到学生总量的 60%），让参加学校早餐计划的儿童数量增加 300 万名（达到学生总量的 25%）

（三）美国州政府"食品沙漠"治理对策

除了联邦政府的相关政策之外，美国各州政府也在"食品沙漠"治理上进行了积极的尝试。

1. 宾夕法尼亚州政府

2004 年，宾夕法尼亚州推出了"宾夕法尼亚新鲜食品融资倡议"（Pennsylvania Fresh Food Financing Initiative），这也是美国国内首个有关新鲜食品的倡议。该倡议的启动资金为 3000 万美元，后来相关资金陆续投入达到 1.9 亿美元。

2. 纽约州政府

2010 年，纽约州推出了"健康食品和健康社区基金"为食品杂货店店主等相关组织提供融资服务，帮助他们扩展店铺，从而帮助处于"食品沙漠"的居民获得健康食品。

3. 新泽西州政府

2009 年，新泽西州推出了"新泽西州食品获取计划"（New Jersey Food Access Initiative）。该计划旨在改善当地居民健康食品的获取环境，提供拨款和贷款以支持超市运营商、供应商、批发商，并支持其他形式的新鲜食品的供应与零售。该计划为全州"食品沙漠"区域的居民获得新鲜的健康食品提供了机会，其中大西洋城、卡姆登市、东奥兰治、伊丽莎白市、泽西市、纽瓦克市、新宾士威克、帕特森市、特伦顿市和威力兰等10个城市成为重点支持的城市。

4. 俄亥俄州政府

2016年，俄亥俄州加入了"健康食品资金扶持计划"，该计划支持在低收入社区或者缺乏健康食品的社区开设新的或改造原有的零售店，为店铺扩建、采购设备等提供贷款和拨款。截至2017年年底，8个项目得到资金支持，保留、创造了166个工作岗位并提供超过83000平方英尺的健康食品零售空间。截至2017年8月，共帮助超过4.5万名居民提升了获取健康食品的能力。

5. 科罗拉多州政府

2010年，科罗拉多州发布了《为全民提供健康食品：鼓励科罗拉多州的杂货店发展》（Healthy Food for All: Encouraging Grocery Development in Colorado）报告，该报告认为需要在丹佛的几个低收入社区以及科罗拉多州的大部分地区对杂货店进行升级改造。之后，又成立了"科罗拉多州新鲜食品融资基金"（Colorado Fresh Food Financing Fund，CO4F），为小型社区生鲜超市企业提供资金和技术支持。CO4F的目标包括：改善科罗拉多州新鲜、健康食品的零售渠道；鼓励中低收入社区的经济发展；为食品零售商提供可实现的融资渠道；与地方政府合作，尽可能提高实施成效；发展"科罗拉多模式"等。

（四）美国主要大城市"食品沙漠"治理对策

美国大城市是受"食品沙漠"问题困扰最为严重的地区。近年来，纽约、巴尔的摩等大城市先后采取不同的政策和手段，对"食品沙漠"问题进行了治理。

1. 纽约市政府

纽约市是美国大城市中受"食品沙漠"问题影响最为严重的地区。近年，纽约市政府开展了名为"扩张食品零售，提升民众健康"（Food Retail Expansion to Support Health，FRESH）的项目，旨在为纽约市受"食品沙漠"问题困扰的社区的食品零售商提供土地和财政支持。该项目要求申请财政支持的社区食品零售商必须满足以下要求：店铺中至少有6000平方英尺（约合557.4平方米）的营业面积用来销售食品；至少有50%的店铺营业面积用于销售食品；至少有30%的店铺零售面积用于销售包括牛奶、生鲜、肉类、鱼类等生鲜食品。

纽约FRESH项目主要包括两个方面的支持政策，即税费减免政策和经营奖励政策。税费减免政策包括地产税减免、营业税减免和抵押登记的延期纳税。经营奖励政策主要包括：①附加开发权奖励，即店铺每一平方英尺都可以在混合住宅开发和商业建筑面积方面获得一平方英尺的面积，总量不超过20000平方英尺。②停车区域减免奖励，即位于商业区，面积不超过40000平方英尺的店铺不要求提供停车场。

2. 巴尔的摩市政府

据统计，巴尔的摩市25%的居民生活在"食品沙漠"地区，因此当地市政府规划部门制定了"巴尔的摩食品政策倡议"（Baltimore Food Policy Initiative，BFPI），这个倡议力求从经济、社会和环境的角度解决"食品沙漠"问题。该倡议规定，"食品沙漠"地区申请援助的零售店必须满足以下两个要求：①超市必须位于"店铺奖励区域"（Grocery Store Incentive Area）；②超市必须至少有500平方英尺用于销售水果和蔬菜，至少有500平方英尺用于销售其他生鲜食品，包括肉类、海产品和乳制品。

巴尔的摩市的"食品沙漠"治理政策主要通过财政、技术、税收方面的支持增加店铺数量、提升店铺经营能力，改善当地的交通环境，让居民能方便地购买食品。

首先，对店铺本身的优惠政策和扶持。包括为区域内的超市杂货店提供资金支持、奖励和税费减免；为区域内的超市提供技术支持；鼓励店主创新商业模式。例如，其中一个名为"巴尔的摩虚拟超市"（Baltimore Virtual Supermarket）项目，通过让居民线上下单，然后将商品免费配送到一个中心取货区域，方便居民的购买。其次，改造区域内交通环境。研究显示，巴尔的摩市的居民习惯于在一个大型超市完成所有的食品购买，但很多"食品沙漠"地区根本没有办法开设大型超市。因此市政府通过对交通运输政策进行调整，方便居民出行购物。这些政策包括调整当地公交车线路，使之能够直达超市；调整公交车型和公交车站，使它们更适合居民的购物和运输等。

(五) 美国零售业应对"食品沙漠"对策

2011年,沃尔玛(Wal Mart)、沃尔格林(Walgreens)、超价商店(SuperValu)等零售商为了响应奥巴马政府的倡议,在"食品沙漠"地区开设或扩展1500家店铺。为此政府筹集大量资金,为这些店铺提供融资和税收减免。

1. 线下零售商

在"食品沙漠"地区,沃尔玛主要是以"沃尔玛快捷店"(Walmart Express)的形式出现,此类店铺面积小于传统的沃尔玛购物中心,主要是为社区或小型乡镇提供服务。然而,此类店铺的出现会导致小型杂货店和小型超市的消失,而随着沃尔玛由于无法营利等原因关店,反而加剧了当地的"食品沙漠"问题。

克罗格超市(Kroger)也进行了相关尝试,在中西部地区开了几十家名为"Ruler Foods"的零售店铺,然而超市的高管表示,此类店铺很难实现盈利。

全食超市(Whole Foods)也在低收入区开了新店,其资金主要来自慈善捐款,而且还有税收优惠。同时,全食超市还为当地潜在供应商提供资金借贷和培训。

对于零售商来说,实现盈利是极其重要的,即使是实现企业社会责任,也必须在实现盈利的基础上才有意义。同时,大型零售商很难和个体消费者形成连接,更难以满足地区性的需求,这也是大型零售商在解决"食品沙漠"问题时常常难以发挥优势的重要原因。

2. 线上零售商

除了通过线下店铺来解决"食品沙漠"问题之外,美国零售商还尝试通过线上业务来解决这一问题。

2014年,主要为富裕人口提供快递服务的FreshDirect在纽约市布鲁克林区两个贫困社区进行了测试,反应良好,目前FreshDirect还在收集更多数据来分析此类服务的效率。由于消费者会使用食品券,FreshDirect也正在对此进行分析,让快递人员使用手持借记卡读卡器直接读取SNAP的卡片数据,实现收费。

2017年，线上零售商已经开始测试如何为"食品沙漠"地区的消费者提供线上的食品券使用功能，而不是通过线下手持设备进行扫描。在马里兰州、爱荷华州、纽约州、宾夕法尼亚州、俄勒冈州、新泽西州和华盛顿州，包括亚马逊在内的部分零售商进行了为期两年的测试。线上使用食品券的好处在于，即使消费者没有时间、缺乏交通工具，依然可以通过智能设备或者电脑进行下单，由商家将健康食品配送到家。

（六）美国治理"食品沙漠"的经验与启示

与日本的"食品沙漠"主要发生在老年人集聚的社区不同，美国的"食品沙漠"问题主要发生在非洲裔、拉美裔等低收入者、低学历者集中区域，以及老年人、残疾人等社会弱者集中区域。种族差别、经济上的贫困、生鲜食品销售渠道的稀少是美国"食品沙漠"产生的主要原因。日本与美国在"食品沙漠"产生的原因、影响的对象上虽然不尽相同，但生鲜食品供给匮乏带给社会弱者健康上的损害结果几乎是一致的。目前我国正处于老龄化加速发展时期，城市老年人购买生鲜食品难问题（中国的"食品沙漠"问题）正在发生，并且呈现快速发展的趋势。美国对"食品沙漠"的治理对策对于我们建立居家养老服务体系，以及探索老龄化下社区商业的功能具有重要的借鉴意义。

近二十年来，随着肥胖症、癌症、糖尿病、心血管疾病等慢性病在低收入群体中的蔓延，美国政府和国会已经充分认识到"食品沙漠"问题的严重性，并在联邦政府、州政府、市政府层面推出了多种治理"食品沙漠"的政策并收到了明显的实效。美国近年应对"食品沙漠"问题的措施给我们提供了以下几个方面的启示。

1. 建立政策体系

首先，政府与研究者共同对"食品沙漠"区域的分布状况，以及带来的影响进行研究，排查出生鲜食品匮乏最严重的地区，然后分析原因，形成政策方面的共识。其次，在联邦政府政策指引下，美国财政部、农业部、卫生和公共服务部通过专项资金和税收减免政策帮助"食品沙漠"严重地区建立农产品销售网络，鼓励农产品地产地销，促进健康食品销售，支持生鲜食品销售商和农贸市场建设。最后,各州、市政府根据自身情况制定相应政策,除了财政支持之外,地方政府还通过建立慈善基金、社会援助机构筹集资金,鼓励社会资本和志愿者组织参与"食品沙漠"的治理。美国从联邦政府到州、市、县建立起连贯的政策体系,有条不紊地推进生鲜食品流通变革的做法值得我们学习和参考。

2. 加大对民众的健康饮食教育

美国的经验表明,"食品沙漠"问题的治理,不是政府单方面的救济工作,而是需要在全社会形成广泛共识,引起全民对健康饮食的重视。通过对"食品沙漠"地区的消费者进行教育,让他们意识到生鲜食品匮乏对健康的危害,鼓励他们减少快餐消费,倡导健康饮食,为他们购买生鲜食品提供看得见、摸得着、有实惠的补贴。时任美国第一夫人的米歇尔·奥巴马发起的"我们共同行动!"的倡议呼吁全社会重视健康饮食生活,呼吁在学校中提供健康食品,确保每个家庭都能获得健康、负担得起的食品,极大地提升了全民对"食品沙漠"危害的认识。

3. 发挥零售商的作用

零售商在治理"食品沙漠"中发挥重要的基础性作用。实践证明,"食品沙漠"地区的零售商在经营上很难实现盈利,因此政府的政策扶持、税费减免会起到重要的作用。美国的经验表明,仅仅靠政府补贴实体店难以发挥长久的作用,因此需要政府与零售企业共同探讨新的经营模式,鼓励零售商通过线上线下各种方式来缓解区域性、地方性的"食品沙漠"问题,使政策的支持用到实处,做到可持续发展。

四、国外经验与借鉴总结

日本、新加坡、美国在老龄化下社区商业模式的创新,以及针对城市"食品沙漠"的治理对策方面各具自己的特点,并且与各国的历史传统、政治、经济、社会、文化等环境相关,其中日本与新加坡在社区商业与居家养老结合模式上具有相似性,日本与美国在治理"食品沙漠"问题上的对策又具有一些共同的特征,反映了老龄化社会下社区商业发展的趋势和一般规律。

（一）发挥政府的主导作用，促进社区商业与居家养老服务结合

日本政府从 2015 年开始，在全国范围内打造以 15 分钟生活圈为服务范围的"区域综合护理体系"，把社区商业作为居家养老服务的基础，明确了其主要功能是生活服务支持和健康预防，探索"居家养老+社区商业"的模式。2007 年，新加坡政府提出了"原地养老"政策和"活跃乐龄"战略，在邻里中心规划中政府大力支持"居住+社区商业+居家养老"模式的探索。在具体实施中坚持政府领导下的社区组织、社会团体、商业团体、民营企业、志愿者组织、居民共同参与的协调机制，共同解决社区商业与居家养老结合的问题。

（二）重视老年人购物难问题

日本、新加坡、美国虽然国情不同，但都面临着老年慢性病的蔓延，以及医疗费用急速膨胀的问题。因此，加强健康生活习惯宣传、加大健康食品开发、加大对生鲜食品匮乏地区，即"食品沙漠"地区的治理是这些国家政府的一项重要工作。日本政府建立起包括经济产业省、农林水产省、国土交通省在内的政策协调机制，建立县、市、町、村的协调机构，以社区商业为平台共同解决社会弱者购物难问题。新加坡地域狭小，人口密集，但在政府支持下，社区邻里中心把宣传健康生活方式、健康饮食、健康运动作为"活跃乐龄"的重要工作，把宣传和预防作为社区商业的重要工作。美国高度重视国民健康问题，在大力宣传的基础上，建立起联邦政府、州政府、市政府、县政府的政策体系和治理机制，在政府财政支持下，发挥慈善基金、民间基金和私营企业的作用，共同致力于"食品沙漠"问题的解决。

（三）加强社区商业规划

从日本、新加坡的经验看，老龄化下社区商业发展的趋势是从政府层面加强对社区商业的规划。要遵从以人为本的理念，坚持亲民、便民、利民的原则，适应家庭劳动、家庭生活社会化的环境变化；积极发展符合社区老年人生活的购物、餐饮、娱乐、运动、学习、养老、护理等服务业态，创造适

老化的生活环境；坚持社区商业的多样化，打造既适合老年人生活，也适合年轻人和儿童快乐生活的空间；鼓励老年人参与社区商业创业、工作，创造人际和谐、邻里互助的具有人性化光辉的社区商业。

（四）积极开拓社区银发市场

社区商业既是居家养老的支持系统，又是发展中的巨大市场。政府要鼓励企业开发低糖、低盐、低脂的健康食品，开发适合高龄化老年人的食品；要大力发展15分钟生活圈，要鼓励社区邻里中心适应老龄化时代的要求不断进行经营创新；要鼓励零售服务企业线上线下结合，大力发展生鲜超市、菜市场、便利店、社区餐厅、老年餐桌、康体中心、学习机构等；社区组织要积极参与社区商业活动，加强对社区商业的管理。

第九章 我国社区商业的促进政策与模式探索

2015年以来，面对人口老龄化不断加快的趋势，在政府一系列政策的支持下，我国城市社区商业进入了一个快速发展时期。近年来，全国社区居家养老服务与社区商业融合的创新模式不断涌现，对这些模式和政策加以研究，对于探索适应老龄化时代需求的社区商业模式创新具有重要的现实意义。

一、北京市社区商业促进政策

北京市现有16个区，138个街道办事处，62个地区办事处，2717个社区，社区规模基本为1000—3000户。据北京市民政局发布的《北京市老龄事业发展和养老体系建设白皮书（2017）》的统计显示，北京市60岁以上户籍老年人口从2012年的262.9万增长到2018年的349.1万，占户籍总人口的比例从2012年的20.3%升至2018年的25.4%。

2017年北京市丰台区60岁及以上老年人口占本区人口比例达到29.2%，成为北京市老龄化程度最高的区；老龄化程度最低的为大兴区，60岁以上老年人口比例为20.6%（见表9-1）。近年来，北京市人口老龄化的发展呈现以下几个方面的特征。

（一）北京市人口老龄化的现状和特征

1. 老龄化、高龄化程度不断加深

1990—2000 年北京市 60 岁以上老年人口增长了 60.75 万人，年均增长 6.075 万人；2000—2010 年增长 64.85 万人，年均增长 6.485 万人；2010—2017 年增长 98.3 万人，年均增长 14.04 万人，老年人口呈现快速增长的态势（见表 9-2）。据预测，到 2020 年年底北京市户籍老年人口将超过 380 万人，约占户籍人口的四分之一；常住老年人口将超过 400 万人，约占常住人口的五分之一。2017 年北京市 80 岁以上人口为 55.7 万人，占全市人口比例为 4.1%，并且以每年 10% 的速度上升。《北京养老服务蓝皮书（2018）》的数据显示，2017 年北京市失能老人达到 16 万人，占老年人口的 6% 左右。

2. 人口抚养系数不断提高

2012 年每百名劳动年龄人口抚养的老年人口为 29.4 人；到 2017 年提高到 39.7 人。据预测，到 2020 年年底人口系数将接近 50%，平均每两个劳动力就要抚养一位老人，社会养老压力巨大。

表 9-1　　　　　　　　2017 年北京市各区户籍老年人口状况

	60 岁及以上老年人口（万人）	60 岁及以上老年人口占本区人口的比例（%）	60—69 岁		70—79 岁		80 岁以上	
			人数（万人）	占60岁及以上人口比例（%）	人数（万人）	占60岁及以上人口比例（%）	人数（万人）	占60岁及以上人口比例（%）
北京市	333.3	24.5	190.5	57.2	87.1	26.1	55.7	16.7
东城区	27	27.9	16.1	59.6	5.9	21.9	5	18.5
西城区	38.9	26.9	22.5	57.8	8.7	22.4	7.7	19.8
朝阳区	57.1	27.2	30.9	54.1	15.8	27.7	10.4	18.2
丰台区	33.3	29.2	18.9	56.8	8.5	25.5	5.9	17.7
石景山区	11	28.9	6.3	57.5	2.7	24.5	2	18.2
海淀区	49.5	21.0	25.5	51.5	13.9	28.1	10.1	20.4

续表

	60岁及以上老年人口（万人）	60岁及以上老年人口占本区人口的比例（%）	60—69岁		70—79岁		80岁以上	
			人数（万人）	占60岁及以上人口比例（%）	人数（万人）	占60岁及以上人口比例（%）	人数（万人）	占60岁及以上人口比例（%）
房山区	18.2	22.3	11.3	62.1	5	27.5	1.9	10.4
通州区	18	22.4	11.2	62.2	4.8	26.7	2	11.1
顺义区	14.3	22.5	8.7	60.8	3.9	27.3	1.7	11.9
昌平区	13.4	21.5	7.9	59.0	3.7	27.6	1.8	13.4
大兴区	14.4	20.6	8.6	59.7	4	27.8	1.8	12.5
门头沟区	6.6	26.3	3.9	59.1	1.7	25.8	1	15.2
怀柔区	6.3	22.3	3.7	58.7	1.7	27.0	0.9	14.3
平谷区	9.2	22.8	5.5	59.8	2.5	27.2	1.2	13.0
密云区	9.7	22.1	5.7	58.8	2.6	26.8	1.4	14.4
延庆区	6.4	22.2	3.8	59.4	1.7	26.6	0.9	14.1

资料来源：《北京市老龄事业发展和养老体系建设白皮书（2017）》。

表 9-2　　　　　　　　　北京市户籍老年人口增长状况

年份	60岁及以上人口（万人）	年份	60岁及以上老年人口（万人）	60岁及以上老年人口增长（万人）	年均增长（万人）
1990	109.4	2000	170.15	60.75	6.075
2000	170.5	2010	235	64.85	6.485
2010	235	2017	333.3	98.3	14.04

资料来源：根据《北京市民政统计年鉴》和《北京市老龄事业发展和养老体系建设白皮书（2017）》数据整理而成。

3. 纯老年人家庭不断增加

纯老年人家庭是指全部人口的年龄都在60岁以上的家庭，包括独居老年人家庭、60岁及以上的空巢老年人家庭，与父母或其他老年亲属同住的老年人家庭。截至 2018 年年底北京市纯老年人家庭人口为 58.03 万人，占户籍老年人口的 16.6%，比 2010 年的 44.3 万人增加了 13.73 万人。其中北京市朝阳区、海淀区、丰台区占比最高，老龄化最为严重的丰台区空巢、独居户籍老年人已经达到 1.7 万人，对老年群体的生活照料成了迫切需要解决的问题。

4. 传统养老方式发生较大改变

从家庭规模的变化看，1982 年北京市户均规模为 3.7 人，到 2010 年下降到 2.5 人，2017 年进一步下降到 2.45 人，家庭规模持续缩小，传统的依靠家庭养老的模式受到挑战。

5. 养老服务成本攀升与养老资金短缺并存

随着人口红利下降，养老照料服务价格日益提高，但由于"未富先老"，北京市老年人养老支付能力还普遍较弱，强烈的养老服务需求与现实支付能力形成很大的反差。虽然政府部门做了大量工作，但是完善的服务体系和保障机制还没有完全建立起来，总体上社区养老服务资源分散，服务覆盖面狭窄，服务项目满足不了老年人的需求，社区养老服务发展仍处于起步阶段，公众对养老服务的认可程度不高。

（二）疏解整治下的社区商业面临的问题

改革开放 40 多年来，北京城市建设管理取得巨大发展的同时，也面临着突出的城市问题，主要表现为城市中心人口膨胀加剧、地价暴涨、交通拥堵严重、空气污染严重等一系列问题。

2014 年 2 月 16 日，习近平总书记在北京市考察工作时提出，要明确城市战略定位，坚持和强化"政治中心、文化中心、国际交往中心、科技创新中心"的首都核心功能。2015 年 2 月 10 日，习近平总书记在中央财经领导小组第九次会议上指出，疏解北京非首都功能、推进京津冀协同发展，是一个巨大的系统工程。目标要明确，通过疏解北京非首都功能，调整经济结构和空间结构，走出一条内涵集约发展的新路子，探索出一种人口经济密集地区优化开发的模式，促进区域协调发展，形成新增长极。

北京市 2015 年政府工作报告指出：按照严格控制增量，有序疏解存量，对不符合首都城市战略定位的功能和产业，逐一列出清单，拿出具体方案，尽快组织实施，确保取得实质性进展。2017年1月北京市发布了《北京市人民政府关于组织开展"疏解整治促提升"专项行动（2017—2020年）的实施意见》，提出了专项行动的重点任务：①拆除违法建设；②整治占道经营、无证无照经营；③城乡接合部治理整顿；④疏解一般制造业和治理"散乱污"企业；⑤疏解区域性商品市场等；⑥疏解部分公共服务功能；⑦地下空间和群租房整治等。

北京市临街居民楼"开墙打洞"，将居住空间改造为商业店铺是20世纪80年代以来遗留的问题。20世纪80年代初期，为了解决大量返乡"知识青年"的就业问题，政府鼓励企业、街道、居委会发展第三产业的同时，支持就业青年利用临街居住房兴办社区商业。但是，随着90年代大量农村务工人员涌入城市谋生，许多业主为了出租获利，将"开墙打洞"的店铺出租给外来人口，从此形成了北京市社区商业低层次、无秩序、粗放发展的局面。据不完全统计，截止到2015年年底，北京市仅临街首层的"开墙打洞"店铺就高达20多万处。"开墙打洞"成为城市管理和社区商业发展的恶疾顽症。临街店铺虽然给附近居民购物带来一些方便，但是经营环境脏乱、噪声扰民以及安全隐患也给社区居民生活带来极大的困扰。

从2014年开始，北京市就启动了对临街民宅非法改造店铺的治理工作。2017年北京市开始加大"开墙打洞"治理专项任务，把全市100条主要街道和胡同、100个重点社区作为"拆违"示范试点。2017年全市整治"开墙打洞"1.6万处，其中城六区就高达1.56万处；全市拆除违法建设4000万平方米以上，其中城六区拆除违法建设1417万平方米，核心区拆除24万平方米。

北京市在拆除违法建设和治理"开墙打洞"的同时，也将疏解区域性专业市场等作为"疏解整治促提升"专项行动的主要内容。2017年首先被疏散的是大型批发市场，如动物园服装批发市场、天意小商品批发市场、大红门地区的市场等。在关停大型批发市场的同时，北京市城区的菜市场、农副产品市场也陆续被关停。2017年以来东城区关停了东环里市场、万朋文化批发市场、望星隆菜市场等十多家大中型市场；海淀区关停了明光寺农副产品综合批发市场、天下城市场、润都市场、海中市场等；西城区关停了四环、白塔寺等13个菜市场；通州区疏解关停了59家农副产品市场等。仅2017年上半年北京市就疏解关停了 131 个市场。

2017 年以来，北京疏解整治行动在疏解非首都功能，优化城市治理等方面取得了明显的成效。然而，在疏解整治过程中，一些与百姓生活息息相关的小商品市场、菜市场、早餐店、修理店等社区便民服务业被大量清理搬离，老百姓的日常生活受到很大影响，其中对老年群体日常生活的影响最为突出。据 2017 年国家统计局北京调查总队对"疏解整治促提升"专项行动实施效果民意调查显示，北京市居民对整治占道经营、整治无证无照经营、整治"开墙打洞"、拆除违法建设和整治群租房 5 项行动的支持率均接近百分之百，但是认为购物便利度提高和商品服务种类更多的满意度仅为 48.4% 和 39.9%；有 21.9% 的被访者认为疏解整治后购物变得更不方便了；38.2% 的被访者希望政府要加强社区商业服务设施的配套建设。

（三）北京市社区商业促进政策

为了缓解"疏解整治促提升"专项行动给社区居民带来的生活不便，北京市政府近年来陆续推出了一系列鼓励、促进社区商业的政策。

1. 腾退空间利用政策

2015 年以来，北京市充分利用腾退空间，完善便民商业设施，引导社区商业向规范化、连锁化、便民化、品牌化、特色化方向发展。2017 年 6 月，经市政府同意，市商务委印发了《"疏解整治促提升"工作中完善便民商业设施若干问题的指导意见》。该意见提出以"升级为导向、'建和关'相结合"的原则区别对待便民商业网点。充分使用疏解腾退空间完善便民商业设施，重点用于生鲜食品零售和便利店等商业服务。按照"疏解整治促提升"专项行动工作部署，2018 年北京市商务委、民防局等部门又共同发布了《关于利用地下空间补充完善便民商业服务设施的指导意见》，对于城市地上设施无法满足居民需求的，可使用地下空间来补充完善，并加强设施使用管理，承担地下空间的改造及安全使用责任。

表 9-3　新城市功能定位下北京市社区商业政策（2015—2018 年）

时间	政策文件	社区商业内容
2015 年 7 月	《北京市提高生活性服务业品质行动计划》（京政发〔2015〕40 号）	社区商业是该行动计划中重点推动的领域，明确提出了生活性服务业五化发展，即品牌化、规范化、连锁化、便民化、特色化，把社区商业品质提升作为未来商务领域重点扶持的方向
2015 年 8 月	《北京生活性服务业发展基金管理办法》	设立了规模为 10 亿元的北京生活性服务业发展基金，重点发展社区商业。其中政府出资 5 亿元，社会出资 5 亿元
2016 年 4 月	《提升生活性服务业品质促进消费增长措施》（京商务消促字〔2016〕5 号）	提出支持品牌连锁企业进社区、支持连锁企业新开店铺、强化规范标准引领作用、培育建设一批便民典型示范项目、新建和规范一批便民商业网点、完善早餐便民服务体系、推动末端配送网络建设等措施
2016 年 7 月	《关于开展生活性服务业示范街区征集培育工作的通知》（京商务交字〔2016〕104 号）	贯彻落实"打造一批有特色、有活力、有韵味的街道"的工作要求，为居民提供"规范化、连锁化、便利化、品牌化、特色化"的生活服务。在全市范围内开展生活性服务业示范街区征集、培育等工作
2016 年 9 月	《关于进一步促进连锁经营发展的意见》（京商务流通字〔2016〕7 号）	促进连锁经营发展的体制机制的健全，完善连锁经营发展的外部环境，提升商业服务业连锁化程度
2017 年 6 月	《"疏解整治促提升"工作中完善便民商业设施若干问题的指导意见》（京商务规字〔2017〕7 号）	合理规划建设便民商业网点，规范、改造、升级商业设施，优化便民商业网点布局、结构和功能；进一步鼓励生活性服务业品牌连锁化发展
2018 年 1 月	《进一步优化连锁便利店发展环境的工作方案》（京商务流通字〔2017〕15 号）	实现北京市连锁便利店营商环境的改善，到 2020 年，连锁便利店数实现中心城区社区全覆盖，24 小时便利店占比达到 50% 以上，空间布局趋于合理，服务种类更加丰富，服务品质和水平进一步提升

续表

时间	政策文件	社区商业内容
2018年3月	《关于进一步提升生活性服务业品质的工作方案》（京政办发〔2018〕10号）	要求市有关部门要细化居住配套商业服务设施配置标准。充分考虑蔬菜零售、便利店（社区超市）等基本便民商业服务设施的公益属性等
2018年5月	《居住配套商业服务设施规划建设使用管理办法（试行）》（京商务规字〔2018〕6号）	鼓励建设均衡完善的便民服务网络，设置集蔬菜零售网点、综合超市、便利店、早餐（餐饮）店、理发店、家政服务点、洗衣店、药店、末端配送点等多种生活服务业功能于一体的社区商业便民服务综合体
2018年5月	《关于利用地下空间补充完善便民商业服务设施的指导意见》（京商务规字〔2018〕5号）	充分利用地下空间，加快补齐便民商业服务设施短板，提升生活性服务业品质
2018年10月	《实施北京市街区商业生态配置指标的指导意见》（京商务规字〔2018〕31号）	优化便民商业配置水平，完善基本便民商业设施，建立差异化街区商业生态体系

来源：北京市商务委员会网站。

2. 商业配套设施使用及管理政策

2015年以来，北京市市、区政府以及商务委员会依据国务院办公厅关于发展社区商业的指导意见，加强了社区生活服务业规划和配置管理。2015年，北京市政府印发了《北京市居住公共服务设施配置指标》和《北京市居住公共服务设施配置指标实施意见》，2018年又制定了《居住配套商业服务设施规划建设使用管理办法（试行）》，对居住配套服务设施的配置标准进行了详细的规定和要求，以满足居民对社区商业的需求（参考表9-4）。

3. 加强资金支持方面的政策

2015年7月，北京市推出《北京市提高生活性服务业品质行动计划》，加大了对商业便民利民项目的专项资金支持。2017年，北京市发改委、商务委发布了《关于印发市政府固定资产投资补助商业便民服务设施项目暂行规定的通知》(京发改规〔2017〕2号)，该通知要求发挥好政府投资引导放大作用，加快补齐便民商业服务设施短板，促进生活性服务业规范化、连锁化、品牌化发展。投资补助重点支持蔬菜零售、早餐、便利店（社区超市）、洗染、理发、家政服务、末端配送点（快递）等基本便民商业服务及其配套服务（主食厨房、配送中心等）项目建设，以及提供以上便民商业服务的"社区商业e中心"、综合体等项目建设。对申报项目的投资补助不超过项目核定总投资的30%。

除此之外，北京市为了支持商业便民利民项目，还推出了各种形式的专项资金支持，包括项目补助、政府购买服务、以奖代补等。在利用地下空间发展项目上，对符合条件的地下空间便民商业服务设施项目，给予市政府固定资产投资或市商业流通发展资金支持。经区政府同意，利用人防工程设施设立便民商业服务网点，可以减免人防工程使用管理费用。对以连锁经营等方式入驻的其他生活性服务业，在门店装修、经营设备购置、信息系统开发建设等方面给予不超过上述投资总额的50%且总额不超过100万元的支持。北京市政府提供专项资金的支持在一定程度上减少了社区商业的固定资产投资成本，促进了社区商业的发展。

表 9-4　　　　　　　　生活性服务业配置标准

生活性服务业业态	建筑面积标准	数量标准	指标来源
生鲜超市、社区菜店、综合超市、便利店、早餐（餐饮）店、理发店、家政服务点、洗衣、便民维修、药店、末端配送点等设施	535—625平方米/千人		北京市《居住配套商业服务设施规划建设使用管理办法》
菜市场	50平方米/千人		北京市《居住配套商业服务设置规划建设使用管理办法》
蔬菜零售网点	80平方米/千人	2个/社区	《关于"疏解整治促提升"工作中完善便民商业设施若干问题的指导意见》

续表

生活性服务业业态	建筑面积标准	数量标准	指标来源
便利店（小型商业服务设置）	10—20平方米/千人或1个/3000人	1个/社区	北京市《居住配套商服规划建设使用管理办法》
社区商业便民服务综合体（1000—2000平方米）	100平方米/千人	1万—2万人/个或商圈距离2千米以内/个（约4个社区）	《生活性服务业行业标准规范汇编之十——社区商业便民服务综合体》
早餐		2个/社区或3000人/个	估算
美容美发		1个/社区	估算
末端配送点		1个/社区	估算
家政、洗染、维修、药店		1个/社区	估算

来源：北京市商务局网站。

4. 创立示范街区政策

为贯彻落实好《国务院办公厅关于加快发展生活性服务业促进消费结构升级的指导意见》的工作要求，进一步提高生活性服务品质，北京市商务委在全市范围内开展生活性服务业示范街区征集和培育工作。2016年7月，北京市商务委员会发布了《关于开展生活性服务业示范街区征集培育工作的通知》（京商务交字〔2016〕104号）。通知要求示范街区蔬菜零售、便利店（超市）、早餐（餐饮）店、洗染、美容美发、家政服务、再生资源回收和末端配送点等基本便民服务在区域内全覆盖；以及区域内至少拥有健康服务、养老服务、旅游服务、体育服务、文化服务、法律服务、住宿餐饮服务、教育培训服务等三类及以上的其他生活性服务业行业。示范街区既可以是符合条件的新建街区（包括街道、社区、小区或商圈），也可以是在原有基础上进行业态升级和商业模式创新的成熟街区。在支持政策上，①为街区提供公共服务管理信息系统的建设与改造，公共区域的经营配套服务功能区布局和经营环境改造等方面（以下简称示范街区公共支出）给予不超过上述投资总额的50%且总额不超过2000万元的支持。②对以连锁经营等方式入驻的基本便民服务，包括蔬菜零售、便利店（超市）、早餐（餐饮）店、洗染、美容美发、家政服务和末端配送门店，参照市商务委年度项目征集公告给予支持。③对以连锁经营等方式入驻的其他业态生活性服务业门店在门店装修、服务经营设备设施购置、信息系统开发建设等方面给予每家不超过上述投资总额的50%且总额不超过100万元的支持。在示范街区挂牌后，由各区商务委指导跟踪项目后续运营，并督导其运营情况。同时建立动态调整机制，如果运营不达标并经过调整也无法达到相关要求，就会撤销其生活性服务业示范街区的称号。

5. 创建社区便民服务综合体政策

2017年北京市在各区、街道集中部署社区商业便民服务综合体的建设，将社区超市、末端配送、主食厨房、缝衣修边、修理、线上订餐、文化用品等多种功能汇集到综合体中，为社区居民提供一站式便民服务。2016年12月，北京市商务委员会推出了《北京市社区商业便民服务综合体规范》，该规范规定了社区商业便民服务综合体的具体设置与功能要求，全市行政区域内新建和改造升级的社区商业便民服务综合体可参照此规范配置。社区商业便民服务综合体是为满足社区居民衣、食、住、行等基本日常生活的消费需求，应设置的购物、餐饮等基础社区商业服务业态。该规范指出，社区商业便民服务综合体业态规划整体应当遵循"功能齐备、业态齐全"的原则。在满足社区居民日常基本的消费、服务需求的基础上，力求进一步地满足居民多样化的消费和服务需求，且不得干扰社区居民的正常生活。社区商业的设施应以独立的集中设置为主，与城市总体的规划以及商业网点的规划协调一致，做到合理布局、因地制宜。例如，与银行、邮局等其他公共服务设施协调一致，并配建适宜的停车场、货物装运通道等设施。

表 9-5　　　　　　　社区商业便民服务综合体功能及业态构成

功能		必备型业态	选择性业态
社区商业便民服务综合体功能	基本功能		
	购物	药店、便利店、生鲜超市、菜市场（店）、社区超市、综合超市等	体育用品专卖店、五金工具店、手机专营店、眼镜专卖店、食品专卖店、家居用品店、首饰专营店、鲜花礼品店、医疗保健用品专卖店、家用电器专营店等
	餐饮	早餐店、主食厨房、快餐店、大众餐饮等	中餐酒楼、老字号餐饮店、特色餐饮店、休闲餐厅、中西快餐店、饼屋、面包店、咖啡厅等
	金融	ATM自助取款机、银行储蓄等	金融理财公司、证券经营场所等
	生活服务	再生资源回收中心、综合修理店、快递点、美容美发店、家政服务中心、洗衣店、送水点、文化用品店、裁缝店等	美甲店、汽车美容店、婴幼保健中心、宠物店、养生保健店、房屋中介、幼教服务中心、自行车修理店、家电维修店、修鞋店、音响店、书店、报刊亭等
	延伸性功能		
	休闲娱乐		棋牌室、图书阅览、网吧、健身房、影院、酒吧等
	教育培训		文化、体育、智力、美术相关培训机构等

来源：《北京市社区商业便民服务综合体规范（2017）》。

2017年之后，在政策的推动下，社区商业便民服务综合体建设在北京市城近郊区迅速开展，各个区县结合自身特征，不断创新模式，推动便民服务综合体的发展。其中，北京市海淀区的"社区e中心模式"受到社区居民的欢迎，并开始引起人们的关注。

在北京市政府一系列政策的推动下，社区商业发展方面取得了显著的成绩。据北京市商务局的统计，2018年在财政政策的支持下，全市建设和改造便民服务网点1529个,其中提升和建设蔬菜网点667个,便利店468个,早餐店173个,家政服务等其他社区服务网点339个。另外,截至2018年年底,全市累计建设大型社区商业便民服务综合体83个,小而全的"社区商业e中心"200余家,使基本便民服务覆盖了全市92%以上的社区,大大方便了社区居民。

二、北京超市发的"社区商业e中心"模式

(一) 北京超市发的发展概况

北京超市发连锁股份有限公司(以下简称北京超市发)是地处北京市海淀区的大型国有零售企业。在2019年5月中国连锁经营协会公布的《2018中国连锁百强》中,北京超市发凭借51.5亿元销售额,164家门店数量,位列"2018中国连锁百强"第86位。

北京超市发的前身为1958年成立的海淀区商业局食品处,1973年改为北京市海淀区副食公司,1994年转型成为超市发连锁股份有限公司。北京超市发经历了计划经济下的配给制时期,经过20世纪80年代之后的商业重组和股份制改造,成为北京市国有控股的大型国有连锁超市企业。公司的主营业务为食品、生鲜日配品、家居用品以及代理品牌商品的零售兼批发。在公司发展的过程中形成了综合超市、社区生鲜超市、社区便利店、社区菜市场、超市发罗森便利等五种零售业态。近年,随着经营规模的不断扩大,北京超市发加快了生鲜食品供应链的建设,目前拥有3万余平方米的商品配送基地,3700平方米的生鲜商品恒温库、1500平方米的低温库以及700平方米的加工间,在配送和加工过程中实现了物流的机械化与管理的信息化。

北京超市发自1994年创立至今,始终秉承"顾客需要是我们努力的方向,顾客满意是我们追求的目标"的核心价值观,努力为消费者营造一个舒适、放心、安全的购物环境,致力于做一个为顾客着想的"有温度的社区零售商"。公司先后取得了ISO9000质量体系国际和国内的双认证,并连续多年获得"北京市守信企业""全国商业质量管理先进企业""全国商业行业顾客

满意企业""中国十佳商业品牌企业""北京市商业名牌企业""北京市劳动和谐关系先进单位"等荣誉称号。

北京超市发自成立以来，与家乐福、沃尔玛等大卖场的"一站式购齐"经营方式不同，它是把为社区居民提供居家生活和一日三餐的解决方案作为企业的定位和经营目标。作为有着60多年历史的国有企业，北京超市发有着深厚的为人民服务的传统。

早在改革开放初期，公司就建立了服务队为社区弱势群体提供帮助，提供为老年人代买东西和送货上门的服务，并且鼓励员工走进社区养老院陪伴老年人。40多年来，公司学雷锋服务小组始终坚持为社区孤寡老人以及特困特难人群提供上门服务。公司专门成立了服务管理小组，对商圈内生活特困老年人登记造册，为行动不便的老年人提供送货上门服务，在节日期间还为他们送去生活慰问品。北京超市发董事长李燕川指出："义工队伍深入老百姓家里、街道里面开展各项活动，不仅是建立起超市发与社区居民的联系，也是将我们的温暖传递给顾客和社会。"北京超市发与周边社区居民、居（家）委会以及所在地单位进行沟通与良性的互动，增强社区居民对北京超市发的信任，并因此培养了众多忠实顾客群体。亲情服务成为连接北京超市发与社区居民的纽带，使二者之间的情感更加密切，也使得北京超市发成为社区居民生活中必不可少的一部分。

近年来，随着北京市"疏解整治促提升"专项行动的展开，老年群体购物难问题逐渐引起社会各界的广泛关注。随着海淀区社区空巢老人、高龄老人的快速增加，老年群体购物难的问题逐渐凸显出来，成为阻碍老年人基本生活和社会交往的主要障碍。针对老年人购物难问题，北京超市发提出，不仅要做好社区的商业，还要更好地为社区内老年人服务，实现社区老年人的轻松购物，快乐生活。

（二）北京超市发的"社区商业 e 中心"模式

2017年开始，为了解决"疏解整治"后社区居民日常生活中的购物难问题，北京市海淀区商务委以北京超市发为依托大力推进"社区商业 e 中心"建设，目标是2020年年底在海淀区全区的29个街镇实现"社区商业 e 中心"

的全覆盖。以北京超市发为依托的"社区商业 e 中心"模式具有以下几个方面的特征。

1. 以生鲜超市为依托的"8+N"模式

"社区商业 e 中心"是以"8+N"模式构建成的社区商业便民服务综合体。所谓"8"是指生鲜超市、便利店、洗染、早餐、家政、代收代缴、末端配送、美容美发等 8 项基础的服务功能;"N"是指北京超市发门店根据商圈顾客的需求自选的服务项目;"e"是指充分利用"互联网+"技术,通过线上线下结合为顾客提供服务,此外,还有基于互联网的自助式服务,如无人售货机、自助照相亭等。

表 9-6　　北京超市发"社区商业 e 中心"服务项目的配置

北京超市发"社区商业 e 中心"	开业时间	现有服务项目
半壁店店	2017 年 12 月	1. 洗衣改衣；2. 订制床品；3. 修理手表；4. 配钥匙；5. 便民理发；6. 维修电器；7. 打字、复印；8. 数码快照；9. 移动营业、维修手机、手机卡吧；10. 皮具护理；11. 免费儿童乐园；12. 家政服务
会城门店	2018 年 1 月	1. 便民药房；2. 订制床品；3. 洗衣改衣；4. 移动营业、维修手机；5. 旅游咨询；6. 便民理发；7. 家装维修；8. 数码快照；9. 家政服务
玲珑路店	2018 年 2 月	1. 洗衣改衣；2. 订制床品；3. 便民理发；4. 维修手机；5. 皮具护理；6. 修理手表；7. 旅游咨询；8. 配钥匙；9. 修鞋
羊坊西路店	2018 年 2 月	1. 洗衣；2. 便民理发；3. 维修手机；4. 修理手表；5. 皮具护理

来源:根据对北京超市发"社区商业 e 中心"实际服务项目的调查整理而成。

北京超市发的"社区商业 e 中心"以自己的强项业务生鲜超市为基础,根据各个门店面积大小和商圈需求不同,搭载快剪理发、洗衣改衣、修鞋修表、配钥匙、小五金、打印快照、床品订制、旅游咨询等服务，实现生鲜高频购买和低频便民服务的有机结合，为社区居民，尤其是为老年顾客的居家养老生活提供便利化的服务。在经营方式上，生鲜超市的水果、蔬菜、肉类、蛋类、水产、熟食加工等全部采用自营模式，蔬菜、水果、肉类等来自产地直采并可追溯，确保食品安全、质优价廉。此外，超市提供现场制作的主食厨房食品、早餐食品等，在有条件的门店开设"超市发罗森"24小时便利店。当天超市营业结束后，超市发罗森会继续为社区居民提供即时性食品和服务。

"社区商业 e 中心"的其他 8 种服务项目以采取择优招商、总部签约、连锁合作方式为主。北京超市发负责提供经营场所，服务商自立经营，通过双方合作共同为顾客提供便民服务。从 2017 年年底至今，北京超市发已在全区开设了多家"社区商业 e 中心"。其中，玲珑路店有旅游咨询服务，半壁店店则针对社区老年人居多的特点，重点配置了床品订制和修理服务，体现各自的特色（表9-6）。

2. 根据社区居民需求设置服务项目

北京超市发确定试点门店后，先组织员工深入社区，听取居民的意见后，再设置社区居民生活服务项目。例如，半壁店店在设计服务项目时，街道居委会提出希望添加一个"床品订制项目"，后来成了周边社区居民最受欢迎的服务项目。确定了服务项目之后，北京超市发采用招商方式，从守信用、经营规范的个体工商业者中择优选取，通过一定的培训使商户了解顾客需求，规范服务、诚实经营，能够为顾客提供更好的服务。

3. 在社区服务中突出科技赋能

自 2015 年以来，随着移动互联网、大数据、云计算等为代表的新一代信息技术与零售经营的结合，推动了零售行业的创新和转型升级。在互联网向各行各业不断渗透，新零售迅速发展的背景下，北京超市发也主动适应互联网发展的趋势，在社区商业中突出科技赋能。

"社区商业 e 中心"的"e"包含电子化（Electronic）、轻松的服务环境（Easy Service）以及人与人沟通的社交场所（Exchange）等多重含义。目前北京超市发"社区商业 e 中心"已经实现在营销宣传、店面运营、购物结算和线上购物的电子化和信息化。社区居民通过微信公众号可以查询店面的服务功能、营业时间、客服电话和促销信息等并打电话预约服务；门店与百度、美团、饿了么、京东到家等四大平台的外卖对接实现线上下单，半小时送货上门服务；所有收银台支持无现金移动端结算，以及设置了人脸识别的存包柜等。

"互联网+社区商业"模式不仅为年轻的消费者提供了方便，也能实实在在地为老年人提供便利。现在有许多家庭中的子女远在异国他乡学习或工作，不在父母的身边，无法近距离、多频率地关照父母的生活，互联网的发展可以解决这一痛点，使得他们可以远程为空巢的父母订餐以及订制各种服务，进而对父母的饮食和健康进行照料。

4. 提高"社区商业 e 中心"的盈利水平

"社区商业 e 中心"既是周围社区的便民服务中心，也是一个商业活动的场所。企业首先要解决生存问题，其次才能有发展。北京超市发不仅要考虑如何满足社区居民的需求，也要考虑到自身及商户的经营情况，做到可持续发展。北京超市发通过收取"社区商业 e 中心"商户的租金来摊薄部分经营成本，从而保证"社区商业 e 中心"的日常运营。通过半年运营，北京超市发首家"社区商业 e 中心"——半壁店门店已经开始扭亏为盈。由于便民服务的增加，使客流量同比增长 30%以上，直接推动了北京超市发生鲜超市和罗森便利店销售的增长，月坪效比以往增长了 40%以上，实现了经营的良性循环。

三、贵阳市 PPP 模式推动社区"惠民生鲜"发展

我国大城市发展社区商业面临的最大的问题是选址难、租金贵。2015 年贵阳市政府将 PPP 模式首先应用于民生领域，创造性地推出了"惠民生鲜"工程。这一举措为我国大都市发展社区商业提供了可借鉴的经验。与此同时，在政府"惠民生鲜"政策大力推动下，贵州合力商业投资集团（以下简称贵州合力）顺势而为，创新社区内生鲜超市的经营模式，实现了跨越式发展。

（一）贵阳市发展"惠民生鲜"的 PPP 模式

2015 年，为解决贵州物价水平长期居高不下的问题，进一步稳定"菜篮子商品"价格、推进民生工程，贵州省贵阳市政府提出了要在贵阳市开办"惠民生鲜"社区超市的提案。在同年的贵阳市政府工作报告中，也将"惠民生鲜"社区超市列为该市的"十大惠民工程"之一，由此正式拉开了贵阳市"惠民生鲜"工程的序幕。同时，贵阳市政府积极响应国务院办公厅"积极推广运用政府和社会资本合作（以下简称 PPP）模式"[①]的号召，创新性地采用 PPP 模式建设"惠民生鲜"超市项目，通过政府和市场共同发力，以"公益性+市场化"的手段，更好地解决贵阳市市民买菜难、菜价贵，以及农民卖菜难、食品卫生安全监管难等痛点。2015 年，贵州合力凭借其多年来在贵州市场建立的竞争优势进行公开竞标，最终成为参与贵阳市政府"惠民生鲜"工程 PPP 项目的合作企业。之后，贵州合力首先发力第一批试点工程，于 2016 年 1 月 15 日在贵阳市人口密度最大的花果园 S 区开设了第一家"惠民生鲜"合力超市。截至目前，贵州合力已开设 20 多家"惠民生鲜"合力超市，总面积已超过 5 万平方米。贵州合力也以 PPP 项目为契机，加速自身的发展与调整转型。

可以说，"惠民生鲜"超市项目是 PPP 模式在我国零售行业中的首例运用，这不仅是一种融资模式的创新，在一定程度上也是一种管理模式与社会治理机制的创新。PPP 模式能够将政府部门与民营企业的优势进行互补，即把政府部门的远景规划、宏观统筹能力与民营企业的资本优势、管理效率结合到一起，实现政府、企业、老百姓共赢的局面。在"惠民生鲜"超市 PPP 项目中，贵州合力主要负责市场运营的重任，其中包括自主建设、自担风险和自负盈亏；而政府主要负责网点的规划与物业的承租。在 PPP 模式下，政企合作模式的具体形式是：由政府牵头成立"惠民生鲜"平台公司，然后通过平台公司来租赁商业物业，市、区两级政府按照 1∶1 的比例各自承担网点回租费用，接着通过前期考察进行招、投标，选定承建方，最后转租给承建

---

① 引自报告：《"十三五"推进基本公共服务均等化规划》（国发〔2017〕9 号）。

企业（贵州合力），建设"惠民生鲜"社区超市（如图9-1所示）。

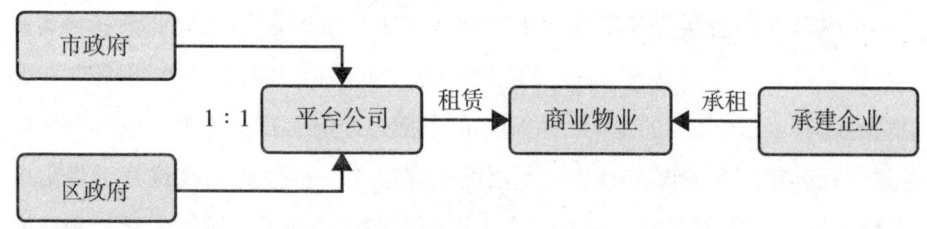

图9-1 贵阳市"惠民生鲜"超市的PPP模式

本着长远发展的目标，政企之间首先达成10年的合作期限，在此期间，贵州合力能够承租政府物业，获得占领社区"最后一公里"的地理优势，并且还能够享受较大力度的租金优惠：第一年，免付租金；第二年至第三年，按回租该项目物业租金标准的15%支付租金；第四年至第六年，按回租该项目物业租金标准的25%支付租金；第七年至第九年，按回租该项目物业租金标准的35%支付租金；第十年，按回租该项目物业租金标准的50%支付租金。在此过程中，贵州合力不仅能够节省考察选址及洽谈租赁事务等工作时间，还能借助政府规划与物业保障，加速自身的网点布局与发展，短期内壮大企业规模，进而形成规模经济效应，提升市场竞争力。

在选址布局与扩张层面，为了确保PPP项目的顺利实施，企业资源与资本的走向一方面会受到政府宏观调控的指引，但另一方面也能得到政策的支持与保障。2016年，贵阳市政府相继出台《2016年贵阳市惠民生鲜超市建设实施方案》《新建改建居住区公益性农产品流通网点建设管理暂行办法》等文件，进一步明确了"惠民生鲜"超市零售网点的规划、建设、移交等问题。

（二）贵州合力超市借力"惠民生鲜"政策实现跨越式发展

1. 贵州合力超市发展概况

作为贵州本土第一批涉足超市业态的民营企业，贵州合力自2000年5月开设首家小型超市后，经过20年的发展，现已成为一家大型零售连锁企业。贵州合力以生鲜商品为发力重点，采用"农村包围城市"的扩张战略，在遵义、安顺、铜仁、贵阳、毕节、六盘水、黔南等地区开设各类门店 70 余家，年销售额逾 40 亿元，拥有员工 8000 余人，经营业态包括合力量贩超市、合力百货、合力精品超市、合力生活广场等。面对激烈的市场竞争，贵州合力始终保持高度的紧迫感和强烈的危机意识，靠管理出效益，靠创新求发展。目前，"惠民生鲜"合力超市在政府的支持和推动下，朝着覆盖贵州省每一个社区的目标快速发展中。

2. 聚焦生鲜商品，服务社区居民

生鲜商品是居民生活必需品，具有消费频次高、购买群体大等特点，是超市的聚客利器；然而，由于损耗大、利润低等问题，也经常成为超市经营的难点。面对零售商品日趋同质化、国内外零售巨头将商品价格持续压低的困境，贵州合力基于对贵州市场以及民众口味的了解，从 2006 年开始将生鲜商品作为发展的重点，大力开展门店升级改造，加大了生鲜商品区的经营面积，力图提供比周边农贸市场更丰富、更齐全的生鲜商品品类，满足社区居民一日三餐的需求。为了提供更上乘的品质以及更具竞争力的价格，贵州合力超市加大投资，再造生鲜供应链，从 2009 年开始改变原来的联营模式为自营、直采、农超对接等模式，并且积极推动蔬菜基地与物流体系建设。由于较大的先期投资以及低价薄利的经营方式，2007 年至 2010 年，贵州合力超市的生鲜部分一直处于亏损状态，直到 2011 年才基本盈亏持平。然而，品类齐全、物美价廉的生鲜商品带旺了贵州合力超市的人气，形成了较为稳定的客流，同时也带动了其他商品品类，尤其是快速消费品的销售增长。2014 年，贵州合力超市生鲜研发部正式成立，标志着贵州合力超市对于生鲜商品的经营开始走上精细化发展之路。2015 年，贵州合力注册生鲜商品自有品牌——"黔鲜惠"，截至 2016 年年底，已开发出 99 个单品。贵州合力超市在生鲜商品方面所做的努力也为其日后成为政府"惠民生鲜"工程首选合作企业奠定了坚实的基础。

面对国外零售巨头与当地小便利店的双重夹击，贵州合力超市一方面力求在商品层面做出特色，另一方面希望通过服务承诺赢得顾客信任、培育顾客黏性。在贵州合力超市所有门店，均严格执行"三大服务政策"与"十大服务承诺"，用以保障顾客的切身利益。

为了进一步提升服务的质量以及消费者的购物体验,贵州合力于 2012 年正式加入中国的 IGA 组织①,开始学习国际先进经营理念,并将 IGA 门店管理评估系统引入公司标准化管理,致力于打造"五星门店",即在操作卓越、服务优良、品牌优秀、营销超群、社区骄傲等五个维度均达到五星标准。自此,贵州合力超市在卫生环境、动线设计、货架管理、商品陈列等方面得到了全方位提升,逐步实现了门店的迭代升级。

3. 创新"惠民生鲜"超市经营模式

"惠民生鲜"合力超市是贵阳市"惠民生鲜"项目的首批试点超市,它以市政府的惠民政策为依托,以"低价优质"作为超市运营管理的原则,确保超市内的生鲜商品能够保质、保量地供应给广大市民。按照政企之间的协议,"惠民生鲜"超市中的生鲜品类经营面积不得低于超市总体面积的 60%。虽然以生鲜商品为主营品类,但超市中加工食品、日化产品和非食品等商品品类须配备齐全,SKU 达 12000 个,可以基本上满足社区居民日常的采购需求。"惠民生鲜"合力超市首先确保生鲜的经营面积占全店经营面积的 60% 以上,生鲜品类丰富,每家门店约有 2000 个生鲜商品 SKU,销售额占比达到 40% 以上。另外,为匹配社区居民不断提高的消费水平、迎合消费升级,"惠民生鲜"合力超市从 2015 年开始引进有机蔬菜、绿色蔬菜和无公害蔬菜,推动生鲜商品向纯净安全方向发展。此外,为了对接政府的"百村对百店"项目,"惠民生鲜"合力超市还特地开辟了专区用以展示贵州省的特色农副产品,同时为贵州省的精准扶贫提供助力。

在价格方面,按照政企之间的协议,"惠民生鲜"超市内所有商品的零售价格加价应低于本市同期批发均价的 30%,并且还应低于该超市周边大型商超和农贸市场内生鲜产品零售价的 10% 到 30%。"同等商品,更低的价格"现已成为"惠民生鲜"合力超市聚客的法宝和核心竞争力。为了给社区居民提供更大的实惠,"惠民生鲜"合力超市设置了"1 元区",一年四季都提供只卖 1 元钱的商品,而且通常是生鲜类刚性商品(例如,生姜)。虽然这类商品的销售对于企业而言是多卖多赔,但却有助于在社区居民心目中建立起良心

---

① IGA 组织:Independent Grocers Alliance,即国际独立零售商联盟。

企业的形象，强化其"关注民生工程与社区发展"的市场定位。

着眼于社区居民的生活需要，"惠民生鲜"合力超市以精细化的解决方案以及持续不断的创新为社区商业注入了新活力。在商品销售方式上，贵州合力超市大胆突破创新，在贵州市场上率先推出蔬菜切割售卖的形式，即发挥企业优势，将新鲜蔬菜经过清洗、切割、称重、包装处理后再上架售卖，消费者购买后就能直接带回家进行烹饪。对于社区老年人顾客而言，鲜切蔬菜的出现，正好可以满足其少量多样的采购需求，既能满足每日所需营养，也能避免浪费。针对社区居民中忙碌的上班族，贵州合力超市提供了更方便快捷的解决方案，将切割的蔬菜按具体菜式（例如，鱼香肉丝、芹菜炒牛肉等）精心组合成半成品，从而为上班族和居家老年人大大节省了买菜、洗菜、备菜等环节的时间，使其能够轻松享受新鲜健康的美食。下一步贵州合力超市还将大力开发初步处理的净菜、配菜和预加工的菜，同时将后续的加工方法（包括火候怎么掌握、配料如何添加等）和对身体健康的益处等信息附送给消费者，从而不断提升消费者的感知价值，实现从"价格销售"到"价值销售"模式的转变。

在生鲜加工中心的基础上，2017年12月，"惠民生鲜"合力超市中央主食厨房正式投入使用，烤炸、卤菜、热菜、凉菜、面点、精包等一系列工作都能够在中央主食厨房内统一完成，从而实现门店从仅卖原料向售卖半成品、成品的升级转型，进一步提升了商品的附加价值与毛利率。

4. 融入社区生活，提升服务水平

在推动"惠民生鲜"超市 PPP 项目过程中，"惠民生鲜"合力超市紧贴社区居民需要，积极开展门店升级。超市内环境整洁、货物排放整齐有序，使社区居民的购物体验更加良好。超市动线设计清晰，既符合消费者的购物习惯，又巧妙地进行了商品之间的组合，提升了商品的动销率。在强化顾客体验方面，"惠民生鲜"合力超市增设了更多顾客休息区域并且提供免费饮用水，设置了醒目的《价格公示牌》让消费者实时了解"菜篮子"商品的价格优惠力度。针对学龄前儿童家庭占比较大的社区，还增设了儿童购物车、划出特定区域打造亲子儿童乐园，营造出温馨愉快的购物环境。对于人口密度较高的社区，通过配备贵州省第一批自助收银机，不但能够提升结账的效率，也更加方便了顾客。此外，为了精准匹配不同类型居民的购物时间与购物习惯，"惠民生鲜"合力超市在日常运营中增加了早市和晚市，早市和晚市蔬果都是当天最新鲜的，每次持续供应约一个半小时，并且搭配灵活的促销方案，以确保在购买高峰期实现生鲜品类最高的销量。该模式推出后深受社区老年人与上班族的认可，因此，与周边零售店铺相比，"惠民生鲜"合力超市表现出更强的聚客能力。

本着发展社区商业、与社区共同成长的决心，"惠民生鲜"合力超市一直倡导对于社区居民的人文关怀，通过温情服务拉近与社区居民的距离，从而打造"惠民生鲜"超市门店良好的社交环境，为社区居民营造一个舒适便利的购物环境，并为顾客提供更加精细化的服务。例如，顾客在超市购买活鱼后，会有服务人员现场将鱼宰杀、清洗并切割好，顾客拎回家即可直接烹饪；在较为大型的社区门店，对于海鲜类商品，只要顾客消费达到一定的金额（例如，88元），即可提供现场免费加工服务。此外，紧跟新零售的发展潮流，60%以上的"惠民生鲜"合力超市门店已经能够实现消费者网上（合力网上商城）下单，即可享受"3公里内"免费送货上门服务。搭乘贵州地区大数据产业快速发展的东风，贵州合力正凭借自身贴近社区的地理优势，大力推进O2O零售闭环的构建。

此外，作为社区的一员以及一家有责任感的企业，贵州合力积极探寻提供多样化社区服务、提高社区居民生活品质的可行路径。2018年4月，贵州合力携手遵义新浦康华医院，在遵义中建幸福城社区举办"社区免费体检"活动，为该社区以及周边多个社区的老年人免费提供多项健康体检，受到小区居民的高度赞许。未来，贵州合力还将以PPP模式为契机，探索更多涉及健康体检、老年人日间照料、管家服务、物业服务等社区服务的可能性，强化其门店的社会服务功能。

四、经验与启示

(一) 老龄化下社区商业需要政府在政策和机制上创新

2015年之后,各地政府均出台了一系列促进社区商业发展的政策,其中,以财政直接补贴超市、便利店、菜市场的政策居多。的确,财政补贴与税收减免政策的刺激在短时间内可以得到明显的效果,但实践证明,过度依靠政府资金支持的社区商业项目大多难以为继。此外,从近年地方政府财政投入的情况看,许多社区商业项目事前调查分析不够,事后绩效检查也疏于管理,许多资金使用浪费严重,骗取补助资金的事情频发。

贵阳市在推动社区商业发展中,集中力量解决社区居民意见最为集中的买菜难、买菜贵、食品安全没有保障等民生痛点问题。在解决问题的方式上吸取部分大城市的经验和教训,不是简单地采取分散式的用政府资金直补门店的做法,而是找准社区超市企业开店难、选址难、租金贵的发展痛点,通过政府PPP模式把居民与超市企业的诉求衔接起来,共同推动社区商业的发展。

几年来的实践证明,政府推动的"惠民生鲜"首先直接推动了贵州合力超市实现了跨越式发展。由于政府的支持,使合力超市降低了开店成本,随着店铺的增多,集中采购量的增大,又降低了蔬菜价格,保证了食品安全,满足了顾客需要。贵州合力超市真正借助政府的支持实现了经营的良性循环和在贵州地区的快速发展。与此同时,"惠民生鲜"为社区居民生活带来了实实在在的利益,特别是在一些偏远的新兴社区,不仅能解决居民的购物难问题,而且使其能够买到物美价廉、安全有保障的生鲜食品。贵阳市的"惠民生鲜"模式,实现了政府、民营企业、社区居民的共同利益,为国内大城市促进社区商业发展提供了很好的经验和启示。

(二) 老龄化下"互联网+社区商业"模式需要不断创新

超市发"社区商业e中心"将信息技术赋能社区商业,适应新零售发展趋势，将无人售货、自助照相、自助订货、自助复印、修理预约等服务与互联网结合起来，实现购物线上线下的结合，形成了"互联网+社区商业"的模式。

伴随着我国老龄化进程的加快，以及社区居家养老服务需求的增加，"互联网+社区商业"将成为我国积极应对老龄化的一种重要形式。近年来包括京客隆在内的"互联网+社区商业"的尝试，为我们积累了可供借鉴的经验。京客隆App的尝试虽然取得了明显的效果，但是与解决居家养老服务问题还存在相当大的差距。日本的经验表明，线上服务虽然可以解决部分老年人的购物问题，但是通过线下人文关怀的服务，还可以解决其他的基本居家养老服务问题。比如，日本社区超市不仅起到为老年人配送食品的作用，还起到了跟老人沟通交流的作用。有的老人独居多年，腿脚不便，配送过程中配送员的周到服务也可以起到对孤寡老人的基本照看的功能。另外，在线下社区店里还设置了老年人休息交流区，让老人有沟通的空间，通过饮食、零售、社群活动等满足老年人的生活需求。

第十章 促进我国老龄化下社区商业发展的建议

我国的社区商业是20世纪50年代之后，为解决当时北京市急剧增加的党政机关、军队机关、科研院所等"单位大院"人们的基本生活需求发展起来的。在商品极度短缺的计划经济时期，在政府的严格管理下，城市社区商业作为商品配给制的载体，发挥了保障供给、稳定居民生活的作用。改革开放以后，随着商品供应的不断丰富，社区商业开始从保障供应向购物的便利化方向转变。特别是城市化的迅速发展，人口向郊外的转移，住、职的分离，使得商业网点建设、方便居民购物、维持社区商业秩序一直是20世纪90年代以来政府关注的重点和社区商业发展的基本方向。但是，随着2010年之后人口老年化、空巢化、高龄化的加剧，以及电商平台和新零售的迅猛崛起，人们的购物行为发生了非常大的变化，购物的空间障碍在逐渐消失，社区商业迎来了历史性的转折时期。

长期以来，社区商业一直以社区范围内的居民为对象，以零售业、服务业为主体，以便民、利民促进居民消费为目的，向居民提供日常生活所需的商品和服务。但是，随着人口老龄化日趋严峻，社区商业必然要从以目前商品供给为主，向以适应老龄化需求，为社区居家养老提供生活服务支持转变。通过几年来对老年人生活需求，以及对目前社区商业的现状调查发现，目前社区商业从观念、政策、模式上已经远不能适应老龄化社会的需要。主要问题突出表现为：社区商业适应老龄化社会需求的理念没有建立起来；社区商业对居家养老的支持作用没有得到根本重视；社区商业与社区居家养老资源没有得到整合，政出多门、效率低下；社区商业服务业发展规划没有跟上，法律法规存在盲点；基层社区商业组织缺失，管理存在无序状态；《健康中国行动》没有和社区生鲜食品供应结合起来，老年人的购物难问题以及导致的健康风险没有得到充分的重视；社区生活服务业对居家养老的支持不充分，商品和服务品质没有得到保障；对以"商养结合"为基础的社区商业模式缺乏引导等。

我们对老龄化下促进社区商业发展的对策进行了系统的梳理和研究，从观念转化、完善法规、政策支持、组织建设、模式创新等方面，对发展老龄化下社区商业，促进模式创新提出相关的建议与思考。

一、加快老龄化下城市社区商业的转型

（一）建立以服务老年群体为主体的社区商业理念

随着人们收入水平的不断提高，居住环境和生活方式的变化，以及线上线下结合的零售业态的多样化，购物的空间距离和障碍已基本消除，购买商品和服务已经达到空前便利化的程度，社区商业开始向适应人口老龄化需求方向转移。与日本、新加坡、韩国等发达国家一样，未来中国城市社区商业主要服务对象是老年群体，满足他们居家养老生活服务的需求是社区商业的主要责任。

社区商业要关注两个老年群体。首先，60—75岁的低龄老年群体不仅是居家养老服务的重点对象，也是社区商业的主要服务人群。低龄老年群体大多是身体健康的群体，具有较强的自立和自助能力，满足他们日常生活中对健康饮食、健康运动、邻里交往的需求，是社区商业的主要工作。其次，社区商业要特别关注75岁以上的空巢老人、独居老人、行动不便的老年群体的购物难问题。对于老年人来讲，购物不仅是简单的购买商品，而且与老年人的生活意愿、外出活动、人际交流等社会活动有着密切的关系，菜市场、超市不仅是维系他们基本生活的购物场所，同时也是维系他们与社会沟通，满足他们情感交流的社交场所。因此政府、社区、企业要转变观念，加快社区商业转型，关注老年群体消费需求，解决购物弱势群体的生活困难，推动社区商业与居家养老服务的结合。

（二）社区商业的主要任务是延长健康寿命

2019年7月15日，国务院印发了《关于实施健康中国行动的意见》。该意见明确指出，要加快推动卫生健康工作理念、服务方式从以治病为中心转变为以人民健康为中心，建立健全健康教育体系，普及健康知识，引导群众建立正确健康观，加强早期干预，形成有利于健康的生活方式、生态环境和社会环境，延长健康寿命，为全方位全周期保障人民健康、建设健康中国奠定坚实基础。为此，该意见提出要从三个方面实施15个专项行动。①全方位干预健康影响因素：健康知识普及行动；合理膳食行动；全民健身行动；控烟行动；心理健康促进行动；健康环境促进行动。②维护全生命周期健康：妇幼健康促进行动；中小学健康促进行动；职业健康保护行动；老年健康促进行动。③防控重大疾病：心脑血管疾病防治行动；癌症防治行动；慢性呼吸系统疾病防治行动；糖尿病防治行动；传染病及地方病防控行动。该意见还呼吁政府、社会、家庭、个人共同努力，使群众不生病、少生病，提高生活质量。

国内外大量研究证明，健康饮食、健康运动，保持心理健康是延长老年人健康寿命、提高生活质量的关键因素。社区商业的主要任务就是为培养健康生活方式，延长健康寿命创造良好的社会环境。因此，政府要转变社区商业发展理念和服务方式，加强老龄化下社区商业的规划设计，把社区生鲜食品有效供应作为社区商业发展的基础，加强大型生鲜超市、菜市场、便利店的布局，为老年人提供经济上可负担、区位上可抵达、观念上可接受，品类充足、营养健康、安全保证的生鲜食品。除了健康饮食之外，社区商业还要与社区组织、商业企业一起，建设和完善健康运动、文化娱乐、趣味学习、人际交流等社区商业职能和业态，通过政府、社区、企业、志愿者组织、个人的共同努力，使老年人不生病、少生病、延长健康寿命，提高生活质量。

（三）要建立从"商养结合"到"医养结合"的居家养老体系

居家养老是公助、共助、互助、自助、商助相互作用，相互衔接的结果。

构成居家养老主体的低龄、健康老年人主要依靠自助、商助提供的支持，实现预防疾病、延长健康寿命的目的。"商养结合"是老年人居家养老的前期阶段，社区商业是居家养老自助、商助的载体和主要支撑。随着老年人年龄的增大和身体功能的逐渐衰弱，开始处于失能或半失能的状态，这个阶段医疗、护理、康复等"医养结合"为基础的服务体系开始发挥重要作用，其中政府提供的以医疗保障为基础的"公助"和以商业保险为补充的"互助"开始起到支撑的作用。

人的老化是一个过程，在我国居家养老服务体系中，只有将"商养结合"阶段与"医养结合"阶段衔接起来，才能形成一个整体，适合中国国情的社区养老服务体系才能健全起来。

二、完善老龄化下社区商业政策体系

（一）加强社区商业法制化建设

在我国老龄化不断加快的趋势下，充分发挥社区商业为居家养老服务的重要作用，关键是要构建以法律政策为依据的支持体系。近十年来，我国商务部为促进社区商业发展，对社区商业涉及的商业网点规划、便民服务业态配置、商业设施的要求、社区商业信息化建设等方面提出了一系列指导意见和条例。北京市针对新城市功能定位和"疏解整治促提升"的实施，出台了一系列涉及商业配套设施规划、发展资金支持、生活性服务业品质提升、创建示范街区等促进社区商业发展的政策。但是，这一系列相关指导意见和条例，延续了传统的社区商业网点供给的观念，偏重于对社区商业基础设施和商业服务业态规划的要求，没有反映出老龄化不断加快的大趋势下社区商业应该发挥的作用，也缺乏与社区居家养老服务体系的有效衔接。发达国家的经验表明，社区商业相关政策体系的建设在促进社区发展，推动社区居家养老服务中起到了基础性、指引性的作用。

首先，在老龄化不断加快的环境下，应该将《社区商业促进法》列入立法程序，明确社区商业在居家养老中的支撑性作用，明确新形势下社区商业的目标、任务和组织建设，明确政府、社区、企业、消费者、志愿者组织在促进社区商业发展中的责任。

其次，在《健康中国行动（2019—2030）》中，应在倡导健康生活方式、延长健康寿命的基础上，明确社区商业在宣传健康生活方式方面担负的社会责任，并提出具体的实施指南和效果检查体系。

最后，应用法律形式把全民健康饮食理念固定下来，加强全民"食育"教育。为了贯彻《健康日本21》，2005年6月，日本国会推出了《食育基本法》并于当年7月实施。该法以家庭、学校、保育所、社区等为单位，将"食育"作为一项民国运动在日本普及推广。该法将"食育"作为智育、德育及体育的重要补充，明确了家庭、学校、政府、地方性团体及每位公民在推行"食育"过程中应承担的责任。日本《食育基本法》的出台对促进日本食品工业、零售业的转型升级起到了重要推动作用，明确了社区商业在宣传、促进健康饮食方面的基础作用。因此，为了推进健康中国行动计划的具体落实，迫切需要把制定《食育基本法》提上立法日程，将"食育"从小抓起，普及健康理念和生活方式，全面提升国民健康饮食素质，促进生产、流通、零售领域的转型升级。

（二）加强政府资金支持

首先，协调各部门的政策，统一专项资金的使用，避免重复建设，提高资金的使用效率。目前社区商业资金大多流向社区菜店、早餐店、菜市场、便利店的改造和建设。日本、新加坡的经验表明，在"商养结合"方面，社区生活中心由于面积大、功能全，能够容纳医疗服务、日间服务、健康运动、健康饮食等功能，是"商养结合"的主要平台，因此政府社区商业支持资金应逐渐向支持生活中心改造方面转移。其次，未来新零售在促进居家养老方面将发挥重要作用，特别是通过大数据将送货上门和基本照看结合起来的模式会有很大的发展空间，也需要政府在资金方面的支持。最后，要加强政府支持资金的严格审查和效果分析，进一步完善资金使用的透明度，提升资金的使用效率。

三、重视老年人购物难问题的解决

近年来,受城市环境的治理,以及高昂租金等因素影响,使社区菜市场、小菜店、早餐店不断减少,老年人的购物难问题日趋严重。日本等发达国家的经验表明,老年人的购物难问题的背后涉及老年人生理、心理等诸多社会问题,特别是随着空巢、独居、高龄老人的急剧增加,以及由于增龄导致的身体衰弱和出行不便,老年人的社会孤立、隔绝将导致严重的社会问题。因此,政府要承担责任,重视老年人的购物问题,制定切实可行的政策,加大财政支持,鼓励社区组织的参与,强化社区商业企业的社会责任,共同解决老年人的购物难问题。

(一)加强对社区老年人购物难状况的调查

我们对北京市房山区、朝阳区的调查表明,目前两个城区大约有10%的老年人存在购物难的问题,如果按照2017年年底北京市60岁以上户籍人口333.3万人简单推算,大约有33万人存在购物难问题。因此,要加强老年人数据库管理,完善养老服务信息平台建设。引入市公安局人口数据库,整合北京市养老服务与信息管理平台、北京市96156小帮手养老助残服务平台和北京市社会福利综合管理信息平台,结合一些专项调查,实现对北京市老年人购物难人口数量、地区分布、增减趋势等数据分析,以及对老年人消费需求的统计分析,为政府制定具体政策提供依据。

(二)制定切实可行的支持政策

政府相关部门要不断创新管理方式,协调各方利益,积极有效地解决超市企业选址难、开店难、经营难等一系列问题。日本解决城市老年"购物弱者"对策的实施对我们有很好的借鉴意义。一是可以借鉴日本的经验,在不具备开设超市和菜市场的空白区域,在财政支持下,通过流动售货车的形式,采用定时、定点、定货的模式为居民提供服务。在有些社区可以利用集装箱开设便利店为居民提供服务。为此需要政府相关部门调整城市车辆管理及行驶的有关规定，支持社区商业的发展。随着城市空巢老人的急剧增加以及小家庭化的发展，对加工食品的需求与日俱增。政府相关部门应调整超市内食品加工的相关规定，在保证食品安全的前提下，允许超市主食厨房进行现场食品加工，以满足顾客对熟食、盒饭、凉菜等方面的需求。

(三) 加大财政支持力度

政府应加大对社区生鲜超市食品送货到家的财政支持力度。社区生鲜超市是低毛利行业，其平均毛利仅有15%左右，配送费用在一定程度上增加了超市的经营成本，希望政府将财政补贴用到实处，鼓励和帮助超市企业做好送货到家以及对独居老人的关照服务。

四、建立社区商业与居家养老衔接的统一管理平台

由于行政区域划分的关系，目前大部分社区商业政策和规划只能在市、区级商业局职能范围内施行，缺乏与社区居家养老服务体系的衔接，一些政策得不到有效落实。另外，社区居家养老服务涉及民政、老龄委、发改委等多个政府部门，政令多出、各管一道，效率低下，形成不了合力，影响了居家养老服务政策实施的效果。因此迫切需要在政府层面建立起集医疗、护理、康复，以及生活服务支持为一体的政策体系和实施平台，形成各部门相互协调的工作机制，切实改善居家养老服务的效果。为此，应强化政府职能和责任，加强城市规划，促进社区商业与居家养老的结合。

(一) 重视"15分钟生活服务圈"规划

"生活圈"概念最早产生于20世纪70年代日本国土综合开发规划中，在日本国土开发中依次将人们的生活区域划分为定居圈、居住圈和日常生活圈三个层次。日常生活圈是以中小学划片入学区域为范围，在徒步距离内设置社区医院、老年护理中心、生鲜超市或邻里中心、邮局、中小学校、体育场馆、派出所或消防中心、垃圾处理站等居民日常生活需要的服务项目。2005年之后，随着《护理保险法》的实施，日常生活圈成为日本实施居家养老及

护理服务的基层管理区域。

2010年之后随着我国城市化的发展和人口老龄化的加速,"15分钟生活圈"开始受到关注。2010年北京市在全国最早提出了"15分钟便民服务圈"概念并开展试点工作。2016年上海市公布了《上海市15分钟社区生活圈规划导则(试行)》,提出把"15分钟社区生活圈"规划作为提升城市竞争力的重要举措。2016年11月,商务部等十部门联合发布的《国内贸易流通"十三五"发展规划》,提出继续推进"15分钟生活服务圈"建设,完善"一站式"便民服务功能。近年,国内相当多的城市陆续推出了"15分钟生活服务圈"规划。虽然各城市在规划称呼上有差异,但其功能配置具有高度的相似性,基本在步行15分钟(800—1000米)范围内,满足居民购物、餐饮、医疗、护理、养老、健身、休闲、教育、办事等日常生活需要,完善社区生活服务配套设施建设,方便居民生活。

"15分钟生活服务圈"建设是适应我国城市化发展,积极应对人口老龄化,满足人民对美好生活的需求的重要举措,是建设中国特色居家养老服务体系的基础性工作,是推进社区商业与居家养老和社会服务结合的契机,具有重要的意义。因此,要以便民利民为宗旨,完善相关政策体系,打通部门间的隔阂,创新业态融合,大力推进"15分钟生活服务圈"的规划和建设。

(二)建立社区商业与居家养老衔接的统一管理平台

首先,打造"街道—社区"两级生活服务圈管理平台。两级生活服务圈符合中国城市规划和人们生活习惯,社区生活服务圈一般是指步行5—10分钟范围内可以满足基本日常生活需求,包括小学、日间照料中心、生鲜超市、菜市场、便利店、修理店、餐饮店、邮局、健身中心等。街道生活服务圈一般是指步行15分钟范围内可以满足居民日常物质和文化需求,主要包括社区医院、养老设施、老年护理中心、中学、体育场、文化活动中心、街道办事处、菜市场、邻里购物中心、大型餐饮服务设施等。为了使两级生活服务圈能够发挥便民利民功能,需要建立起"街道—社区"两级服务管理平台。

其次,应强化政府责任,加大部门协调力度。两级生活服务圈政府要发挥主导作用,政府各职能部门与社区组织、商业服务业企业、养老服务组织、志愿者组织共同组成统一管理平台，参与"街道—社区"生活服务圈管理。要建立跨部门协调机制，强化对居家养老服务和社区商业的综合协调和统筹管理。修订完善工作制度，如全体会议制度、专项会议制度、联络员会议制度、专项工作组制度、督查考核制度等，共同解决社区商业与居家养老结合中存在的问题。

最后，加强信息化服务。建立完善"15分钟生活服务圈"服务信息平台，充分整合购物、餐饮、生活服务、文化教育、体育休闲、生活照料、康复护理、养老家政、网络信息、老年用品等行业服务项目和信息，建立健全服务供需对接机制，疏通服务信息渠道，为居家老人和服务企业提供多选择、多层次的服务平台。

（三）加强生活服务设施配套规划

在"15分钟生活服务圈"规划和建设中，生活服务设施的合理规划对于创造便民利民环境，完善居家养老服务起着重要的基础性作用。其中，社区生活服务圈和街道生活服务圈的生活服务设施建设既有密切的联系又有明显的区别。

社区生活服务圈主要配置老年人、孕产妇、儿童、残疾人高频使用的设施，在步行5—10分钟的范围内能够满足其日常基本生活需要。其中包括菜市场、生鲜超市、便利店、早餐店、快餐店、家政服务、修理店、美容美发店、再生资源回收等日常生活服务基础设施；社区内设置的日间照料中心、老年学习中心、康复护理中心、老年就餐服务等养老护理基础设施；居民全覆盖的教育、培训、健身、娱乐等面向一般家庭成员的公共设施。近年为了方便居民生活，各地推出的社区商业便民服务中心或社区商业便民服务综合体，在满足社区居民"一站式"购齐需求的同时，配置部分养老、护理、保健项目，方便了老年人的生活，是社区生活服务圈的比较理想的商业设施配置。

街道生活服务圈主要满足3—5平方千米范围内居民每周若干次生活需求，使其在步行15分钟范围内可以享受综合购物、医疗保健、学习娱乐、运动健身等服务。日本和新加坡的经验表明，街道生活服务圈非常适合配置具有综合性特征的邻里中心。由于邻里中心一般面积较大,可以为附近居民提供覆盖多年龄层、更加丰富的服务。街道邻里中心一般都设有大型超市、快餐店、咖啡店、修理店、洗染点等生活服务业态,2—3楼通常设有各种专门店、游戏中心、成人兴趣教室、儿童教育中心、牙科及眼科医院、健身中心、老年活动中心、大型餐饮、大型书店、咖啡店等,有条件的地方,楼顶还设有空中花园或者儿童游乐园,通过"一站式生活服务"满足中青年家庭、特别是二代居家庭更高层次的生活性需求,从而形成与社区生活服务圈功能有别、相互补充的商业配置。

五、加强社区商业组织及社团组织建设

(一) 重视基层社区商业组织建设

改革开放40多年来,我国城市社区商业基本上处于市商务局、区商务局、街道、居委会共同管理之下,政府负责政策的制定和财政的支持,街道、居委会负责市场秩序的维护和管理。但在实际运行中,街道和社区居委会职责不清,加上基层社区商业组织缺失,社区商业长期处于管理力度薄弱的状态。由于城市社区商业长期存在市场监管不到位的问题,食品安全问题突出,服务设施简陋,安全隐患较多,商贩占道经营严重,生活服务业态单一,假冒伪劣商品泛滥,造成居民对社区商业的不信任感。社区居委会由于职能繁多,很难发挥对社区商业的组织管理作用,影响了城市社区商业的健康发展。

日本的社区商业管理职责主要由各地区社区"商业街振兴组合"(社区商业街管理委员会)承担。"商业街振兴组合"是依照1964年9月通过的《商业街振兴组合法》的要求成立的。该组织作为独立法人,成立的目的是为社区商业创造一个良好的营商环境,促进零售、服务业的健康发展,为社区居民提供一个良好的生活环境。目前日本几乎所有社区商业街都建有自己的振兴组合组织。这些组织不仅强化了社区商业街的市场秩序和公正的形象,贯彻国家的相关政策,而且在振兴社区商业街经营,使街区活性化等方面能够发挥重要的作用。

日本社区商业管理委员会大多是由在该地区经营零售、餐饮、美容美发、修理，或从事其他服务行业的商店店主构成的。社区商业街管理委员会每月定期召开理事会会议，听取理事们报告当月的工作情况。社区商业街管理委员会的日常工作主要有两个方面。一是商业街的统一经营管理，如会员积分卡的管理，积分在商业街的互换，各种节日促销活动，商业街的统一风格定位，商业街的促销宣传活动等。二是社区商业街的环境整治和管理，如垃圾分类的管理，街灯和停车场的设置，防风雨的商业街拱顶的修缮，社区治安环境的管理，社区福利设施的管理等。社区商业街管理委员会的日常费用支出，一部分是来自收取会员的会费，更多的是来自政府的财政拨款。据东京都"产业劳动局"统计，截至2012年年底，东京都23区共有2032条社区商业街。我们通过对东京都世田谷区的调查了解到，截至2014年年底，世田谷区共有社区商业街140条，会员数9154人，商业街门店数3729家。2014年世田谷区对全区社区商业街的财政补贴为5.2亿日元，其中用于节假日促销、宣传等商业振兴的支出为4.2亿日元（包括东京都补贴），生活支援型商业街试点项目支出为1800万日元，商业街组织建设和培训费用支出为4200万日元，商业街路灯补助费用为3800万日元等。

日本社区商业治理经验表明，基层社区商业组织对于推动区域便民生活服务业健康发展起着极为重要的作用。日本社区商业组织是在法律的支持下成立的社区商业自治组织，在政府政策和财政支持下，从事市场秩序管理和购物环境整治，促进商业繁荣，传承地域文化，服务社区居民生活，支持居家养老服务，促进社区商业的可持续发展。因此，没有基层组织的有序管理，居家养老就难以为继，便民、利民的社区商业就难以实现。根据日本社区管理的经验，结合我国基本国情，就完善基层社区商业组织，提出以下建议：在商务局领导下设立全市性的社区商业组织，以及区、街道、居委会参加的基层社区商业组织；在社区层面设立由街道和居委会领导的自治的社区商业管理委员会（或社区商会），统一管理区域内的社区商业活动（参照图10-1）。

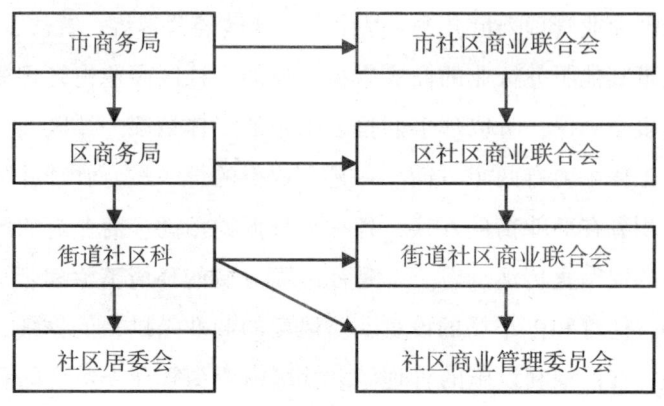

图 10-1　我国城市社区商业组织体系

(二) 完善社区商业组织的职能

1. 完善管理职能

社区商业管理委员会是由商户参加的自治组织，既能够发挥监督管理的作用，也可以维持社区内商户之间的经营秩序，使得社区商业能够繁荣、可持续地发展。社区商业街所有商户都必须无条件地加入社区商业管理委员会，缴纳一定会费，接受其监督，落实相关责任和义务。如果商户违反国家法律，侵害消费者权益，破坏市场秩序，一旦被所在社区管理委员会除名，就会被市社区商业联合会列入黑名单，使其不能在该地区社区生存发展下去。

2. 加强环境整治

目前我国城市社区商业还存在不同程度的环境差问题，不管是为了提高居民的生活满意度还是消费者满意度，都有必要对社区商业的环境进行整治。日本的商业街道都很整洁，除了跟居民的整体素质有关以外，还因为有专门的清扫人员进行打扫。另外，社区垃圾分类，路灯的设置，绿色植被的覆盖，公共厕所的设置等也需要社区商业组织进行管理。这样可以使整个社区商业的环境得以改善，无形中增加消费者的购买欲望，加强消费者的满意度。

3. 对商户经营进行管理

我国一些地区的社区商业店铺的占道经营问题很严重，经常会有一些商户把商品放在人行道上进行售卖,还有一些商户将广告牌设置到人行道上。这样不仅影响交通,还极大地降低了消费者的购物体验,从而影响消费者的满意度。这就需要社区商业组织对管辖区的商业活动进行有效管理。

4. 配置合理的业态

社区商业的根本目的是发挥服务功能,满足居民基本生活需要。因此社区商业要有合理的业态配置,除了引入大型连锁品牌的社区生鲜超市之外,还应设置早餐、快餐、老年餐桌、修理、美容美发、健身、物资回收、培训和趣味教室、娱乐等服务项目,形成多种多样的业态组合,满足居民的生活需要。社区商业管理委员会要发挥招商引资和管理的功能,以提高社区商业的满意度。

5. 组织促销活动

Loza(2004)指出,一个基于商业合作关系的社区组织应具备"市场营销"方面的职能,具体表现在销售促进方面,特别在提高社区企业品牌识别度和建设品牌美誉度等方面。社区商业组织的一项重要工作是整体促销,以吸引顾客,繁荣社区商业。日本的社区商业街在重大民族节日或祭典日都会举行大型促销活动,这是日本社区管理委员会的一项重要职责。日本的祭典活动来源于我国的庙会活动,结合日本的本土文化,逐渐形成日本自己的民族特色。因此建议我们在某些特定的节日由社区商业中心组织促销活动,或者定期举办书画展、读书会等活动,以传播我国传统文化,增加社区生活与商业的活力。例如,在元旦假期对前来购物的消费者发放代金券,当天在所有社区商业街店铺都能使用。这种由社区商业管理委员会统一组织,所有商铺参与的促销方式,不仅能刺激消费者的购买欲望,也能增加消费者的满意度。另外,社区商业管理委员会还可以定期举办跳蚤市场活动,可以丰富社区生活并增加商业街活力。

6. 参与社区商业规划

目前我国社区商业基本上都是由开发商独自进行开发和经营,没有一个专门的机构对其进行监督。开发商在开发社区商业的时候,为了使自己的资金迅速回笼不重视社区商业的可持续发展,因此需要一个专门的组织对开发商的规划进行监督。从设计开始,社区商业管委会就应参与进来,从社区居民日常生活需要出发，以提高社区居民的生活质量为目标，合理规划社区商业功能。

7. 积极参与居家养老服务

社区商业组织应该支持社区商铺积极为社区居民居家养老提供服务，鼓励商铺为老年人送货上门，起到基本关照的作用，提供适合老年人的商品。

8. 为商户提供培训和创业指导

为社区商业店铺经营者提供经营咨询、培训，宣讲国家政策法规是社区管理组织的一项重要工作。长期以来，社区商业发展过程中忽视对商户的教育和指导，检查处理多于疏导和教育，因此应建立起社区商业的教育培养体系，鼓励年轻人参与社区创业发展，并为他们创造条件。

综上所述，社区商业管理委员会的设立，不仅是为了管理各个商铺，而且是为了服务社区居民的生活，为他们提供一个良好的购物、交流的环境。

（三）发挥社团组织的重要作用

日本的实践证明，社区志愿者组织在居家养老、社区养老中发挥了重要作用。永旺集团的 GG 模式中，社区志愿者发挥了特别重要的作用，特别是在独居高龄老人的照看，以及陪伴行动不便的老人购物、学习、锻炼等方面。因此社区组织可以组织党团员为高龄老人、失能老人、独居老人提供购物等服务。

目前中国城市社区商业由于缺乏专业化组织的管理，商品安全、卫生状况得不到保障，基本上处于无序竞争的状态。由于社区商业组织的缺失，使社区志愿者组织难以和社区商业中的适老化服务对接，志愿者难以提供送货、代购、照看等居家养老中最需要的服务。要重视和健全社区商业组织，有条件的地方应在街道和居委会的指导下，成立社区商业管理委员会。要加强社区组织与商业组织的协作，鼓励企业进社区开展服务活动。在老龄化严重的地区，社区党组织和企业要通力协作，鼓励社区志愿者、企业志愿者参与对孤寡老人的照看行动，定期帮助老年人购物，起到照料作用。

六、促进社区生活服务企业的经营创新

(一) 强化政府的引领作用

目前我国零售业、服务业、食品工业等并没有做好积极应对老龄化的准备。由于衰老带来的牙齿松动以及消化系统衰弱等生理问题，老年人对营养丰富的多品种、小包装加工食品的需求与日俱增。但是，我国城市居家养老遇到的最大的问题是市场难以提供适合老年人饮食的有营养又便利的食品，难以提供适老化的日用商品和生活服务。目前，部分食品企业、超市企业虽然努力开发、销售面向老龄人的适老化食品，但是由于国家和地方食品卫生条例及许可证的限制，加工食品的现场制作和销售遇到了相当大的问题。

另外，由于国家和地方对药品流通的严控，连锁药店很难满足一般社区老龄化居民的需求。日本政府鼓励便利店在拥有药剂师的条件下销售处方药的做法十分值得我们借鉴。

因此，开拓老年消费市场、满足老年人居家养老需求，首先要发挥政府的引领作用，与时俱进地制定扩大老年消费的政策，对一些限制政策在严加监管的条件下尽可能加以修改，以促进养老市场的发展。政府在大力推进社区生活服务业发展的同时，还应该在财政和税收方面出台鼓励政策，促进我国食品工业、生活用品制造业加快转型，提高产品质量，改进产品功能，提高售后服务水平，尽快缩小与日本、韩国、德国等发达国家适老化产品开发的差距，满足老年人对功能型商品的需求。

(二) 社区生活服务企业要转变经营观念

目前社区商业成为各种资本争相进入的市场，特别是在便利店、社区生鲜超市、线上生鲜平台领域。由于资本的大量介入，社区商业实现了高速的发展，以钱大妈、谊品生鲜、生鲜传奇、每日优鲜、叮咚买菜、朴朴超市等为代表的线上线下企业成了网红品牌。但是我们也应该注意到，只注重商业而忽视社区，只注重盈利模式而忽视社区服务，只注重效率而忽视效果的现

象非常普遍。因此,开拓老年消费市场,社区商业企业应不断调整经营观念,适应老年人消费行为的变化,理解老年人的需求,由"消费功能型"向"生活价值型"转化,由简单的销售商品,向为顾客提供生活解决方案转化。要加强企业与社区居民的联系,建立企业与社区共生的理念,建立与社区居民长期的服务关系,营造和谐的社区商业环境。

(三)促进社区生活服务企业的业态创新

目前国内百货店、大卖场、购物中心在消费转型和电商高速发展的冲击下,经营业绩下滑严重。在经营不景气的环境下,应将老年消费市场看作转型的机会,不断探索医疗、康复、护理等养老产业与购物、餐饮、娱乐、健身等生活服务业的结合。

区域性百货店应该结合"15分钟生活服务圈"规划,将一些经营困难的百货店改造成社区邻里中心,要学习日本永旺集团的"GG生活中心"和新加坡"社区邻里中心"的成功模式,加快向"购物中心+学习+医疗+健康"的商业模式转型,丰富"商养结合"业态。

要加快社区菜市场改造,在提升基础设施和环境基础上,改善市场管理水平、规范市场秩序、丰富商品种类,融入早餐、修理、园艺、古董、理发、茶馆、曲艺、棋牌等贴近居民需求的商业项目,把菜市场打造成社区老年人购物、饮食、休闲、交流、学习的场所。

区域大卖场和超市要积极向"社区商业综合体"或"社区商业服务中心"转型,探索"超市+餐饮+服务"模式,为社区居民提供"一站式"生活服务。社区便利店要利用24小时营业的优势,增加多品种、小包装的商品,解决老年人一日三餐的需求,丰富社区生活服务项目。

(四)加快健康食品、适老化商品的开发

社区商业要把老年人消费看作未来新的经济增长点,应在健身食品、健康管理、睡眠、学习、旅游、休养、家具、护理、医药、康复、健身、娱乐等领域挖掘市场潜力,开发新的产品和服务,以满足老年人的需求。

超市要大力开发低盐、低糖、低脂等自有品牌商品,适应多品种、小包

装的商品结构；开发健康营养、适合不同阶段老年人咀嚼的营养食品系列；扩大超市、便利店就餐区域，为老年人的就餐提供方便；要加强健康饮食知识的宣传；通过大数据分析老年人需求状况，提高服务水平，建立与老年顾客长期的联系。

七、不断完善"互联网+社区商业"模式

（一）重视"互联网+社区商业"模式的探索

近年来，在政府一系列政策的支持下，"互联网+社区商业""互联网+社区居家养老服务"等模式取得了明显的效果。特别是2016年之后，随着社区商业线上线下结合的新零售模式的发展，线上生鲜平台服务水平不断提高，社区生鲜App的到家服务日渐普及，为社区居家养老服务注入了新的推动力。但是，在各种探索中，"互联网+社区商业"也存在一些突出的问题。

第一，在老年群体中，由于消费习惯和文化水平的限制，部分老年人对线上下单及支付存在很多疑虑，还有部分老年人不熟悉商家的App模式，不太了解具体的操作方法；第二，在零售企业中，对"互联网+社区商业"的认识不清，只把App看作推销商品的工具，忽视对老年人的人文关怀；第三，社区零售、服务企业一般毛利较低，而送货到家的成本相对较高，造成服务水平不高；第四，也是最重要的一点，大部分社区商业企业只注重商业模式，忽视与社区居民的联系，没有建立与社区共生的基本理念。

国内的实践经验证明，"互联网+社区商业"是市场经济条件下为居家养老服务提供支持的重要方式，是符合大城市社区人口密集居住的特点，低成本、高效率为老年人提供服务的商业模式。2020年随着我国5G的开始普及，互联网、物联网、大数据等信息技术的紧密结合将在很大程度上改变社区居家养老服务的方式，社区商业需要在政策的支持下整合资源、调整经营方式，为社区生活服务提供支持。

（二）积极探索送货到家与居家照看的结合

对老年人的照看实际上就是在有限时间里对老年人的健康和生活状况进

行简单的确认,而这种确认对于几乎与社会隔绝的高龄独居老人、失能老人是非常重要的帮助。日本通过立法和条例鼓励超市、便利店、邮局、煤气公司、水电公司等尽可能起到对老年人的基本照看作用,要求送货员、抄表员要大声问候老人,如果发现情况异常要立即报告社区组织。日本许多超市把配送商品时,观察记录老年人的基本生活状况作为一项必备的工作,使零售商店尽可能地担负起社会责任。

目前,中国已成为世界上规模最大的线上线下结合的消费市场,在线购物以及配送到家已经成为人们日常生活中最基本的组成部分。对比日本、美国等发达国家,我国大城市社区老年人群密度大、配送网络完善、照看距离短等特点,在客观上也有利于对独居、失能老年人的照看。随着我国线上线下结合的新零售的普及,可以由送货员在送货的同时,对独居老人、失能老人的生活状况进行简单登记,以起到基本的照看作用。

为此,需要政府、社区、企业、志愿者组织等通力协作,健全社区空巢、独居、失能老人购物及生活基本状况的数据共享,通过对老年人生活的大数据分析,了解老年人的作息情况和健康状况。有条件的地方,可以通过社区 App 平台,将零售商店、邮局、煤气公司、电力公司、自来水公司等企业数据联动起来,并结合社区志愿者组织,将对社区老年人的照看组织化、系统化。

社区商业企业要改进服务方式,开发适合于老年人使用,并具有一定居家养老服务功能的 App 平台。企业要深入社区向老年人宣传线上购物的知识,解答老年人的疑惑、了解老年人的需求。要健全社区商业组织,鼓励企业与社区组织共同开发 App 平台,降低成本、增加服务,满足老年人生活服务需求。

要加强制度建设,企业在建设社区配送网络的同时,要建立起对孤寡老人的照看登记,以及发现问题后与社区紧急联系的制度。要加强对配送人员的培训和考核,特别是社区要加强与社会第三方配送企业的联系,提供必要的培训支持。

(三) 政府要加大对送货到家的支持力度

政府要加大对企业的财政和税收政策的支持力度,切实解决配送费用高、配送员培训费用不足的问题。目前,社区商业线上线下结合面临的最大问题是配送成本高。由于社区生鲜超市租金较高、管理费用较高、生鲜食品的损耗较大等问题,使生鲜食品的毛利率仅能维持在15%—18%,但是配送成本就要占用2%—3%的毛利率,由于送货到家的成本一直居高不下,影响了门店配送的积极性,App也难以发挥出其最大的作用。

目前日本、韩国、新加坡等老龄化严重的国家,为了解决老年人,特别是高龄老年人的购物难问题,通常是政府通过财政支持,对送货到家的企业给予资金上的补贴和税收上的优惠,支持超市、便利店、餐饮店为老年人送货到家,鼓励企业在送货到家过程中提供基本照看服务。对于老年人购买便利店、超市的熟食品、加工食品,政府给予消费税上的减免。

因此,我们建议政府能够减少对零售企业、服务型企业在开店、选址、改造等方面的直接补贴,加大对社区商业企业的到家服务的补贴,调动企业为居家养老服务的积极性,真正将政府的资金支持用在实处。

参考文献

[1] 毕伟. 单位制向社区制的回归: 中国基层管理体制 50 年的变迁 [M]. 战略与管理, 2000.

[2] 曹正进. 大力发展北京社区商业的动因探析 [J]. 北京工商大学学报 (社会科学版), 2011 (26): 22-28.

[3] 陈宪. 积极促进街道经济向社区经济转型 [J]. 探索与争鸣, 2000 (10): 7-8.

[4] 陈章勇等. 基于 O2O 模式的社区餐饮服务体系发展研究 [J]. 现代商贸工业, 2017 (24): 56-58.

[5] 崔石麟, 张寻. 城市化过程中社区商业平台转型发展研究: 以北京朝阳区为例 [J]. 中国市场, 2014 (15): 57-69.

[6] 陈勃. 对"老龄化是问题"说不——老年人社会适应的现状和对策 [D]. 北京: 北京师范大学出版社, 2010.

[7] 杜文雯, 张兵. 社区食物环境的研究进展 [J]. 卫生研究, 2014 (43): 324-327.

[8] 杜鹏, 董亭月. 促进健康老龄化: 理念变革与政策创新 [J]. 老龄科学研究, 2015 (12): 3-10.

[9] 杜鹏. 新时期的老龄问题我们应该如何面对: 从"六普"数据看中国人口老龄化新形势 [J]. 人口研究, 2011 (35): 29-34.

[10] 丰志勇, 何骏. 我国城市社区商业的现状、定位和发展模式 [J]. 地域研究与开发, 2008 (4): 47-51.

[11] 巩政. 中国人口老龄化与社会主义和谐社会的构建 [J]. 武汉工业学院学报, 2012 (2): 105-109.

[12] 丰志勇,何俊.我国城市社区商业的现状、定位和发展模式[J].地域研究与开发,2008(4):47-51.

[13] 盖翔中.试论社区经济[J].生产力研究,2003(5):66-68.

[14] 郭晖艳,韩俊江.我国人口老龄化的特点及应对措施[J].劳动保障世界(理论版),2012(2):36-39.

[15] 黄丽丽,卢冠超.人口老龄化背景下中国农村居家养老模式的价值与保障对策[J].经济研究导刊,2012(24):47-48.

[16] 胡翠柏,周良才.对发展社区商业的几点思考[J].广西社会科学,2007(7):154-157.

[17] 康静.江苏社区商业发展研究[J].合作经济与科学,2009(11):106-107.

[18] 郝晓宁.北京市社区老年人健康状况及卫生服务需求的调查研究[J].中国全科医学,2010(13):2850-2852.

[19] 李超.基于互联网+社区商业策略与服务设计研究[J].创意设计源,2016(1):68-71.

[20] 李定珍.社区商业理论探索[J].湖南商学院学报,2004(1):27-29.

[21] 刘建湖.城市社区商业发展模式的定位思考[J].商业研究,2008(12):197-200.

[22] 刘玲.北京回龙观特大型社区商业发展探析[J].中国商贸,2010(6):226-227.

[23] 李炅之.社区商业模式选择的思考:以苏州工业园区邻里中心为例[J].世界地理研究,2010(19):138-144.

[24] 林木西,陈华,国世平.城市大型社区的综合体模式研究[J].理论与改革,2014(3):80-83.

[25] 梁时民.人口老龄化背景下的社区养老服务[J].社会工作,2011(3):79-81.

[26] 吕学静,江华等.基于社交网络的北京市老年人服务体系研究[M].北京:首都经济贸易大学出版社,2012.

[27] 李洪心．人口老龄化与现代服务业发展关系研究［M］．北京：北京师范大学出版社，2012．

[28] 刘建宇．日本社区商业消费者满意研究［D］．北京：首都经济贸易大学，2016．

[29] 陆杰华，阮韵晨，张莉．健康老龄化中国方案的探讨：内涵、主要障碍及其方略［J］．国家行政学院学报，2017（5）：40-47．

[30] 卢保华．社区建设创新与社会管理［M］．北京：知识产权出版社，2012．

[31] 乜标，鲁敏．转型中的中国城市社区商业发展问题研究：基于浙江省城市社区商业的思考［J］．现代商贸评论，2010（24）：21-24．

[32] 乜标，俞佳峰．城市社区商业满意度实证研究：以杭州市为例［J］．北京工商大学学报（社会科学版），2011（26）：38-45．

[33] 潘泽泉．行动中的社区建设［M］．北京：中国人民大学出版社，2014．

[34] 潘小娟．中国基层社会重构：社区治理研究［M］．北京：中国法制出版社，2004．

[35] 沈萌萌．社区商业的理论与模式［J］．城市问题，2003（2）：40-44．

[36] 宋言奇．城镇化进程中集中居家养老的发展［J］．苏州大学学报（哲学社会科学版），2012（5）：52-55．

[37] 唐振兴．对发展中国养老服务业的思考［J］．老龄科学研究，2014（4）：13-22．

[38] 谭博裕．新加坡"邻里中心"社区商业模式对中国的启示［J］．技术与市场，2011（18）：256-257．

[39] 台盟北京市委员会．营造社区商业消费环境［J］．北京观察，2013（11）：32-33．

[40] 邬沧萍．老年社会学［M］．北京：中国人民大学出版社，1999．

[41] 汪连新．城市社区养老服务研究：基于北京市的实证调查［M］．北京：中国社会科学出版社，2014．

[42] 吴晓辉．中国社区商业发展现状及对策研究［J］．北京财贸职业学

院学报, 2013 (4): 12-14.

[43] 王瑞丰. 我国城市社区商业有效供给研究 [J]. 经济与管理, 2015 (29): 42-48.

[44] 万军. 社会建设与社会管理创新 [M]. 北京: 国家行政学院出版社, 2011.

[45] 夏学銮. 社区照顾的理论、政策与实践 [D]. 北京: 北京大学出版社, 1996.

[46] 徐印州, 林梨奎. 论社区商业新发展 [J]. 商业时代, 2016 (18): 5-7.

[47] 徐欢. 基于人口老龄化背景下的城市社区商业模式研究 [D]. 西安外国语大学, 2015.

[48] 徐波. 宁波市鄞州新城区社区商业设施配置与空间布局研究 [D]. 浙江大学, 2016.

[49] 原旭峰. 老龄化背景下"互联网+社区商业"模式研究 [D]. 首都经济贸易大学, 2017.

[50] 袁帅. 基于老年人购物行为特征的社区商业空间适老化设计初探 [D]. 天津大学, 2017.

[51] 叶金生. 社区经济论 [M]. 北京: 经济管理出版社, 1997.

[52] 衣霄翔. 西方城市规划的新课题: 社区食物系统 [J]. 规划师, 2012 (6): 72-76.

[53] 孙佰胜. 从城市老年人生活现状与问题谈社区养老服务方向 [J]. 东方企业文化, 2012 (2): 141-142.

[54] 张志宇, 张崇巍. 日本社会的人口老龄化现状及政府对策 [J]. 老龄科学研究, 2015 (3): 73-80.

[55] 张占东. 社区商业问题探讨 [J]. 城市研究与开发, 2004 (6): 58-60.

[56] 张海霞. 城乡统筹与社区商业网点布局: 基于公共政策的视角 [J]. 开发研究, 2011 (6): 141-144.

[57] 周霞. 对现阶段我国社区商业开发经营模式的几点思考 [J]. 现代

商业, 2007 (22): 15-16.

[58] 中国人口与发展研究中心课题组. 中国人口老龄化战略研究 [J]. 经济研究参考, 2011 (34): 2-23.

[59] 张晓娜, 施明华. 我国城市社区商业的空间布局模式探讨 [J]. 北京工商大学学报 (社会科学版), 2009 (6): 28-33.

[60] 細川信孝. 新版コミュニティ・ビジネス[M]. 学芸出版社, 2010.

[61] 橋本理コミュニティ・ビジネス論の展開とその問題 [J]. 関西大学社会学部紀要, 2007, 38 (2).

[62] 杉田聰. 買物難民-もうひとつの高齢者問題 [M]. 大月書店, 2008.

[63] 岩間信之編. 改訂新版. フードデザート問題-無縁社会が生む「食の砂漠」[M]. 農林統計協会, 2013.

[64] 中村みず季・渡辺理絵. フードデザートマップを用いた後期高齢者の買い物環境-鶴岡市中心部DID地区を対象として- [J]. 地理空間, 2014: 33-50.

[65] 石原武政. 小売からみた買い物難民 [J]. 都市計画, 2011, 60 (6): 46-49.

[66] 薬師寺哲郎. 超高齢化社会における食料品アクセス問題 [D]. 千葉大学審査学位論文, 2014.

[67] 日本経済産業省. 買物弱者・フードデザート問題等の現状及び今後の対策のあり方に関する調査報告書 [J]. 2015: 8-10.

[68] Arther D Little. 買い物弱者・フードデザート問題等の現状及び今後の対策のあり方に関する調査報告書 [J]. 経済産業省. 2014: 10.

[69] 村山洋史. 高齢社会と買い物難民: 高齢者の閉じこもり研究からの示唆 [J]. 都市計画, 2011: 60.

[70] 熊谷修. 自立高齢者の老化そのものに着目した栄養管理. Geriatric Medicine [J]. 2007, 45 (3): 301-305.

[71] 浅川達人つながりの位相とフードデザート問題-東京都港区と鹿児島県を事例として- [R]. 研究年報. 2013 (43): 147-156.

［72］赤坂嘉宣，加藤司．買物弱者対策と事業採算性［J］．経営研究．2012，63（183）：19-38.

［73］中本侑香子，中村文彦，田中伸治，王鋭．高齢者の自動車利用特性の変化と影響要因に関する研究［R］．回土木計画学研究発表会・講演集，2012（46）．

［74］黒川智紀．過疎地域の買い物弱者対策における採算性および継続研究［R］．PPP研究センター紀要，2015（5）．

［75］倉持裕彌，谷本圭史，酒井裕規，土屋哲．官民の役割分担に着目した移動販売の持続可能性の改善に関する考察：中山間地域を対象として―［J］．運輸政策研究，2005（18）：2-11.

［76］神谷長明．商店街再生のデザイン―変革迫る住民意識とマルチメディア［M］．同友館，1996.

［77］角山榮．歴史文化での地域振興［J］．地域研究交流，2005（67）：1.

［78］新川達郎．地域活性化政策に関する市町村計画行政の課題と展望―東北地方の現状から［J］．同志社政策科学研究，2002（3）：1-13.

［79］太田圭子．地域コミュニティの再構築とソーシャル・キャピタル［J］．21世紀社会デザイン研究，2005.

［80］渋江上．コミュニティの組織と施設［J］．多賀出版，1998：13-15.

［81］小宮一高．自己目的志向の小売業者と品揃え形成［J］．流通研究，2003，6（1）．

［82］金珍淑．商業集積維持のメカニズム：那覇市商店街を事例として［J］．日本商業学会，2009.

［83］山下裕子．商業集積のダイナミズム―秋葉原から考える［J］．一橋ビジネスビュー，2001，49（2）．

［84］濱満久．商店街におけるまちつくり活動について―名古屋市大須商店街の復興過程を事例として―［J］．経営研究，2003，54（1）．

［85］稲垣京輔．企業者ネットワーキンクの世界―MITとホストン近辺

の企業者コミュニティの探求［J］．白桃書房，2003：12-13.

［86］田村正紀．流通原理［M］．千倉書房，2001.

［87］大橋薫．都市の地域集団活動とその問題点-大阪市の場合を例として［J］．都市問題研究，1959，11（6）：44-58.

［88］磯村英一．大都市における地域構造の分析—特に都心的地域を中心として［J］．都市問題，1955：953-963.

［89］五十嵐泰正．「地域イメーシ」、コミュニティ、外国人［J］．青弓社，2010：86-115.

［90］Alcaly R E, Klevorick A K. Food prices in relation to income levels in New York city.［J］. Journal of Business, 1971, 44（4）：380-397.

［91］Anne Short, Julie Guthman, Samuel Raskin. Food Deserts, Oases, or Mirages? Small Markets and Community Food Security in the San Francisco Bay Area［J］. Journal of Planning Education and Research, 2007, 26（3）：352-364.

［92］Barker M. E., Thompson K. A., and Mcclean S. I. Attitudinal dimensions of food choice and nutrient intake［J］. British Journal of Nutrition, 1995, 74（5）：649.

［93］Beaulac J, Kristjansson E, Cummins S. A systematic review of food deserts, 1966-2007.［J］. Preventing Chronic Disease, 2009, 6（3）：105.

［94］Bitler M, Haider S J. An economic view of food deserts in the United States［J］. Journal of Policy Analysis and Management, 2011, 30（1）：153-176.

［95］Cannuscio, Carolyn C., Eve E. Weiss and David A. Asch. The contribution of urban foodways to health disparities［J］. Journal of Urban Health, 2010, 87（3）：381-393.

［96］Cummins, S., Macintyre, S. Food deserts—evidence and assumption in health policy making［J］. British Medical Journal, 2002, 32（5）：436-438.

［97］Clifford M Guy and Gemma David. Measuring physical access to "healthy foods" in areas of social deprivation: a case study in Cardiff［J］. International Journal of Consumer Studies, 2004, 28（3）：222-234.

[98] Coleman M, Weatherspoon D D, Weatherspoon L, et al. Food Retailing in an Urban Food Desert: Strategies for Success in Fresh Fruits and Vegetables [J]. Social Science Electronic Publishing, 2011.

[99] Donald B. Food retail and access after the crash: rethinking the food desert problem [J]. Journal of Economic Geography, 2013, 13 (2): 231-237.

[100] Donkin A J M, Dowler E A, Stevenson S J, et al. Mapping access to food in a deprived area: the development of price and availability indices. [J]. Public health nutrition, 2000, 3 (1): 31.

[101] Dutko P, Ploeg M V, Farrigan T L. Retail Wastelands: Characteristics and Influential Factors of Food Deserts [C] Food Environment Symposium. Agricultural and Applied Economics Association, 2012.

[102] Dubowitz T, Zenk S N, Ghosh-Dastidar B, et al. Healthy food access for urban food desert residents: examination of the food environment, food purchasing practices, diet and BMI [J]. Public Health Nutrition, 2015, 18 (12): 1-11.

[103] Dubowitz T, Ncube C, Leuschner K, et al. A natural experiment opportunity in two low-income urban food desert communities: research design, community engagement methods, and baseline results [J]. Health Education & Behavior, 2015, 42 (1): 87.

[104] Fitzpatrick K, Greenhalghstanley N, Ver Ploeg M. The Impact of Food Deserts on Food Insufficiency and SNAP Participation among the Elderly [J]. American Journal of Agricultural Economics, 2015 (1).

[105] Gordon C, Purciel-Hill M, Ghai N R, et al. Measuring food deserts in New York City's low-income neighborhoods [J]. Health & Place, 2011, 17 (2): 696.

[106] Guy C, Clarke G, Eyre H. Food retail change and the growth of food deserts: a case study of Cardiff [J]. International Journal of Retail and Distribution Management. 2004, 32 (2): 72-88.

[107] Ghoshdastidar B, Cohen D, Hunter G, et al. Distance to store, food

prices, and obesity in urban food deserts. [J]. Rivista Dostetricia E Ginecologia Pratica, 2014, 47 (5): 587.

[108] Hendrickson D, Smith C, Eikenberry N. Fruit and vegetable access in four low-income food deserts communities in Minnesota [J]. Agriculture and Human Values, 2006, 23 (3): 371-383.

[109] Hamelin A M, Habicht J P, Beaudry M. Food insecurity: consequences for the household and broader social implications. [J]. Journal of Nutrition, 1999, 129 (2): 525-528.

[110] Hillary J Shaw. Food Deserts: towards the development of a classification [J]. Geografiska Annaler. 2010, 88 (2): 231-247.

[111] Karpyn A, Young C, Weiss S. Reestablishing healthy food retail: changing the landscape of food deserts. [J]. Childhood Obesity, 2012, 8 (1): 28.

[112] Kami Pothukuchi. Community Food Assessment: A First Step in Planning for Community Food Security [J]. Journal of Planning Education and Research, 2015, 23 (4): 356-377.

[113] Leclair M S, Aksan A M. Redefining the food desert: combining GIS with direct observation to measure food access [J]. Agriculture and Human Values, 2014, 31 (4): 537-547.

[114] Leete L, Bania N, Sparks-Ibanga A. Congruence and Coverage Alternative Approaches to Identifying Urban Food Deserts and Food Hinterlands [J]. Journal of Planning Education and Research, 2012, 32 (2): 204-218.

[115] Luan H, Law J, Quick M. Identifying food deserts and swamps based on relative healthy food access: a spatio-temporal Bayesian approach [J]. International Journal of Health Geographics, 2015, 14 (1): 1-11.

[116] Marshall D, Foster A, Lean M, and Anderson A. S. Healthy Eating: Fruit and Vegetables in Scotland [J]. British Food Journal, 1994, 96 (7): 18-24.

[117] Marcia Caton Campbell. Building a Common Table: The Role for Planning in Community Food Systems [J]. Journal of Planning Education & Research,

2004, 23 (4): 341-355.

[118] Margaret Andrews, Rhea Bhatta and Michele Ver Ploeg. An Alternative to Developing Stores in Food Deserts: Can Changes in SNAP Benefits Make a Difference? [J]. Applied Economic Perspectives & Policy, 2013, 35 (1): 150-170.

[119] Mcentee J. and Agyeman J. Towards the development of a GIS method for identifying rural food deserts: Geographic access in Vermont, USA [J]. Applied Geography, 2010, 30 (1): 165-176.

[120] Martin Caraher and Paul Dixon. Barriers to accessing healthy foods: Differentials by gender, social class, income and mode of transport [J]. Health Education Journal, 1998, 57 (3): 191-201.

[121] Neil Wrigley, Daniel Warm. Assessing the Impact of Improved Retail Access on Diet in a "Food Desert": A Preliminary Report [J]. Urban Studies, 2002, 39 (11): 2061-2082.

[122] Ploeg M V. Access to affordable, nutritious food is limited in "food deserts". [J]. Amber Waves, 2010 (3).

[123] Ploeg M V, Nulph D, Williams R. Mapping Food Deserts in the U. S. [J]. Amber Waves, 2011 (12).

[124] Powell L M, Slater S, Mirtcheva D, Bao Y, Chaloupka F J. Food store availability and neighborhood characteristics in the United States [J]. Preventive Medicine, 2007 (44): 189-195.

[125] Reisig V M T, Hobbiss A. Food deserts and how to tackle them: a study of one city's approach. [J]. Health Education Journal, 2000, 59 (2): 137-149.

[126] Rose D, Richards R. Food store access and household fruit and vegetable use among participants in the US food stamp program [J]. Public Health Nutrition, 2004, 7 (8): 1081-1088.

[127] Rose D. Economic determinants and dietary consequences of food insecurity in the United States. [J]. Journal of Nutrition, 1999, 129 (2): 517.

[128] Raja S, Ma C, Yadav P. Beyond Food Deserts Measuring and Mapping

Racial Disparities in Neighborhood Food Environments [J]. Journal of Planning Education and Research, 2008, 27 (4): 469-482.

[129] Richard Casey Sadler. Integrating expert knowledge in a GIS to optimize siting decisions for small-scale healthy food retail interventions [J]. International Journal of Health Geographics, 2016, 15 (1): 1-13.

[130] Richard C Sadler, Jason A Gilliland and Godwin Arku. An application of the edge effect in measuring accessibility to multiple food retailer types in Southwestern Ontario, Canada [J]. International Journal of Health Geographics, 2011, 10 (1): 1-15.

[131] Smoyer-Tomic K E, Spence J C, and Amrhein C. Food Deserts in the Prairies? Supermarket Accessibility and Neighborhood Need in Edmonton, Canada [J]. Professional Geographer. 2006, 58 (3): 307-326.

[132] Steven J, Wearne and Day M J. Clues for the development of food-based dietary guidelines: how are dietary targets being achieved by UK consumers? [J]. British Journal of Nutrition, 1999, 81 (2): 119-126.

[133] Sadoff S, Samek A S, Sprenger C. Dynamic Inconsistency in Food Choice: Experimental Evidence from a Food Desert [J]. Social Science Electronic Publishing, 2015.

[134] Shaw H J. Food deserts: towards the development of a classification [J]. Geogr Ann Ser B-Human Geogr, 2006, 88B (2): 231-247.

[135] Smith C, Morton L W. Rural food deserts: low-income perspectives on food access in Minnesota and Iowa. [J]. Journal of Nutrition Education & Behavior, 2009, 41 (3): 176-187.

[136] Smith, Neil. Uneven Development: Nature, Capital, and the Production of Space [M]. Oxford: Blackwell Publishers, 1984.

[137] Teresa A Hubley. Assessing the proximity of healthy food options and food deserts in a rural area in Maine [J]. Applied Geography, 2011, 31 (4): 1224-1231.

[138] Tim Lang and Martin Caraher. Access to healthy foods: part Ⅱ. Food

poverty and shopping deserts: what are the implications for health promotion policy and practice? [J]. Health Education Journal, 1998, 57 (3): 202-211.

[139] VMT Reisig and A Hobbiss. Food deserts and how to tackle them: a study of one city's approach [J]. Health Edecation Journal, 2000, 59 (2): 137-149.

[140] Walker, Renee E, James Butler, Andrea Kriska, Christopher Keane, Craig S. Fryer and Jessica G Burke. How does food security impact residents of a food desert and a food oasis? [J]. Journal of Hunger & Environmental Nutrition, 2010 (5): 454-470.

[141] Weatherspoon D, Oehmke J, Dembele A, et al. Fresh vegetable demand behaviour in an urban food desert [J]. Urban Studies, 2014, 52 (5): 960-979.

[142] Whelan A, Wrigley N, Warm D, et al. Life in a "Food Desert" [J]. Urban Studies, 2002, 39 (11): 2083-2100.

[143] Wood D C, Neve G D, Pratt J, et al. Produce (ing) equity: Creating fresh markets in a food desert [J]. 2008 (28): 195-211.

[144] Zenk S N, Schulz A J, Israel B A, James S A, Bao S, Wilson M L. Neighborhood racial composition, neighborhood poverty, and the spatial accessibility of supermarkets in Metropolitan Detroit [J]. American Journal of Public Health, 2005, 95 (4): 660-667.

[145] Andrew Curry. "Bringing Healthy Fare to Big-City 'Food Deserts'" Diabetes Forecast [N/OL]. http://forecast.diabetes.org/magazine/your-ada/bringing-healthy-fare-big-city-food-deserts, 2011-4-17.

[146] Andrea K McDaniels. USDA makes way for food stamp recipients to buy groceries online [N/OL], http://www.baltimoresun.com/news/maryland/bs-md-food-stamp-delivery 20170106-story.html, 2017-01-06.

[147] Baltimore Department of Planning. Healthy Food Environment Strategy [N/OL], https://planning.baltimorecity.gov/baltimore-food-policy-initiative/healthy-food-retail, 2017-12.

[148] "Children and Diabetes—More Information." Centers for Disease Control and Prevention. CDC [N/OL], http：//www.cdc.gov/diabetes/projects/cda2.htm, 2013-12-04.

[149] Healthy Food Access. New Jersey Federal Policy Efforts (State-specific) [N/OL], http：//www.healthyfoodaccess.org/node/46326, 2017-12.

[150] Katherine Davis-Young. LA moves to require farmers markets to accept food stamps [N/OL], http：//www.scpr.org/programs/take-two/2016/05/13/48835/should-farmers-markets-be-required-to-accept-food/, 2016-05-13.

[151] Let's Move！. Accomplishments [N/OL], www.letsmove.gov/accomplishements, 2017-09.

[152] Los Angeles Food Policy Council. Why EBT at Farmers' Market？ [N/OL], http：//goodfoodla.org/wp-content/uploads/2016/04/EBT-FAQ-2.pdf? platform=hootsuite, 2016-04.

[153] Obama White House Archives. Solving the Problem of Childhood Obesity within a Generation [N/OL], https：// letsmove.obamawhitehouse.archives.gov /sites/ letsmove.gov/ files/ TaskForce_ on_ Childhood_ Obesity_ May2010_ FullReport.pdf, 2017-12.

[154] Spencer Soper & Craig Giammona. Sorry, Wal-Mart. Amazon Wants Your Food Stamp Customers As Well [N/OL], Bloomberg. https：//www.bloomberg.com/news/articles/2017-01-12/sorry-wal-mart-amazon-wants-your-food-stamp-customers-as-well, 2017-01-12.

[155] The Food, Conservation, and Energy Act of 2008, The United States Department of Agriculture, June 18, 2008 The Food Trust. http：//thefoodtrust.org/uploads/media_ items/hffi-one-pager.original.pdf, 2017-12.

[156] USDA. Evaluation of the Healthy Incentives Pilot (HIP) SUMMARY OF FINDINGS [N/OL], https：//fns-prod.azureedge.net/sites/default/files/HIP-Final_ Findings.pdf, 2014-09.

附录一

北京市老年人健康饮食状况调查

随着老龄化的快速发展,以及空巢老人的普遍存在,老年人购买生鲜食品的状况、饮食习惯及其与健康之间的关系成为被广泛关注的问题。此次调查的主要目的是希望了解老年人购买生鲜食品存在哪些困难,在日常饮食生活中参与做饭的状况、饮食营养平衡状况,以及与人交流的状况会对其健康产生哪些影响。

一、老年人基本特性

A1 您的年龄【单选】

1	1974 年之后出生【终止访问,表示感谢】
2	1969—1973 年出生
3	1964—1968 年出生
4	1959—1963 年出生
5	1953—1958 年出生
6	1953 年之前出生
7	拒答【终止访问,表示感谢】

A2 您的性别【单选】

1	女性
2	男性

A3 您目前的居住状况【单选】

1	与子女/家人同住
2	仅与伴侣同住
3	独自居住
4	居住在养老机构或养老社区
5	其他【请注明】

A3a【针对 A3 选择 1 的受访人追问】请问您家中一起居住的有几口人？_____【填空】

A4 您目前的身体健康状况是【单选】

1	健康状况良好
2	有些健康问题，如慢性病等
3	有较为严重的健康问题，如肿瘤、心脑血管疾病，但日常生活不需照料
4	健康状况不好，日常生活部分需要照料
5	健康状况差，卧床不起

A5 请问您目前个人的收入情况是【单选】

1	不到 2000 元
2	2000—2999 元
3	3000—3999 元
4	4000—4999 元
5	5000—5999 元
6	6000—6999 元
7	7000—9999 元
8	10000 元及以上
9	没有收入

二、购买食品基本状况

B1 最近一年,您平均每周要购买几次食品?【单选】

1	几乎每天购买
2	两天 1 次
3	3—4 天 1 次
4	每周 1 次
5	其他【请注明】

B2 最近一年,一般情况下您如何去超市或菜市场购买食品?【单选】

1	走路
2	骑自行车
3	骑电动车
4	自己开车
5	搭乘家人或朋友的汽车
6	乘坐公交车或出租车
7	其他【请注明】

B3 一般情况下,您到达超市或菜市场需要多少时间?【单选】

1	5 分钟以内
2	5—10 分钟
3	10—15 分钟
4	15—20 分钟
5	20—30 分钟
6	30 分钟以上

B4 最近一年,您购物是否感到不便和烦恼?【单选】

1	感到特别不便和烦恼
2	感到有点不便和烦恼
3	没怎么感到不便和烦恼
4	一点没有感到不便和烦恼

B5 最近一年，您购物不便或烦恼的个人原因【多选】

1	上下楼不方便
2	提重物感到吃力
3	周边没有邻居或社区的人帮忙
4	家里有人需要照顾，出门不便
5	不太会使用网络支付，如支付宝、微信
6	其他【请注明】

B6 最近一年，您购物不便或烦恼的客观原因【多选】

1	食品价格高
2	小区个体商店食品安全没保障，食品不新鲜
3	交款等候时间长
4	大型连锁超市、菜市场离家太远
5	停车不方便
6	公交不方便
7	其他【请注明】

B7 目前，在购物方便方面，您希望有哪些改进？【多选】

1	希望在附近开设连锁超市
2	希望附近有菜市场
3	希望超市能够送货上门
4	希望邻居或社区志愿者能帮忙买东西
5	希望能在网上商店购物
6	其他【请注明】

三、老年人饮食状况和生活习惯

		C1a 这样做的频次如何?【单选】			
C1	最近三个月,每天是怎样准备晚饭的?【多选】	每天如此	两天一次	一周1—2次	偶尔,很少
1	用生鲜食品(肉、蛋、菜)做晚饭	1	2	3	4
2	用方便食品(冷冻食品、速食品)做晚饭	1	2	3	4
3	购买加工食品、熟食当作晚饭	1	2	3	4
4	网上叫外卖当作晚饭	1	2	3	4
5	到外面饭店吃饭	1	2	3	4
6	其他【请注明】	1	2	3	4

C2 最近三个月,您每天做晚饭要花多长时间?

1	20 分钟之内
2	20—30 分钟
3	30—40 分钟
4	40 分钟以上

C3 最近三个月,您一般和谁一起吃晚饭?【单选】

1	一个人
2	夫妻俩
3	和儿子(女儿)全家
4	其他【请注明】

C4 最近三个月,您经常参加社区活动吗?【单选】

1	经常参加
2	不仅参加,还积极参与策划、组织
3	经常劝朋友一起参加
4	基本不参加

C5 目前，您觉得自己健康吗？【单选】

1	觉得非常健康
2	觉得比较健康
3	觉得身体不太健康
4	觉得不健康

C6 您平常自己注重健康饮食吗？【单选】

1	特别重视
2	比较重视
3	不太重视
4	不重视

附录二

《贵阳市进一步加快公益性惠民生鲜超市体系建设实施方案》

为加快推进惠民生鲜超市建设，迅速提高生鲜超市的覆盖面，根据市委、市政府统一部署和《贵阳市解决"菜价贵"问题攻坚行动实施方案》要求，制订本实施方案。

一、指导思想

全面贯彻落实以人民为中心的发展理念，立足公平共享，紧紧抓住零售终端这个解决"菜价贵"问题的"难中之难、坚中之坚"，以加快惠民生鲜超市的布点建设为主要手段，坚持增量与存量并举、公益性与市场化结合，优化全市"菜篮子"商品零售终端业态布局，充分发挥公益性零售网点的示范引领作用，确立生鲜超市业态的主导地位，确保到2018年年底，全市蔬菜价格水平与周边省会城市持平，群众获得感明显增强。

二、工作原则

（一）政府主导，市场运作。强化农产品流通网点的基础性和公益性地位，充分发挥市场配置资源的决定性作用，更加注重发挥好政府的调控作用，政府资源全面参与农产品流通体系建设，建立长效机制，着力打造公益性农产品市场体系，全面提升城市的稳价保供能力。

（二）总量调控、均衡布局。根据全市社区面积、人口聚集、居住区建设和现有网点布局的实际情况，按照一区一店、大中小结合、良性竞争的要求，按需设置、均衡布局、总量控制网点数量和结构。

（三）增量存量并举、新建与改建结合。以满足人民群众买方便菜、放心菜、便宜菜的需求为出发点和落脚点，在全市新建、改建居住区，加快选址新建惠民生鲜超市；在难以选址或现有超市设施老旧不能满足需要的小区，充分利用现有超市或其他业态的物业和网点资源，改建惠民生鲜超市，增量存量并举、新建与改建结合，全面加快惠民生鲜超市建设步伐，迅速提高覆盖率。

（四）市统筹、区主责。市级主要负责抓好顶层设计、统筹规划布局、优化调整实施方案、安排市级专项资金、督促检查和统筹推进工作落实；区级承担规划、建设、落地的主要责任，负责按照全市统一安排，结合实际，匹配资金，抓好本辖区惠民生鲜超市建设任务落实，并承担日常监管职责。

三、目标任务

（一）2017年建设50个。其中，云岩区14个、南明区14个、观山湖区8个、花溪区4个、白云区3个、乌当区3个，清镇市、修文县、开阳县、息烽县各1个，确保2017年12月31日前全面建成开业。鼓励各区（市、县）在此基数上根据自身财力和攻坚工作实际需要自行增加任务指标，所有增建项目均可充抵2018年任务。

（二）2018年建设77个。2018年6月30日前，建成惠民生鲜超市44个，其中，云岩区14个、南明区12个、观山湖区3个、花溪区7个、乌当区2个、白云区3个、清镇市2个、开阳县1个，全市惠民生鲜超市达到110个以上，实现城市社区全覆盖。2018年12月31日前，再建成惠民生鲜超市33个，其中，云岩区10个、南明区10个、观山湖区2个、花溪区7个、乌当区2个、清镇市2个，全市惠民生鲜超市总量达到150个以上，生鲜超市业态在全市农产品零售终端的销量占比超过农贸市场。

四、建设模式

（一）新建。按规划布点要求，回租或回购物业资源，建设惠民生鲜超市。

（二）改建。按规划布点要求，在确实选不到物业资源且当地现有超市设施老旧不能满足需要的小区，回租或回购现有超市改建为惠民生鲜超市。

（三）农改超。回租或回购传统农贸市场进行改建。

鼓励各区（市、县）以"三变"模式（资源变资产、资金变股金、市民变股东）和共建共享原则进行其他建设模式的探索试点，凡符合惠民生鲜超市规划建设要求、业态布局标准的，均可纳入惠民生鲜超市体系，享受惠民生鲜超市扶持政策。

五、选址要求和建设标准

（一）选址要求。

1. 均衡布局。一般1万人以内的小区，设置1000平方米左右门店；1—3万人以内的小区，设置1000—2000平方米门店；超过3万人以上的小区，设置2000—3000平方米的门店，原则上门店总经营规模不超过3000平方米。

2. 方便群众。按照社区商业500米黄金服务半径的要求，原则上惠民生鲜超市门店的相互距离不大于直线距离500米、步行时间不超过15分钟。地域范围较大，超过3万人的大型居住小区，可根据实际需要，采取大中小结合、以大带小的形式布局多个门店。

3. 保障重点。有针对性地选择稳价保供任务重、城区人口密集、消费需求量大、辐射范围广的重点区域进行选址建设。

（二）建设标准。

1. 经营面积。一是社区店。总经营面积500—1000平方米。二是标准店。总经营面积1000—2000平方米。三是旗舰店。总经营面积在2000平方米以上，原则上不超过3000平方米，超过3000平方米以上的部分，其超出部分的回租租金由合作企业自行承担。

2. 投资强度。符合社区超市行业统一标准和规范。新建原则上每平方米投资标准不得低于2000元；改建原则上每平方米投资标准不得低于1500元。

3. 形象设计。必须按照《贵阳市惠民生鲜超市VI设计标准》要求进行统一风格装修和形象设计。

4. 食品安全。必须同步建设"菜篮子"商品农残、兽残快速检测区，"菜篮子"商品快检区应该符合相关的建设标准和要求。

5. 信息系统。必须在收银台统一安装信息泵，接受销售品种、价格的实时监控。

6. 扶贫专区。必须设立贵州省优质绿色农产品销售专区，面积一般不少于80—100平方米。

（三）业态规范。

1. 蔬菜销售区域。必须位于超市正大门进场显著位置，品种丰富、新鲜度高、品相良好。

2. 生鲜经营面积。应以经营生鲜农产品（包括蔬菜、水果、肉类、水产、禽蛋、冰鲜、干调）、食品和加工食品、冷冻食品等"菜篮子""果盘子"商品为主，其"菜篮子""果盘子"等商品经营面积应不低于超市总面积的60%。

3. 生鲜零售价格。其销售的"菜篮子""果盘子"商品零售价格加价原则上不高于本市同期批发均价的30%，并应低于周边社会化大型综合超市和农贸市场生鲜商品的零售价格水平。

4. 生鲜经营品项。以满足居民一站式买菜需求为主，基本与农贸市场经营品项一致，同时满足国家统计局价格调查点采样品项要求。

六、支持政策

（一）支持市、区两级国有平台公司主导惠民生鲜超市建设。贵阳市惠民民生农副产品经营有限公司（以下简称市惠民公司）作为实现政府职能的市场主体，在市商务部门的指导下，承担选择合作企业的主体责任，负责与各区（市、县）共同选址，与产权方签订物业租赁协议，统一支付市、区两级租金；负责与合作企业签订合作协议，并督促检查合作企业履行协议。支持区属国有平台公司参与惠民生鲜超市建设，对其自建自营或联建、联营生鲜超市，符合惠民生鲜超市选址布局要求、建设标准及规范的，均可纳入惠民生鲜体系，享受政府扶持政策。

（二）财政资金来源及分担比例。按责权利对等原则，市、区两级财政共同承担用于网点回租（或回购）费用。采用回租方式的，回租期一般为10年，在合作企业严格按约履行合作义务的情况下，合作期可适当延长3—5

年。按照政府采购法有关要求，租赁合同三年一签，租金一年一付。

回租（回购）资金由市、区两级财政按1∶1比例各承担50%。整合市级财政性资金用于惠民生鲜超市建设，区级投入按市级投入1∶1比例进行匹配。为降低区级财政投入的压力，从合作期第二年开始收取的合作企业分担租金的1/2部分可用于抵扣当年度区级投入。

涉及"农改超"一次性安置过渡费，比照南明区南浦路惠民生鲜超市改造的标准和模式，由市、区两级和合作企业按1∶1∶1分担。

（三）对合作企业的租金优惠政策。第一年，免收租金；第二年至第三年，按回租该项目物业租金标准的15%收取租金；第四年至第六年，按回租该项目物业租金标准的25%收取租金；第七年至第九年，按回租该项目物业租金标准的35%收取租金；第十年，按回租该项目物业租金标准的50%收取租金（2015年、2016年已建成的按原政策执行）。

（四）租金议价机制。各区（市、县）商务部门牵头，发改、财政、住建、社区及市惠民公司参加，共同组成租金议价审核小组，对拟选址物业周边租金水平进行询价并出具询价备忘录，同时参考市住房城乡建设局发布的年度贵阳市房屋租金指导价进行综合评估，提出租金审核意见报区（市、县）政府审定后，报市发展改革委核准备案。

七、资金测算

（一）2017年全市惠民生鲜超市建设资金约14100万元，其中市级7050万元。包括2015—2016年已建成23个惠民生鲜超市租金补贴约3100万元；2017年建设50个惠民生鲜超市预计租金补贴约11000万元（含南浦路、盐务街农贸市场"农改超"项目专项补助）。

（二）2018年全市惠民生鲜超市建设资金约20100万元，其中市级10050万元。包括2015—2017年已建成73个惠民生鲜超市租金补贴13100万元；2018年全市建设77个惠民生鲜超市预计租金补助7000万元。

八、保障措施

（一）加强组织领导。各区（市、县）要高度重视公益性惠民生鲜超市体系建设工作，作为一项重要的民生工程强力推进。各区（市、县）政府"一把手"要亲自进行安排调度，分管负责人具体抓好落实，确保按时按要求完成惠民生鲜超市体系建设目标任务。

（二）加强资金保障。市、区两级财政要全力支持惠民生鲜超市体系建设，进一步完善投入保障机制，负责将有关项目资金列入本级财政预算，优先给予安排保障。

（三）加强监督管理。市级物价、商务等有关部门要加强对惠民生鲜超市销售的"菜篮子"商品价格、商品质量监控，制定出台惠民生鲜超市管理细则，形成规范的准入及退出机制，确保惠民生鲜超市的公益性。

（四）加强考核问效。各区（市、县）惠民生鲜超市体系建设情况将纳入各区（市、县）年度目标进行考核，根据实际完成数量和质量进行考核评分。由市督办督查局、市商务局采取明察暗访的方式适时督查各区（市、县）工作进展情况，并将督查情况报送市政府。